U. D. Müller-Braun
Nachspielzeit

U. D. Müller-Braun

NACH
SPIEL
ZEIT

Ein Eintracht Frankfurt-Krimi

SOCIETÄTS
VERLAG

FSC
www.fsc.org
MIX
Papier aus ver-
antwortungsvollen
Quellen
FSC® C083411

Alle Rechte vorbehalten · Societäts-Verlag
© 2020 Frankfurter Societäts-Medien GmbH
Satz: Bruno Dorn, Societäts-Verlag
Umschlaggestaltung: Müller-Braun, Societäts-Verlag
Umschlagabbildung: © Victor Tongdee/Adobe Stock,
© sonyachny/Adobe Stock, Heiko Rhode
Druck und Verarbeitung: CPI books GmbH, Leck
Printed in Germany 2020

ISBN 978-3-95542-382-7

Besuchen Sie uns im Internet:
www.societaets-verlag.de

AUCH MIT DABEI

Netzwerk F_in „Frauen im Fußball".................................. 349

Handlungskonzept gegen sexualisierte Gewalt
im Zuschauer*innensport Fußball 350

Stella Schrey von Netzwerk F_in im Gespräch.................. 353

PROLOG

L ydia? Du musst mir helfen, ich hab Scheiße gebaut", flüstere ich in das Telefon und im nächsten Moment wird die Tür aufgestoßen. Fuck. Mein Handy fällt wie in Zeitlupe zu Boden, während ich in fünf Pistolenläufe blicke.

Tim! – Ist das Erste, was mir durch den Kopf geht. Ich muss Tim benachrichtigen, dass alles furchtbar schiefläuft. Oder war er schon bei Lydia und begreift, was los ist?

„Hätte ich gewusst, dass ich Gäste erwarte, hätte ich aufgeräumt", *säusle ich und deute auf das Loch, in das ich vor vier Monaten eingezogen bin, um genau diese Kerle zu entlarven. Aber vier Monate sind eine verdammt lange Zeit. Eine, in der die Menschen aufgehört haben, über Severin den Helden zu reden. Eine, in der Lydia keinen Versuch gestartet hat, doch Teil meines Lebens zu werden. Eine, in der ich wieder zu dem geworden bin, was ich einmal war.*

„Verarsch uns nicht!", *knurrt einer der Männer in gebrochenem Deutsch.*

„Was wollt ihr?"

„Du verschwindest von hier, Gringo."

7

„Gringo?" Es ist nicht gerade der beste Moment, meinen Sarkasmus wiederzufinden. Und doch kann ich es mir nicht verkneifen. Wer ist dieser Typ? Etwa Pablo Escobar höchstpersönlich? Dann ist er definitiv im falschen Land.

„Wir sind nur hier, um dir eine kleine Botschaft mitzuschicken." Er kommt näher, steckt seine Waffe weg, weil ich sowieso keine Gefahr für ihn bin, und zieht ein Foto aus seiner Tasche.

Er wartet kurz, genießt meine Hilflosigkeit und seine Überlegenheit, bevor er es mir mit einem schiefen Grinsen reicht.

Eine Frau mit langen blonden Haaren zeigt mir ihr weißes Lächeln. Ich richte meinen Blick auf das Bild, bevor ich wieder zu ihm aufsehe und einen Schritt auf ihn zu mache.

„Ich wusste, etwas stimmt nicht mit dir", raunt er, als ich auch dann noch weitergehe und lächle, als er seine Waffe wieder zieht. „Du willst sterben. Deshalb bedrohen wir auch nicht dich, sondern sie."

Ich lache laut auf. Vielleicht, weil sich ein Teil von mir enthüllt fühlt. So, als könnte dieser kleine Bastard mir in die Seele sehen. Doch vor allem, weil ich die Frau auf dem Bild nicht kenne. Aber ich sage nichts. Sollen sie doch glauben, dass sie mich in der Hand haben.

„Das da solltest du untersuchen lassen", sagt er dann noch, bevor er sich umdreht und seinen Männern den Befehl gibt abzurücken. Mein Blick wandert auf meinen Unterarm, an dem sich irgendein bazillenüberfluteter Tätowierer verewigt hat. Ich mag das Motiv. Ein schwarzer Adler, dessen Flügel sich langsam auflösen und zu Hunderten kleinen Vögeln über meinen Arm fliegen. Aber auch das war nicht meine Wahl. Meine Entscheidung. Es war das Spiel. Die App, die genau das von mir verlangt hat. Und ich habe es getan.

„Severin Klemm!", schnauzt eine herrische Stimme. Meine Augen wandern zur Tür, wo mehr Bewaffnete erscheinen.

Fuck. Diese Schweine haben dafür gesorgt, dass mich die türkischen Einsatzkräfte festnehmen. Was auch immer ich verbrochen haben soll ...

KAPITEL 1

LYDIA

5 : 1! Papa! 5:1! Wer hätte das erwartet!" Ich starre immer noch wie paralysiert auf den Videowürfel, der mir beweist, dass ich das hier nicht träume.

„Hättest du das erwartet? Komm, sei ehrlich. Der größte Optimist der Welt hätte wohl nicht damit gerechnet. Und du schon mal gar nicht."

Ich fühle mein Herz klopfen. Bestimmt dreimal schneller als normal. Gerade haben wir die Bayern nach allen Regeln der Fußballkunst zerlegt. Aus dem Stadion gefegt. Mit unglaublicher Wucht. Genau der Wucht, mit der wir im Mai in London dem großen FC Chelsea alles abverlangt haben. Sogar das Elfmeterschießen. Eine Wucht, die wir verloren geglaubt haben, nachdem die Büffelherde einer nach dem anderen in Madrid, London und Mailand angeheuert hat.

Aber das Besondere an diesem Tag ist eigentlich, dass Papa hier ist. Mit mir.

Als er immer noch nicht auf meine Jubelgesänge reagiert und weiter mit gläsernen Augen auf den Rasen blickt, rüttle ich ihn ein wenig.

„Papa! 5:1 – und dabei haben wir noch letzte Woche in Gladbach mit 2:4 einen aufs Dach bekommen. Und das Pokalspiel auf St. Pauli war in der zweiten Halbzeit auch nicht das Gelbe vom Ei. Aber jetzt: die Wiederauferstehung! 5:1 gegen die allmächtigen Bayern … Eintracht Frankfurt: füüünf! – Bayern: eins!"

Meine Stimme überschlägt sich beinahe. Mit einem schnellen Blick schaue ich mich um. Guckt mich jemand blöd an? Falle ich hier etwa auf? Mir wird ganz blümerant, aber Gott sei Dank: Nein. Alle hier auf der Stadionterrasse sind viel zu beschäftigt mit ihren eigenen Jubelgesängen.

Trotzdem, Lydia Heller! Benimm dich! Auch wenn du heute mal privat hier im Stadion bist, kennen dich die meisten und können ein wenig Contenance erwarten.

„Contenance", höre ich mich nachbeten. *Contenance? Jetzt? Wie soll das gehen?* Am liebsten würde ich mir Papas Rolli schnappen und einfach losrennen. Quer durch den VIP-Bereich. Scheißegal, ob sie alle nur so zur Seite springen müssten. 5:1!

Papa ist inzwischen auch wieder unter den Lebenden. Er sitzt aufrecht, fuchtelt wie wild mit seinen Armen umher und eine dicke Träne hat sich gerade auf den Weg Richtung Kinn gemacht. Ich habe ihn lange nicht mehr so gesehen. So aufgekratzt.

„Hab ich dir doch gesagt: Du musst wieder ins Stadion. Du musst einfach einen dicken Strich unter die alte Geschichte machen und endlich wieder hierherkommen. Deine Eintracht spielen sehen."

Er dreht sich langsam zu mir um, nickt fast unmerklich und ich sehe in zwei Augen, in denen pures Glück ausgelassen herumhüpft.

„Danke, mein Schatz", murmelt er.

Erleichterung, Freude und unbändige Leidenschaft fließen durch meine Adern. Es hat mich schließlich fast zwei Monate all meine Überredungskünste inklusive doppeltem Hausverbot gekostet, den Sturkopf hierher zu lotsen. Und gar nicht auszudenken, was passiert wäre, wenn Boateng nicht so früh vom Platz geflogen wäre und die Jungs nicht ausgerechnet heute über sich hinausgewachsen wären. Und überhaupt. Egal. Es ist alles perfekt gelaufen und Papa hockt jetzt in seinem Rollstuhl und stammelt nur noch mitgenommen vor sich hin.

„Das war …", beginnt er. Kurz versagt seine Stimme. „… wie 79. Im Oktober. 3:2 haben wir gewonnen und waren danach Dritter hinter Dortmund und Hamburg und die Bayern nur auf Platz 5. Das Wunder der zweiten Halbzeit war das, glaub mir: Das Wunder der zweiten Halbzeit!"

Er reckt beide Arme nach oben, hält seinen alten speckigen Eintracht-Schal fest umklammert und singt unbekümmert. *„Zieht den Bayern die Lederhosen aus, die Lederhosen aus…"* Eine ganze Reihe von Zuschauern, die uns von der anderen Seite aus entgegenkommen, stimmen sofort euphorisch ein und klatschen bestens gelaunt ab.

Seit ich bei der Eintracht als stellvertretende Pressesprecherin angefangen habe, habe ich den VIP-Bereich schon oft in ausgelassener Stimmung gesehen, oh ja, die Mannschaft hat schließlich nicht nur halb Europa begeistert. Aber der Sieg gegen den

FC Bayern toppt alles, was ich in den letzten anderthalb Jahren erlebt habe. Heute liegen sich völlig Unbekannte in den Armen, sogar die borniertesten Anzugträger, und selbst Offenbacher werden zu Eintracht-Fans. Es stimmt, was Papa immer erzählt hat. Siege gegen die arroganten Bayern kitzeln aus jedem Frankfurter die gesamte Dosis Adrenalin.

Wahrscheinlich liegt es daran, dass wir von 121 Spielen gerade mal 33 gewonnen haben. Und sich an den letzten Sieg kaum noch jemand erinnert. Am 20. März 2010 war das. Da haben Tsoumou und Fenin ein paar Minuten vor Abpfiff das Spiel noch gedreht.

Fenin – so hoch gejubelt, so tief gefallen. Fußball kann schon grausam sein, schießt es mir durch den Kopf. Danach folgten in neun Jahren 17 Pleiten. Jedenfalls in der Liga. Im Pokal gab es ja noch das Endspiel in Berlin ... Ich muss innerlich grinsen. Schadenfroh grinsen. Was einer stellvertretenden Pressesprecherin eigentlich nicht gut zu Gesicht steht. Aber was soll's. Eric würde sagen: „Fußball ohne Emotionen ist wie Ramazzotti ohne Eis. Ungenießbar fad!"

„Ja, Papa", lache ich, „das haben wir gemacht. Ihnen die Lederhosen ausgezogen."

Ich ergreife seine Hand und schwenke mit ihm den Schal, als mir einfällt, dass er ja gerade angefangen hat, eine seiner alten Geschichten zu erzählen. Normalerweise wäre ich einfach drüber weggegangen. Weil ich die meisten seiner Geschichten schon kenne. Vor allem aber, weil ich immer, wenn er von früher erzählt, tief in mir drin Neid spüre. Ich war nicht dabei. Ich musste mich bis zum letzten Jahr mit Aufstiegsfeiern begnügen. Und immer, wenn dieses Gefühl in mir aufkeimt, sage ich mir, man muss in der Gegenwart leben. Nicht in der Vergangenheit.

Aber habe ich nicht eben selbst in der Eintracht-Historie herumgestochert? Vielleicht bieten sich gerade Tage wie heute an, alte Heldengeschichten hervorzukramen?

„Wie war das denn nun damals mit dem Wunder der zweiten Halbzeit? Im Herbst 1979?"

Er holt dankbar Luft. So wie immer, wenn er zu einer seiner Geschichten ansetzt. Jetzt zaubert es mir ein leichtes Lächeln auf die Lippen.

„60.000 waren damals im Waldstadion. Es war ein strahlend schöner Tag und die Bayern haben uns an die Wand gespielt. Nach zwei Toren hätte keiner mehr einen Pfifferling auf unsere Jungs gesetzt. Dann gab es Ecke für die Bayern und – das werde ich nie vergessen – Paule Breitner ist von der Mittellinie aus gemütlich, ach, was sage ich, *genüsslich* zur Fahne geschlappt. Das gab ein gellendes Pfeifkonzert. Du kannst es dir nicht vorstellen. Wir haben ihn gehasst! Abgrundtief gehasst. Und dann haben Körbel, Nickel und Karger das Spiel innerhalb von nur zehn Minuten gedreht und Jürgen Grabowski hat dem Schnösel eine Lehre erteilt, die sich gewaschen hatte. Stell dir vor: Eckball für die Eintracht und der Grabi schlurft von halblinks Richtung Eckfahne. Zwei, drei Schritte. Fast in Zeitlupe. Genauso wie vorher der Breitner. Aber dann hat er die Beine in die Hand genommen und ist losgelaufen. Auf Zeit spielen – nicht mit Grabi! Das Stadion hat getobt. So geht Fußball, Paule Breitner, haben sie gebrüllt und auch ein paar nettere Worte waren darunter. Das glaubst du aber. Ich werde es nie vergessen. Hätte mir mitten im G-Block fast in die Hose gemacht, so sehr hat mich die Szene bewegt. Der Grabi war in dem Moment für mich der liebe Gott … höchstpersönlich!"

„Da wäre ich gerne dabei gewesen", seufze ich ein wenig melancholisch, bevor ich mich wieder fange.

„Aber jetzt freuen wir uns an dem, was die Jungs heute hingekriegt haben, nicht wahr?"

Ich beiße mir heftig auf die Unterlippe. Warum kann ich es einfach nicht lassen? Warum muss ich immer schulmeistern? Dabei habe ich mir doch gerade eben noch vorgenommen, es heute mal nicht zu tun. Warum kann ich nicht damit zufrieden sein, dass er einen der schönsten Momente von früher mit dem Jetzt verbindet und einfach nur glücklich dabei ist? Warum will ich immer alles noch perfekter? Das war doch früher nicht so.

Papa hat meine Bemerkung offenbar gar nicht gehört. Er zuppelt an meinem Ärmel. Ich beuge mich zu ihm hinunter. „Weißt du, mein Schatz. Dass du mich überredet hast, wieder ins Stadion zu gehen, das war …" Er zögert einen Moment. „Echt anständig von dir. Danke dir, Lydia!" Die zweite Träne macht sich auf den Weg und ich muss ein paar Mal durchatmen. *Anständig* war wahrscheinlich das höchste Kompliment, das er in den vergangenen 15 Jahren für mich bereitgehalten hat.

Dann sehe ich Eric um die Ecke kommen.

„Ach, Papa!" Ich schiebe ihm die Eintracht-Mütze etwas tiefer ins Gesicht. Schließlich kann ich mir vorstellen, dass das alte Raubein dem Präsi nicht als Heulsuse begegnen möchte. Nach so vielen Jahren.

„Lydia. Du willst den alten Mann doch wohl nicht vor mir verstecken." Erics Stimme erinnert wie immer nach Eintracht-Spielen an eine schonungslose vorabendliche Mischung aus Whisky-Tasting und einer Menge blauer Gauloises. Dabei hat er wahrscheinlich nur zu viel geredet. Wenn er, wie so oft, spätestens um 14 Uhr im Stadion war, gute dreieinhalb Stunden und dazu noch fünfmal „Tor, Tor, Tor!" gebrüllt hat. Das halten selbst die sprachbegabtesten Stimmbänder nicht durch.

„Klaus Heller ... Alter Freund!" Eric scheint wirklich berührt. Die kleine Pause zwischen „Heller" und „Alter" zeigt es deutlich. Er musste schlucken, bevor er den „Alten Freund" herausbringen konnte. Und ich weiß besser als jeder andere, besser vor allem als Papa selbst, wie sehr Eric Presfeth viele Jahre danach noch darunter gelitten hat, dass er sich nicht durchsetzen konnte, als es um Papas Job bei der Eintracht ging. Er wusste schließlich auch, dass die Eintracht nicht unschuldig daran war, dass Mama gegangen war. Als ihr klar wurde, dass Papas wirkliche große Liebe immer dieser Verein sein würde.

Sportlich elegant beugt er seinen Blondschopf – die Frage, ob der Presfeth eigentlich seine Haare färbt oder ob er einfach nicht grau wird, habe ich bestimmt schon 100 Mal beantwortet – aus knapp zwei Metern auf 1,30 hinunter.

„Ich würde ja gerne für dich aufstehen, aber ..." Papa klopft mit beiden Handflächen auf die Reifen seines Stuhls. „Geht gerade nicht. Tut mir leid."

„Mir auch. Ehrlich. Aber wie ich sehen konnte, bist du ja ganz gut unterwegs mit deinem DAK-Flitzer."

Ich stoße hörbar Luft durch meine leicht geöffneten Lippen. So, als wollte ich pfeifen, aber es kommt kein Ton dabei heraus. Ich bin oft genug dabei, wenn Papa seine Physiotherapeutin zusammenfaltet, nur weil sie einen wohlgemeinten Scherz über seine Beeinträchtigung macht. Könnte sein, dass die erste Begegnung zwischen dem Eintracht-Präsidenten und seinem ehemals engsten Berater nach mehr als einem Jahrzehnt Funkstille schon nach 20 Sekunden an der Flapsigkeit des Präsidenten scheitert.

Beide Männer schweigen für einen Moment. Dann nimmt Papa die Schirmmütze herunter und zieht Eric mit der Rechten an sich heran. „Kann dich ja mal 'ne Runde fahren lassen,

Präsi. Aber Vorsicht: Wenn du zu viel Stoff gibst, fliegst du aus der Kurve."

Eric lächelt. „Bin dabei. Ich hole mir so 'ne Kiste und dann ballern wir mal 'ne Runde auf der Tartanbahn am Riederwald. Jede Wette: Ich häng dich ab."

„Nur wenn ich dir genügend Vorsprung gebe. Und das kannst du vergessen. Die Zeiten sind vorbei." Papa schaut Eric prüfend an.

„Abgemacht", jubelt der Präsi und ich denke bereits über die entsprechende Pressemeldung nach. Es wird furchtbar. Ich werde die beiden von dieser Idee irgendwie abbringen müssen.

Eric hat sich wieder aufgerichtet. Er will die nächste Frage wohl eher aus sicherer Distanz stellen. Ich weiß, was kommt. Er hat mir gesagt, er wird Papa auch nach all den Jahren als Freund begrüßen. Aber er wird ihn fragen, warum er sich nie gemeldet hat. Auch Eric hat ein paar Narben in seiner Seele davongetragen.

„Hast lange nichts von dir hören lassen", bringt er ohne Umschweife heraus. „Sechszehneinhalb Jahre."

Papa neigt den Kopf, kann zu meiner Verblüffung dem Blick von Eric nicht standhalten und verschanzt sich lieber hinter seiner ollen Schirmmütze.

Mann, Papa, würde ich am liebsten an sein Herz appellieren. Da schiebt er den Kopf langsam in den Nacken und richtet sich dabei so gut er kann auf. „Sechzehn Jahre und fünf Monate, um genau zu sein."

Die beiden Kerle mustern sich. Jetzt also ist es soweit. Schneller, als ich es erwartet habe. Die Entscheidung steht bevor. Ich weiß das. Kann es spüren. Die kleinen Haare auf meinen Armen richten sich auf. Auch, weil ich das Bild, wie Mama und

Papa sich gegenübergestanden haben, bevor sie gegangen ist, wohl niemals vergessen werde. Sie hat sich umgedreht und ist zur Haustüre raus. Ohne ein weiteres Wort. Und ohne jemals wieder ein Wort mit ihm zu sprechen. Mit ihm nicht und mit mir auch nicht. Wahrscheinlich nur deshalb nicht, weil ich wie gelähmt auf der Treppe gesessen habe und nicht hinter ihr hergelaufen bin.

Wird es wieder so kommen? Wird sich auch jetzt einer von beiden einfach umdrehen und gehen? *Bitte nicht.*

„Machst 'nen guten Job hier, Präsi. Fast so, als wäre ich immer noch an deiner Seite."

„Wie man es nimmt, Klaus. Wie man es nimmt."

„Ehre, wem Ehre gebührt. Ich weiß doch genau, wo die Strippen gezogen werden. Das wird heute nicht anders sein als damals. *Big Brother is still watching* … Hast deine Zunge manchmal nicht im Zaum, aber irgendwie doch alles im Griff. Stimmt's, mein Freund?"

Die beiden grinsen sich plötzlich an wie zwei 15-jährige Schuljungen, die gerade einen üblen Streich ausgeheckt haben. „Heller, alter Sack! Bier? Oder immer noch Ramazzotti?", prustet Eric, schiebt mich sanft zur Seite, schnappt sich den Rolli und ist schon mit Papa im Inneren des Businessbereichs verschwunden. „Männerrunde", johlt er ausgelassen. „Das 5:1 und die Rückkehr des ollen Jedi-Ritters müssen schließlich gebührend gefeiert werden."

Einen Moment lang stehe ich etwas verloren herum. Papa ist bei Eric in guten Händen und wird wahrscheinlich vor nächstem Mittwoch kein Lebenszeichen mehr von sich geben. Und ich? Heute wartet niemand auf mich. Ich hatte mir schließlich freigenommen, um Papa zu Hause abzuholen und ihn ins Stadion zu bringen. Allein mit dem Rollstuhl – das wäre schon schwierig geworden. Jedenfalls für einen, der sich partout nicht helfen lassen will.

Also nach Hause? Und trübsinnig darauf warten, dass Jens sich irgendwann einfindet? Allein bei dem Gedanken an ihn und seine Vorträge zum Thema Fußball verpufft meine Siegeslaune in Sekundenschnelle. Nein. Auf jeden Fall nicht nach Hause. Das braucht jetzt kein Mensch.

Vielleicht sollte ich Tim anhauen? Nein. Der ist nicht einmal mehr im Stadion. Wird sich wohl mit seinem neuen besten Freund, Severin, in Frankfurt herumtreiben. Kurz nach Abpfiff ist er kommentarlos verschwunden. Severin hat es raus, Menschen für sich zu gewinnen. Immer schön von oben herab.

Sollte ich also einfach zur Pressekonferenz gehen, falls Peter Staudinger Hilfe braucht? Was eigentlich immer der Fall ist. Der Pressesprecher der Eintracht ist ein kluger Kopf, aber merkwürdig unorganisiert.

Aber auch das würde meine Laune gerade nur in den Keller schießen lassen. Dann eben in die Eintracht-Loge. Es wird sich schon der ein oder andere interessante Gesprächspartner finden. Gute Laune haben heute ja schließlich alle. Und spätestens seit der Geschichte im vergangenen Herbst bin ich in den Augen der meisten ein angesehenes Familienmitglied. Auch wenn ich für den Job wohl eigentlich das falsche Geschlecht habe. Kommt mir jedenfalls manchmal so vor. Und als wollte ich mich mit meinen eigenen Taten davon überzeugen, dass es tatsächlich so ist, mache ich mich schnurstracks auf den Weg zur Toilette. Der Fünf-Tore-Jubel hat Spuren hinterlassen. Ein bisschen Aufhübschen wäre nicht falsch.

Oh ja. Ordentliche Spuren, wie ich mit einem Blick in den Spiegel erkennen kann. „Lydia Heller. Wie sehen Sie denn heute aus?", höre ich mich sagen, während ich den Lidstrich nachziehe und die Lippen spitze. *Oh Gott. Ist das etwa ... eine Falte? Nein. Wenige Wochen vor ihrem 30. Geburtstag hat Frau noch keine Falten.* Ungläubig schaue ich auf einen feinen Schatten, der sich von meinem rechten Lippenrand Richtung Ohr eingegraben hat. Belustigt ziehe ich mit drei Fingern die Haut am Kinn sanft Richtung Hals. *Weg. Keine Falte,* lächle ich beruhigt und werde brutal aus meinen Gedanken gerissen. Es ist schon unangenehm genug, festzustellen, dass man bei seinen Selbstgesprächen auf der Toilette aus einer Kabine heraus belauscht wird – *Scheiße, Lydia Heller!* Wie oft habe ich mir geschworen, genau hinzusehen, ob eine der Türen verschlossen ist? Schließlich muss nicht jeder mitbekommen, dass sich die stellvertretende Eintracht-Pressesprecherin ganz gerne mal selbst interviewt. Besonders gerne vor dem Spiegel, weil ja dann aus der Radioreportage ein Fernsehformat wird –, was aber, wenn einem auch noch ein leises Stöhnen ans Ohr dringt?

„Hallo?! Ist da jemand?" Für ein paar Sekunden halte ich den Atem an. Habe ich mich vertan? Kam das Geräusch von draußen? Vielleicht von irgendeinem johlenden Fan, der sich an seinem hundertsten Bier verschluckt hat und nach Luft japst?

Nein. Kommt es nicht. Es kommt aus der mittleren Kabine.

„Hallo? Geht es Ihnen gut?"

Warum nur sind Frauen immer so leicht zu verunsichern? Warum schnellt ihr Puls bei allem Unbekannten erst mal reflexartig in die Höhe? Wo sind die Erfolge und die daraus resultierende Stärke der Emanzipation der letzten Jahrzehnte geblieben? Haben sich in einer Schrecksekunde in Luft aufgelöst. Einfach weg.

Ich knie mich hin. Versuche, unter der Tür in die Kabine zu schauen.

„Hallo! Was ist denn ...?"

„Helfen Sie mir …" Es ist kaum zu hören. Nur dahin gehaucht. Begleitet von einem ebenso leisen Wimmern. Dann knallt etwas von innen gegen die Tür. Rutscht ein paar Zentimeter nach unten und schiebt sich unter der Tür hindurch. Ein Fuß. Der Fuß einer Frau. Schlank. Klein. Nur der Fuß. Kein Schuh.

„Können Sie die Tür aufmachen?" Keine Antwort. Nur wieder das Wimmern. Ich fühle mich wie betäubt. Irgendwie hilflos. Warum macht sie die blöde Tür nicht auf? Was ist passiert?

Ich reiße mich aus diesem tranceähnlichen Zustand heraus. Springe auf, öffne die Tür der Nachbarkabine mit einem Ruck, steige auf die Kloschüssel und ziehe mich mit beiden Armen an der Trennwand hoch.

Das sieht im Film immer so cool aus, wenn die Kerle mir nichts, dir nichts über solche Wände klettern. Aber die sind ja auch nicht nur 1,60 Meter groß. Für die ist das kein Problem. Für mich schon.

Unter mir stöhnt die Frau wieder auf. Ich kann nur wenig erkennen. Offenbar blutet sie aus einer Wunde oberhalb der rechten Augenbraue. Nicht heftig, aber sie blutet.

Ich kann mich nur mit Mühe halten und würde jetzt viel für eines dieser Urzeitklos geben, wo die Wasserspülung nicht nur hervorragend geeignet ist, um in ihrem Inneren Waffen, Geld oder Drogen zu verstecken, sondern auch, um daraufzusteigen und relativ problemlos über Zwischenwände klettern zu können.

„Sind Sie gestürzt?" Ein dumpfes Röcheln beantwortet meine Frage. *Alkohol,* schießt es mir durch den Kopf. *Aber sie ist nicht gekleidet wie eine Frau, die ein 5:1 der Eintracht gegen Bayern München mit literweise Bier begießt. Eher Schampus,* schätze ich mit einem abschätzenden Blick auf ihr dunkelblaues Kostüm, und fühle mich im gleichen Moment ganz schlecht dabei, über einen anderen Menschen überhaupt so etwas zu denken.

Ich schaue mich um. An der Wand neben der Tür entdecke ich einen dunkelroten Fleck. *Blut? Könnte sein. Könnte.* Die Frau unter mir bewegt sich und plötzlich kann ich den Schriftzug auf ihrem Jackett sehen. Ganz zart gestickt. *CPA.* Sie hat die Uniform unseres Caterers an. Warum ist mir das nicht sofort aufgefallen?

„Können Sie die Tür nicht öffnen?", frage ich und versuche, meiner Stimme einen beruhigenden Ton zu geben. Dabei bin ich alles andere als ruhig. Ich hänge mit meiner halben Brust über einer 1,90 Meter hohen Trennwand, habe kaum Halt, kann mich mit den Füßen nicht abstützen und unter mir liegt eine Frau mit einer Platzwunde am Kopf, die offenbar nicht mal in der Lage ist, die Tür zu öffnen. Ganz ehrlich: Dagegen war es ein Kinderspiel, den Wechsel von Haller zu West Ham zu verkünden.

„Können Sie Ihre Hände bewegen?", will ich wissen, bekomme aber erneut nur einen gurgelnden Laut als Antwort. „Sagen Sie doch etwas! Irgendetwas!", klinge ich nun alles andere als beruhigend. Dann gebe ich mir einen Ruck und schiebe mich mit letzter Kraft weiter über die Wand auf die andere Seite.

In diesem Moment reißt jemand unter mir die Tür auf. „Was ist denn hier los?", ruft eine Frau offenkundig verwirrt. „Helfen Sie mir hinüber", antworte ich und bin froh, dass sie nicht weiter fragt, sondern meinen rechten Fuß so von unten stützt, dass ich mein anderes Bein über diese verfluchte Wand bugsieren kann. Dann geht es schnell. „Vorsicht!", kann ich noch rufen, bevor ich ziemlich unsanft zwischen der Porzellanschüssel und der Frau lande. „Rufen Sie bitte jemanden vom Ordnungsdienst", befehle ich und höre an der zufallenden Tür, dass meine Helferin keine Fragen stellen will.

„Danke", krächze ich ihr hinterher. Danke, dass sie Hilfe holt, und danke, dass sie keine weiteren Fragen stellt.

Die Frau neben mir stöhnt wieder. Ich versuche, nach ihrem Handgelenk zu greifen. Puls fühlen, habe ich mal im Erste-Hilfe-Kurs gelernt. Und natürlich die stabile Seitenlage … Hier auf dem Klo? Wie soll das gehen? Und der Puls ist auch egal. Sie lebt ja ganz offensichtlich. Aber: Sie muss raus hier, da bin ich sicher. Also schiebe ich meinen Körper langsam mit dem Rücken an der Wand nach oben. Versuche sie dabei auf keinen Fall einzuquetschen und über sie hinweg an den Verschlussmechanismus der Tür zu kommen. Ich schiebe den Riegel auf Grün und ziehe sanft am Griff.

Ihre Beine sind im Weg. *Wir kommen hier nicht raus. Warum müssen Toilettentüren nach innen aufgehen? Kneipentüren müssen doch auch nach außen aufgehen. Damit man im Notfall rauskommt. Warum gilt das nicht für Toilettentüren? Verdammt! Warum nicht?* In diesem Moment stürzt jemand in den Raum.

„Wir sind vom Ordnungsdienst. Brauchen Sie Hilfe?", höre ich eine aufgeregte Stimme.

„Wäre nicht schlecht", antworte ich und kann mir eine kleine Portion Ironie nicht verkneifen. „Hier ist eine Frau, die ist ohnmächtig und ich bin über die Trennwand geklettert, um ihr zu helfen."

„Was ist passiert?" Die Frau neben mir hat plötzlich ihre Augen geöffnet und ist außer sich. Sie schlägt wild um sich. So, als müsste sie mich abwehren.

„Beruhigen Sie sich, bitte. Mein Name ist Lydia Heller. Ich habe Sie hier auf der Toilette gefunden. Sie sind verletzt und waren ein paar Minuten ohnmächtig", rede ich auf sie ein.

„Wo ist er? Ist er noch hier?" Ihre ängstlich aufgerissenen Augen zeigen deutlich: Hier muss etwas Schlimmes passiert sein.

„Wen meinen Sie? Hier war niemand außer uns beiden. Und jetzt sind ein paar Helfer gekommen. Sie werden versuchen, die Tür zu öffnen."

„Bitte nicht. Er soll hier nicht reinkommen!"

„Aber wir müssen Sie hier rausholen. Sie bluten und haben einen ordentlichen Schlag abbekommen. Vielleicht haben Sie eine Gehirnerschütterung!"

„Nein. Bitte nicht. Sagen Sie den Männern, sie sollen rausgehen. Sagen Sie es ihnen! Jetzt! Sofort! Raus, raus, raus!"

Ich nehme ihren Kopf in beide Hände und versuche, beruhigend, aber bestimmt, auf sie einzureden. „Frau ... wie heißen Sie?"

„Vera. Vera Lichtenthaler."

„Also gut, Frau Lichtenthaler – Vera. Ich schicke die Männer weg. Ich sage ihnen, sie sollen draußen warten. Okay?"

Die Frau nickt stumm. Ihre Augen schauen mich immer noch voller Panik an und in mir macht sich ein furchtbarer Verdacht breit.

„Vera. War da ein Mann bei Ihnen? Hier auf der Damentoilette?", frage ich ernst und beobachte ihre Augen ganz genau. Sie sind immer noch angstvoll aufgerissen. So, als wollten sie mir eine schreckliche Geschichte erzählen – können es aber nicht. Weil Augen nur Geschichten erleben. Nicht erzählen.

Sie nickt. Schlägt ihre Hände vors Gesicht und schluchzt laut auf. „Aber ich wollte das doch nicht. Ich habe Nein gesagt! Ich habe klar und eindeutig Nein gesagt."

„Ist er Ihnen auf die Toilette gefolgt?" Sie schweigt. Versucht tonlos einen Weinkrampf zu unterdrücken. Ihre Augen sehen mich dabei hilfesuchend an. „Nein?", frage ich. „Nicht gefolgt? Was dann?"

„Es war doch nur eine Wette. Ein Spaß. Wie hätte ich denn ahnen sollen, dass mich ausgerechnet hier jemand …" Sie bricht ab und schlägt wütend mit der Faust auf die Wand ein.

„Kennen Sie den Mann?", will ich wissen und ernte heftiges Kopfschütteln.

„Das war mein erstes Spiel heute. Bin eingesprungen für eine kranke Kollegin. An der Kaffeebar. Wen sollte ich hier schon kennen. Nein. Er war groß. Sehr charmant. Nett. Blaue Augen. Und er hat nach Davidoff gerochen."

„Davidoff?" Ich bin überrascht, dass sie sich an dieses Detail erinnert.

„Ja. Davidoff. Das weiß ich genau. Mein Vater hat das auch benutzt: Davidoff Hot Water. Diesen Hauch von Patchouli würde ich immer erkennen."

Ich höre nur mit einem Ohr zu. Längst ist mein Job in meinem Kopf angekommen. Gedankenfetzen sausen durch mein Hirn. *Kann das sein? Ein Übergriff auf eine Frau hier im VIP-Bereich. Von einem unserer Gäste. Während die Eintracht den FC Bayern demütigt.* Im Kopf gehe ich die Gesichter durch, die mir auf Anhieb einfallen. *Nein. Keinem, den ich kenne, würde ich so etwas Unfassbares zutrauen.* Auch, wenn es immer wieder Berichte darüber gibt, dass die Hostessen übelst von den Männern angemacht werden. Ich muss mehr in Erfahrung bringen.

„Was genau ist passiert? Erzählen Sie mir alles. Dann kriegen wir das Arschloch", flüstere ich Vera ins Ohr, um ihr die Sicherheit zu geben, dass sie nicht allein ist. Ich erschrecke über meinen rüden Ton. Arschloch zählt ganz und gar nicht zu meinem alltäglichen Vokabular. Normalerweise. Jetzt schon.

Für einen Moment scheint sie sich tatsächlich zu beruhigen. Ihre Hände entspannen sich leicht. Sieht ganz so aus, als hätte mir mein kurzzeitiger Ausritt in die Niederungen der deutschen Sprache ihr Vertrauen eingebracht.

Irgendjemand klopft an die Tür.

„Mein Name ist Klaus Hanner. Können Sie ein bisschen von der Tür wegrücken, dann schieben wir sie so weit auf, dass wir Sie rausholen können." Die Männerstimme auf der anderen Seite klingt vertrauenerweckend. Trotzdem zuckt Vera erneut zusammen und hebt ihre Hände wieder vors Gesicht. Ich bin überrascht über die heftige Reaktion auf die freundliche Stimme.

„Ja, machen Sie und wenn ich es sage, verlassen Sie sofort den Raum. Verstanden?" Ich lasse keinen Zweifel darüber aufkommen, dass es mir bitter ernst ist mit meiner Anweisung.

„Sie gehen raus und informieren Carlos, den Sicherheitschef. Er ist wahrscheinlich noch bei der Pressekonferenz. Suchen Sie ihn, finden Sie ihn und bringen Sie ihn auf schnellstem Weg her. Sagen Sie ihm, Lydia Heller, die stellvertretende Pressesprecherin, braucht ihn. Er kümmert sich dann um alles."

Ich überrasche mich doch immer wieder selbst. Wie klar meine Gedanken gerade in Ausnahmesituationen sind. Und wie sehr ich mit meinem Job verwachsen bin. Jeder andere hätte die Polizei und einen Notarzt angefordert. Ich aber will den Sicherheitschef. Weil ich weiß, er ist hier im Stadion am nächsten dran und kann ohne Verzögerung alles Erforderliche in die Wege leiten.

Plötzlich ist die Erinnerung an den 19. Oktober vor einem Jahr wieder da. Die Toten in der Tiefgarage. Severin blutüberströmt. Die Bombe, die zum Glück nur eine Attrappe war. Kaschrek! *Noch so ein Arschloch …*

Von draußen schiebt dieser Hanner mit der Tür unsere beiden Körper zentimeterweise Richtung Kloschüssel. Mit Erfolg. Sekunden später sehe ich für einen Moment in zwei braune Augen unter einem wuscheligen Blondschopf. Der Mann zur Stimme. Ich bitte ihn mit einem dankbaren Nicken in Richtung Tür, unsere Vereinbarung zu erfüllen.

„Ich geh dann mal und suche … wie … Carlos. Okay. Das mache ich", rappelt er sich hoch und verschwindet.

Vera krabbelt auf allen Vieren aus der Kabine heraus, zieht sich mühsam am Waschbecken hoch und schaut im Spiegel ihre Wunde an der Stirn an. Tupft vorsichtig mit zwei Fingern darauf, aber das Blut ist nicht mehr frisch.

Ich drehe Vera sanft zu mir um. Sie wehrt sich nicht wirklich und nimmt meine Schulter dankbar an. Lautes Schluchzen folgt. Ihr ganzer Körper schüttelt sich, und wir sinken zu Boden. Dabei kann ich sie nur mit Mühe festhalten. Aber es gelingt. Jetzt sitzen wir eng umschlungen mitten im Damenklo. Eine völlig abstruse Situation, passend für eine Komödie oder ein Drama. Ganz egal.

Ein Laut reißt mich zurück in die Gegenwart. Wieder dieses herzzerreißende Schluchzen.

„Warum? Warum hat er das gemacht?", bricht es aus Vera heraus. Dann folgt eine kleine Ewigkeit nichts.

Ich streichele ihr über die blonden Haare. „Wenn du mir erzählen magst, was passiert ist … ich höre dir zu."

„Es war doch nur ein Spiel. Eine kindische Wette. Er hat sich einen Kaffee bei mir geholt und wir haben herumgealbert. Er hat gesagt, die Eintracht wird zur Halbzeit 2:1 führen und mit mir um einen Kuss gewettet. So zum Spaß. Einfach nur eine Blödelei. Ich habe gedacht, den siehst du eh nie wieder. Aber er kam und hat sich seinen Kuss abgeholt. Ganz brav auf die Backe. Es war lustig und er war schon irgendwie mein Typ."

„Und dann?"

„Hat er mir eine zweite Wette angeboten. Wenn die Eintracht das Spiel gewinnt, wollte er einen echten Kuss. Und einen für jedes weitere Tor, das die Mannschaft gegen die Bayern noch schießt. Und für mich 500 Euro für jedes Tor, das die Bayern noch schießen."

„500 Euro. Nicht schlecht."

„Ich konnte doch nicht ahnen, dass die wirklich fünf Tore schießen. Habe gedacht, die Bayern machen schon noch eins oder sogar zwei rein. Macht einen Tausender. Für mich. Das, was wir hier bekommen, ist nicht schlecht, aber ... Hallo? Ein Tausender!

„Und du hast ihm geglaubt?", frage ich vorsichtig nach und bin mir nicht ganz sicher, ob ich ihr die Geschichte so abnehmen soll. 500 Euro pro Tor ... klingt nicht wirklich glaubhaft.

Sie hebt angewidert die Mundwinkel. „Ja klar. Mein Gott. Fußball. VIP-Bereich. Da fliegen die Scheine doch immer tief."

Innerlich muss ich lachen. Ja, in der Fußball-Bundesliga geht es um eine Menge Geld. Und viele genießen es, ein Teil dieser Welt zu sein. Für 90 Minuten plus Nachspielzeit. Aber Fußball ist eben nicht nur Geld. Drüben in der Kurve, die sparen sich jede Fahrt und jede Eintrittskarte vom Mund ab. Und auch hier im VIP-Bereich gibt es eine Menge Leute, die ihr Geld hart verdienen.

„Aber du siehst nicht so aus, als wäre es am Ende nur um ein paar Küsse für die drei Eintracht-Tore in der zweiten Halbzeit gegangen? Wieso bist du mit ihm aufs Klo?", bohre ich nach.

„Nein. Schlimmer." Sie schluchzt wieder laut auf. „Es war mein Vorschlag." Pause. „Es ist mein erster Tag heute. Was glaubst du, was die mit mir gemacht hätten, wenn ich an der Kaffeebar mit einem Wildfremden rumknutsche? Also habe ich vorgeschlagen, wir verziehen uns nach dem Spiel kurz auf die Toilette. Er war einverstanden und ein Freund von ihm hat gesagt, er steht Schmiere. Mein Gott, wie dumm bin ich denn?"

Sie bricht ab und beginnt hemmungslos zu weinen. Über das, was passiert ist, und wahrscheinlich über ihre eigene Unbekümmertheit.

„Er hat noch gesagt: *Mäuschen, lass uns aus den vier Küssen doch lieber einen ordentlichen machen …* und mir dann seine Zunge in den Hals gesteckt. Widerlich! Aber ich dachte immer noch: Okay, du blöde Gans. Das hast du dir schön selbst zuzuschreiben. Augen zu und durch. Statt der erhofften tausend Euro hast du eben nur einen scheiß Geschmack im Mund."

Ich starre sie an. Frage mich, ob ich an irgendeinem Punkt in meinem Leben ähnlich gehandelt hätte. *Wie alt mag sie sein? Mitte, Ende 20? Ziemlich verkrachte Existenz, wenn du in dem Alter noch für Mindestlohn Kaffee servieren musst.*

Sie schaut mich an. *Kann sie meinen Gedanken erraten haben? Wie peinlich ist das denn?*

„Alles gut, Vera", plappere ich drauflos.

„Nee, nichts ist gut", antwortet sie aufgebracht. Als hätte sie tatsächlich meine Gedanken gelesen. „Plötzlich hat er mich herumgerissen und meine Brüste und meinen Hintern begrapscht. Ich habe gesagt, er soll sofort damit aufhören. Da hab ich auch schon seine Hand zwischen meinen Beinen gespürt. *Mäuschen. Komm. Tu nicht so, als kämst du aus dem Nonnenkloster. Du willst es doch auch, du kleine Nutte*, hat er mir ins Ohr gesabbert und versucht, meinen Rock nach oben zu schieben."

„Und dann?" Eine dümmere Frage ist mir wahrscheinlich noch nie im Leben eingefallen.

„Ich habe mich mit letzter Kraft aus seiner Umklammerung herausgewunden und ihm eine geklatscht."

„Gut so."

„Eher nicht. Er hat mit voller Wucht zurückgeschlagen", sie deutet auf die derbe Rötung unterhalb ihres Auges. „Ich habe nur noch Sternchen gesehen, das Gleichgewicht verloren und muss beim Fallen auf die Kloschüssel geknallt sein. *Dumme Fotze*, hat er geschrien und ist einen Schritt zurückgegangen. Den Moment habe ich genutzt, um die Klotür vor seiner Nase zuzuknallen und abzuriegeln. Dann ist es dunkel um mich herum geworden."

Einen Moment lang überlege ich, wie ich mit dieser grauenvollen Geschichte umgehen soll. Dann treffe ich eine klare Entscheidung: „Vera, wir müssen die Polizei informieren. Hast du das verstanden? Da hilft uns der Sicherheitsdienst nicht weiter."

Vera rappelt sich mühevoll hoch. Es fällt ihr sichtlich schwer, aufrecht zu stehen. Sie dreht den Hahn auf und spritzt sich Wasser ins Gesicht. Dann blickt sie sich selbst im Spiegel an. Eine gefühlte Ewigkeit lang.

„Vera?", frage ich.

Sie überlegt einen Moment. Dann antwortet sie mit klarer Stimme: „Okay. Dann eben die Polizei. Aber glaub mir, die kriegen das nicht gebacken. Du musst mir helfen. Ihr habt doch überall Kameras. Kommst du an die Aufzeichnungen ran? Dann können wir den Mann identifizieren. So wie sie es letztes Jahr in einem Fanzug von München nach Gladbach gemacht haben. Nach der Vergewaltigung einer 19-Jährigen haben sie in Flörsheim den Zug gestoppt, das Opfer rausgeholt und von allen mitfahrenden Männern zwischen 18 und 50 bei den weiteren Haltepunkten Fotos gemacht. So haben sie das Schwein gekriegt."

Wow. Damit habe ich jetzt nicht gerechnet. Die letzten Sätze kamen wie aus der Pistole geschossen, wie auswendig gelernt. Ich muss einen Moment nachdenken. Mir Klarheit verschaffen. „Vera. Beruhige dich. Wir tun alles. Natürlich. Aber ohne Polizei geht gar nichts. Die müssen alles veranlassen. Verstehst du? Ich kann da gar nichts machen."

In diesem Moment reißt Carlos die Tür auf. Er schaut erst mich, dann Vera an. „Was um Himmels willen ist hier passiert?", will er mit bohrendem Blick wissen.

„Das lässt sich nicht in zwei Sätzen erklären", antworte ich zögernd, doch davon scheint er wenig zu halten.

„Draußen stehen sich die Damen schon die Füße platt", deutet er grinsend auf die Tür. „Also, wenn nichts beschädigt ist, sollten wir vielleicht in die Geschäftsstelle gehen und dort reden."

Mit diesen Worten schiebt uns der große Kerl mit einer ausladenden Handbewegung zur Tür hinaus. Vera zuckt nicht einmal, als er sie sanft anschiebt. Ihre Panik scheint verflogen.

In meinem Büro angekommen, drücke ich ihr einen Kaffee in die Hand. „Schnaps?", frage ich. Sie schüttelt den Kopf. „Wenn ich noch zur Polizei soll – besser nicht."

Sie schaut erwartungsvoll zu Carlos, aber der scheint ausgerechnet jetzt unschlüssig. „Ihr müsst mir gar nichts erzählen. Sie müssen nur entscheiden, ob ich die Polizei einschalten soll. Dauert keine fünf Minuten, dann sind die Beamten hier", erklärt er Vera. Sie nickt und schweigt.

Für Carlos das Zeichen, dass er zunächst nicht aktiv werden muss. Er dreht sich Richtung Tür. „Ruf mich an, wenn sie sich anders entscheidet", murmelt er. „Ich werde sie auf jeden Fall schon mal bei der Security als abwesend melden. Sonst sucht noch das halbe Stadion nach ihr."

Als die Tür ins Schloss fällt, setzt sich Vera auf. „Und nun?",
will sie wissen.

„Nun rufe ich Severin an. Severin Klemm. Ein Freund von
mir. Er ist Journalist und hatte es zuletzt mit einer Art Wett-
App zu tun. Da geht es wohl um solche Sachen, wie du sie mit
dem Typ im Stadion erlebt hast. Seltsame Wetten eben. Vielleicht kann er helfen. Ist das okay für dich?"

Sie nickt.

KAPITEL 2

SEVERIN

Severin?"

Blinzelnd sehe ich über meinen Monitor hinüber zu Achim, der vor seinem Gesicht herumschnipst, als würde er sich selbst aufwecken wollen. Ich hebe meine Brauen und fahre mir durch die Haare.

„Was, Achim?"

„Hast du das gelesen?"

Ich verziehe den Mund und atme tief durch.

„Was, Achim?", wiederhole ich meine Frage und werfe einen Blick aus dem Fenster.

„Bei deinem scheiß Zockerspiel ist einer draufgegangen. Ist gerade als Agenturmeldung reingekommen."

Wie elektrisiert erhebe ich mich und gehe um den Tisch zu ihm hinüber. Mein Blick fixiert den Bildschirm und die Worte, die da groß und fett stehen. Mir mit jedem einzelnen Buchstaben Panik und Schuld in die Glieder rammen.

War es nur eine dumme Wette? 19-Jähriger stirbt nach Fenstersturz.

„Ich muss da hin", murmle ich völlig in Gedanken, greife mir meine Jacke und gehe, ohne auf Achims Rufe zu hören.

Dieses verdammte Spiel. Diese verdammte App. Ich verdammter Idiot. Warum habe ich es nicht geschafft, sie abstellen zu lassen?

Kurz bevor ich am Aufzug bin, fingere ich mein Handy aus der Tasche und wähle Tims Nummer.

„Bist du schon raus aus dem Stadion? Du musst mich abholen."

„Hast du 'nen Knall?"

„Tim!", knurre ich zurück, nehme das Handy kurz von meinem Ohr, um mich zu beruhigen, und rede dann weiter. „Ein Spieler ist gestorben."

Mit einem „Bin unterwegs" beendet Tim das Telefonat. Ich starre verwirrt auf mein Handy, rufe den wenigen Kollegen am Newsdesk „Außentermin!" zu und trete in den Aufzug. Die Erinnerungen überrennen mich. Lassen mich taumeln, bis ich mich schwer atmend gegen die kühle Fahrstuhlwand lehne.

Der Tote könnte ich sein. Ich, weil ich über diese blöde App recherchieren wollte, aber immer weiter in den Sumpf hineingeraten bin.

Unten angekommen, muss ich nicht lange warten, bis Tim in seinem schwarzen BMW vorfährt. Von Sachsenhausen ist es nur ein Katzensprung hierher. Jedenfalls an einem Samstagnachmittag. Selbst dann, wenn die Eintracht gespielt hat.

„Wo müssen wir hin?", fragt er, als ich einsteige, und mustert mich. Mustert mich mit diesem bestimmten Blick, den auch

Lydia nach meiner Verhaftung draufhatte. Als wollten sie nachsehen, ob etwas in mir zerbrochen ist. Dabei vergessen sie, dass man es nicht sehen kann. Keiner kann das, außer mir.

„Uni", zische ich. „Westend."

Die Stille im Auto erdrückt mich und bringt alles zurück. Die Blicke. Die Stille. Die Enttäuschung in Lydias Augen, als sie begriff, dass ich nie in einem Kriegsgebiet gewesen war. Dass ich nie zu dem Journalisten geworden bin, den sie in mir gesehen hat. Stattdessen bin ich einer abstrusen Wettgesellschaft hinterhergejagt und habe mich selbst zum Spieler gemacht.

Nach einer halben Ewigkeit kommen wir endlich an. Ich springe aus dem Auto und während Tim einen Parkplatz sucht, stürme ich auf den abgesperrten Bereich vor dem Brunnen.

Die Leiche wird abgeschirmt und einige Polizisten halten weinende Studenten zurück. Wieder prasseln Bilder auf mich ein. Diesmal von Lydia, Tim und mir. Von einer unbeschwerten Zeit hier am Campus. Ich sehe kurz hinter mich zum Casino, in dem wir so oft gegessen haben.

„Was ist passiert?", frage ich einen der Polizisten. Er versucht auf dem Presseausweis, den ich ihm vor die Nase halte, etwas zu erkennen, und sofort wird sein Blick abschätzig.

„Die Presse ist also auch schon da."

„Was ist passiert?", wiederhole ich und balle meine Hände zu Fäusten. Seit ich in der Türkei nach den Betreibern der Wett-App gesucht habe, ist da wieder diese Wut in mir. Eine, die ich kaum imstande bin zu bändigen.

„Ein Student ist aus dem zweiten Stock gestürzt", übernimmt eine junge Frau neben mir das Wort. Ihre Stimme klingt fassungslos und gebrochen. So, wie sich meine Stimme wahrscheinlich auch einmal angehört hat. Damals, vor den Toten in der Tiefgarage. Vor Kats Tod, bevor Lydia entführt wurde und bevor Mic entlassen wurde, nur um sich dann das Leben zu nehmen.

Ich schlucke schwer und räuspere mich, um meine Fassung wieder zu erlangen.

„Und er hat diese App gespielt?", frage ich sie und zeige auf meinem Handy das rot-schwarze Symbol des Icons.

Sie zuckt mit den Schultern und deutet dann auf einen Kerl, der oben an der Treppe steht und starr hinabsieht. „Frag ihn."

Der Polizist seufzt, doch ich ignoriere ihn und gehe auf den paralysierten jungen Mann zu.

„Hey", versuche ich einen Anfang und lege den Kopf ein wenig schief. „Bist du ein Freund des Toten?"

Bei diesem Wort treffen mich seine vernebelten Augen. Dann nickt er matt und resigniert.

„Wir wollten doch nur …" Seine Stimme bricht.

„Severin!", höre ich plötzlich Tims Stimme, ignoriere sie aber. Im Augenwinkel erkenne ich den Polizisten. Er wird auch begriffen haben, dass dieser Junge hier dabei war.

„Was ist passiert?", fordere ich eindringlich und berühre seine Schulter.

„Wir wollten nur ein bisschen Geld verdienen. Und Marvin wusste alles über die Eintracht und …"

„Und?"

„Er sollte die nächste Antwort vom Fenstersims aus hinausschreien. Aber wir haben vorher getrunken und …"

„Kommen Sie bitte mit mir", unterbricht uns der Polizist und stellt sich zwischen uns. Hier werde ich also keine Informationen mehr bekommen. Verdammt. Diese beschissene App.

„Severin!", höre ich Tim wieder schreien. Jetzt deutlich näher und völlig außer Atem.

„Was ist los, Mobby Dick? Bist du schon wieder gerannt?", frage ich mit zusammengezogenen Brauen, als er vor mir ankommt und sich schweratmend auf seinen Beinen abstützt.

Tim brummt irgendetwas, das ich nicht verstehe, sich aber verdächtig nach „Arschloch" anhört. Ich drehe mich um und suche nach einem bekannten Gesicht und dann erkenne ich sie.

„Jules!", rufe ich über den Campus. Ein paar der Polizisten drehen sich um und dann trifft mich ihr Blick. Sie sieht so verdammt zornig aus, dass ich belustigt einen Mundwinkel hebe, während sie auf mich zu stapft.

„Du sollst mich ordentlich ansprechen, wenn ich im Dienst bin, Severin!", knurrt sie kaum hörbar und funkelt mich böse an. Ich hebe beschwichtigend meine Hände und deute dann auf den jungen Kerl, den ich gerade noch befragt habe.

„Sie sind Spieler?", frage ich, obwohl es viel eher eine Feststellung ist. Aber Jules mag es, wenn ich ihr das Gefühl gebe, sie hätte alles in der Hand, während ich sie um kleine Happen an Informationen anbetteln muss. „Oberkommissarin Monika Julia Lacker", füge ich noch schnell und grinsend hinzu.

„Ja, Herr Klemm. Sie sind Spieler. Einer von ihnen *war* ein Spieler. Denn jetzt ist er tot. Verstehst du? Es gibt eine Leiche. Also hast du hier nichts zu suchen. Ich bin die Polizei."

„Und ich Journalist", sage ich mit geschwollener Brust und schnipse Tim zu, der mich nur verdutzt ansieht, statt mir einen Zettel zu reichen. Anfänger.

„Das ist kein Spiel, Sev", flüstert Jules und tritt ein wenig näher. „Du wärst ebenfalls fast gestorben und …"

„Genau genommen ist es sehr wohl ein Spiel."

Sie seufzt genervt, fährt sich durch ihr Haar und dann nehmen ihre Augen einen flehenden Ausdruck an.

„Bitte, Severin. Halt dich da raus!"

Ich will ihr gerade sagen, dass ich es nicht kann. Nein, ich will es ihr ins Gesicht brüllen, weil ich wieder einmal von dieser kaum zu bändigenden Wut überrannt werde, als mein Handy klingelt. Ich stöhne genervt, nehme es aus meiner Tasche und starre auf den Namen, der dort grell blinkt. Lydia. *Was?* Irritiert nehme ich das Gespräch an. Jules verfolgt jeden meiner Schritte von ihr weg.

„Was gibt's, Goldlöckchen?", frage ich in das Handy und ernte ein Stöhnen.

„Ich brauche deine Hilfe", raunt sie, als könne sie nicht offen sprechen.

„Ach, schon wieder?"

„Sei bloß still, Sev! Sonst erinnere ich dich daran, wer vor zwei Monaten in der Scheißtürkei festgenommen wurde, weil er da illegale Wetten abgeschlossen hat, und mich angebettelt hat, ihm zu helfen."

„Muss ein draufgängerischer Kerl gewesen sein", lache ich und spüre immer noch Jules Blicke in meinem Rücken.

„Severin! Komm bitte zum Stadion."

„Und warum?" Sie weiß genau, dass ich diesen Ort nie wieder betreten will.

„Weil ich deine Hilfe brauche, verdammt. Wie beschränkt kann man eigentlich sein?"

Ich grinse, was sie natürlich nicht sehen kann. Aber ich liebe es einfach zu sehr, Lydia auf die Palme zu bringen.

„Ich habe hier eine Frau gefunden. Auf dem Klo. Verletzt. Und das, was sie erzählt hat, klingt verdächtig nach deiner beschissenen App."

„Meiner App?", frage ich zornig, fange mich aber wieder und nicke schwer atmend. „Bin unterwegs."

„Sag am Eingang deinen Namen."

„Soll ich auch erwähnen, dass die Pressesprecherin die Presse reinlässt?"

Ein Klicken verrät mir, dass sie nicht weiter mit mir reden will. Wahrscheinlich sogar verständlich.

„Ich muss los", werfe ich Jules zu, die verärgert den Kopf schüttelt, und scheuche Tim vor mir her.

„Bis heute Abend, Babe", raune ich Jules noch mit einem Zwinkern zu. Sie antwortet mit einer nicht so freundlichen Geste.

„Was ist jetzt schon wieder?", keucht Tim, als wir endlich bei seinem Auto ankommen.

„Gib mir die Schlüssel, so wie du atmest, stirbst du jede Sekunde und ich direkt mit dir, wenn du hinterm Lenkrad sitzt."

„Ha, ha", macht der, überreicht mir aber sofort seinen Schlüssel.

Als wir endlich am Stadion ankommen, mustert mich der Ordner, als sei ich ein verblödeter Fan, der den Anpfiff verpasst hat.

„Severin Klemm", nuschle ich. „Lydia Heller erwartet mich in ihrem Büro in der Geschäftsstelle." Der Ordner hebt nur seine Brauen und dann das Funkgerät an seinen Mund, bis er mich endlich durchlässt.

Es ist inzwischen zehn nach sieben. Zwei Stunden nach Spielende. An den Getränke- und Fressständen wird zusammengepackt und nur oben im VIP-Bereich zeigt die Beleuchtung, dass die Reichen und Schönen mal wieder den Hals nicht voll kriegen. Ich stelle Tims Auto auf dem Zufahrtsweg zum Stadion an der Seite ab. Weit genug weg von dem Ort, an dem mein Leben sich auf herzzerfetzende Art verändert hat. So schnell, dass ich es kaum begreifen konnte und noch immer nicht kann. In die Tiefgarage hätten mich keine zehn Pferde gebracht. Die erst recht nicht. Aber mit Sicherheit auch keine zehn leichtbekleideten Damen.

Wir steigen aus und laufen los.

Tim meckert hinter mir immer wieder, dass dieser Weg viel länger ist, was ich aber geflissentlich ignoriere. Mein Herz pocht unerbittlich gegen meine Brust. Warum auch immer. Ich habe Lydia, seit sie mich aus der Türkei geholt hat, nicht mehr gesehen. Vielleicht liegt es daran.

Als wir endlich am Nordost-Eingang ankommen, entdecke ich sie rauchend vor der Rampe. Unruhig kaut sie auf ihrer Lippe herum. So wie immer.

„Severin!", stößt sie hervor, als sie mich entdeckt und auf mich zukommt. Fast so, als wäre ich ihr Retter in der Not. Aber was genau soll ich hier? Und wie soll ich ihr helfen?

„Ich habe im VIP-Bereich auf der Toilette eine Frau gefunden, die offenbar Ärger mit einem Kerl hatte", flüstert sie beinahe verschwörerisch. „Und das, was sie über das Spielchen, das er mit ihr gespielt hat, erzählen konnte, ist …"

„Stopp", unterbreche ich sie und lege den Kopf schief, bevor ich meine Hände sanft auf ihre schmalen Schultern lege.

„Was für ein Spiel?"

„Er", beginnt sie völlig durcheinander. „Er hat auf die Tore gewettet. Der Einsatz war ein Kuss und Geld."

„Und wie passt das mit mir zusammen?"

„Du weißt alles über diese App."

„Lyd", versuche ich, sie zurück in die Realität zu holen. „Die Spieler müssen Fragen zur Eintracht beantworten und Aufgaben erledigen, bevor sie die Antwort nennen dürfen. Sie wetten nicht um Küsse."

„Sie wetten in der App aber auch um Tore.“

„Ich glaube, dass du einfach gerne eine Antwort für das hättest, was hier passiert ist, aber … die kann ich dir nicht geben.“

Sie atmet tief ein und nickt dann resigniert. „Würdest du dir wenigstens alles noch einmal anhören und versuchen, eine Verbindung herzustellen?“

„Natürlich“, gebe ich ruhig und heiser zurück und mustere ihre großen blauen Augen, die sich ein wenig entspannen.

„Kann ich sie sehen?“

Lyd beißt sich erneut unruhig auf der Lippe herum und nickt dann. „Sie ist in meinem Büro.“

„In deinem Büro?“ Ich sehe sie skeptisch an.

„Ich wollte, dass du mit ihr sprichst, bevor wir die Polizei hinzuziehen.“

„In Ordnung, bring mich zu ihr.“

Wir gehen die Rampe hinter der mächtigen Kurve hoch und ich bemühe mich, nicht richtig hinzusehen. Mich nicht diesem Gefühl hinzugeben, das in mir wächst und wächst. Angst, Panik, aber vor allem Trauer und Schmerz. Ich verbinde das Stadion nicht nur mit den Toten, die ich gesehen habe, oder dem Angriff des Mörders. Nein, ich verbinde es auch mit meiner Jugend. Mit einer Freundschaft zu Mic, die genau hier unterhalb der Fankurve geendet hat, genauso wie sein Leben.

Ich bin froh, als wir hinter der Tür zu den Geschäftsräumen verschwinden und in dem ausladenden Büro stehen, von dem man hinab auf den Rasen sehen kann.

„Das sind Freunde“, sagt Lydia behutsam zu der Frau, die zusammengekauert auf einem der Stühle sitzt und ängstlich nickt.

Okay, Severin. Jetzt bloß nicht taktlos sein.

„Ich bin Severin. Lydia hat mir erzählt, dass … jemand mit Ihnen gewettet hat."

Sie sieht zu Lydia, doch dann nickt sie, als diese ihr ein Lächeln schenkt.

„Wie lief die Wette ab?"

„Er bot mir Geld für jedes Tor, das für die Bayern fällt, und wollte einen Kuss für jedes Tor, das die Eintracht schießt." Sie klingt ängstlich und doch besitzt ihre Stimme eine gewisse Stärke, die ich so nicht erwartet habe. Tim und ich stehen immer noch an der Tür, um ihr nicht zu nahe zu treten, während Lydia ihr Wasser reicht.

„Hat er eine App erwähnt?"

Sie wirft mir einen irritierten Blick zu.

„Eine App? Denkst du, dass das nur ein dummes Spiel war?", schnaubt sie und deutet auf die Wunde an ihrem Kopf. „Sieht das hier nach einem Spiel aus?!"

Ich hebe beschwichtigend meine Hände und trete noch einen Schritt zurück.

„Auf keinen Fall. Es gibt nur eine App, in der man Eintracht-Rätsel lösen und Aufgaben erfüllen muss. In dieser App wird auch auf Tore gewettet. Wenn man falsch liegt, muss man noch schwierigere Aufgaben erledigen."

Sie legt den Kopf schief und runzelt die Stirn. „Aufgaben wie die, eine Frau zu belästigen?" Ihre Stimme bricht.

Schwer atmend schüttle ich den Kopf und verfluche Lyd innerlich dafür, dass sie mich hierher gebracht hat.

Etwas in mir entscheidet sich, den Abstand zu minimieren. Ohne weiter nachzudenken, gehe ich auf sie zu und setze mich neben sie. Lyd hält hörbar die Luft an.

„Hör zu, …?" Ich sehe sie fragend an.

„Vera", presst sie hervor.

„Ich benehme mich oft wie ein blöder Trottel. Da kannst du die beiden fragen."

Lyds Augen sind weit aufgerissen, während Tim nickt, bis ich ihm einen vernichtenden Blick zuwerfe.

„Dieser kleine Wichser hat keine App erwähnt?", hake ich noch einmal nach. Lydia keucht. Sie kann sich auch nicht einmal ruhig verhalten. Alles muss eine Reaktion bei ihr auslösen.

„Nein", gibt diese Vera knapp zurück.

Ich versuche mich zu konzentrieren. *Was daran könnte für die App sprechen?* Natürlich kann man da auch um Tore wetten. Aber die eigentlichen Wetten schließen die großen Tiere ab. Eine Ebene höher als die Spieler gibt es nämlich die reichen Säcke, die auf die Spieler wetten.

Auch gestern Nacht gab es Menschen, die darauf gewettet haben, ob der Junge die Lösung seines Rätsels vom Fenster aus hinab schreit. Wahrscheinlich war sein Freund dabei, um das alles live zu filmen.

Ich atme schwer. Könnte der Mann eine Aufgabe gestellt bekommen haben? Aber dann hätte er die Lösung präsentieren müssen.

„Hat er irgendetwas ohne Zusammenhang gesagt?"

Sie schüttelt den Kopf.

„Ich sollte Jules anrufen", raune ich Lydia zu.

Sie rümpft ihre Nase und sieht mich ernst an. „Die Mordkommission? Spinnst du?"

„Wer ist Jules?", fragt die junge Frau panisch, ich fahre mir genervt durch meine Haare und stehe auf.

„Eine Freundin von der Polizei. Sie kann helfen, den Kerl zu finden."

„Habt ihr eigentlich eine Ahnung, wie Frauen wie ich in solchen Situationen behandelt werden? Als was wir von den Männern bezeichnet werden? Saftschubse oder Ginhure sind noch die netten Worte." Tränen platzen aus ihren Augen.

„Ein Grapscher hier, ein tiefer Blick ins Dekolleté oder ein Zwicken in den Hintern sind auch an der Tagesordnung. Und hier …" Sie deutet um sich herum. „Hier in dieser beschissenen, glitzernden Fußball-Welt ist es noch schlimmer!" Sie steht auf, stellt das Wasserglas zur Seite und richtet sich noch einmal an Lydia. „Und du bist eine verdammte Frau in dieser Männerdomäne und machst nichts! Dabei könntest du mit einem Blick auf die Videos alles klarstellen."

„Ich …", setzt Lyd an.

„Na dann ruft halt die Bullen. Ich werde ihnen erzählen, was hier los war", schreit Vera plötzlich und rennt zur Tür. „Nun macht schon! Die werden sich eh wundern, warum wir so lange gewartet haben."

„Das war ja erfolgreich", brumme ich, wofür ich einen hasserfüllten Blick von Lyd ernte. Ich mache einen Schritt auf sie zu. „Es hat nichts mit der App zu tun, Lyd. Ich kann mir das jedenfalls nicht vorstellen."

„Ja, ja, aber du weißt es eben nicht zu hundert Prozent!", spuckt sie mir förmlich entgegen und schlägt die Hände vors Gesicht. „Wie sicher bist du dir?"

„Wie kamst du überhaupt darauf?"

„Weil", beginnt sie und sieht mich dann nachdenklich an. „Weil …"

„Wolltest du mich vielleicht einfach nur wiedersehen?", frage ich und zwinkere ihr zu. Ihr Mund öffnet sich.

„Genau, Severin. Ich wollte nicht helfen. Ich wollte auch nicht einfach nur deine Hilfe. Ich wollte natürlich ausschließlich den großen, tollen Severin Klemm sehen." Sie prustet. Aber irgendetwas an ihr ist zu aufgebracht. Vielleicht wollte sie mich nicht einfach nur sehen. Aber sie wollte das hier nicht allein durchstehen müssen. Nicht ohne mich.

„Sie hat recht. Wenn ich jetzt die Polizei informiere, werden die wissen wollen, warum wir zwei Stunden damit gewartet haben und die Toilette wahrscheinlich längst gereinigt wurde. So eine verdammte Scheiße. Ich hab's versaut. Ich muss den Präsi suchen oder Max. Wir brauchen eine Entscheidung, wie wir pressemäßig damit umgehen sollen", quillen Wortfetzen aus ihrem Mund hervor.

„Darüber machst du dir Sorgen?" Ich schnaube herablassend.

„Leck mich, Sev. Manche von uns haben einen Job, den sie nicht so leichtfertig aufs Spiel setzen wollen!", flucht sie und deutet auf die Tür. „Und jetzt lass dich nicht länger aufhalten!"

„Euer Wunsch sei mir Befehl, Eisprinzessin."

Sie flucht hinter mir, aber ich höre nicht hin, während ich die Gänge zurücklaufe. Wut kocht in mir hoch. Unbändige Wut, weil sie mich angerufen hat. Sie wollte meine Hilfe. Sie wollte, dass ich nachforsche, ob es was mit der beschissenen App zu tun hat. Und jetzt kostet mich das Wissen darüber schon wieder meine Nerven und meinen verdammten Verstand. So wie schon vor Monaten.

KAPITEL 3

LYDIA

Jahrelang habe ich mir sehnsüchtig gewünscht, Papa und Eric würden das Kriegsbeil begraben. Jetzt wäre mir ein anderer Moment als das Spiel gegen die Bayern wahrlich lieber gewesen. Ich brauche Eric, aber die Herren sind offenbar gnadenlos versackt.

„Die beiden haben sich gegen halb sechs Richtung Tiefgarage verabschiedet. Waren offenkundig bester Laune. Alles okay. Also mach dir keine Sorgen, Lydia", hat mir Max vor einer guten Stunde erzählt, sich mit dem Satz „Wäre gern dabei" herumgedreht und ist wieder in der Eintracht-Loge verschwunden. Er war nicht sehr angetan davon, dass ich ihn mit einem „Ich brauche dich kurz. Jetzt!" von seinen Gesprächspartnern weggezogen habe. Der halbe Bayern-Vorstand war dabei. Was weiß ich, was die wieder gemeinsam ausgeheckt haben. Seit dem Katastrophen-Deal mit Nico war ja eigentlich Funkstille zwischen Frankfurt und München. Aber wer weiß, vielleicht ging es ja wieder um den Coach. Ein kleiner Plausch auf höchster Ebene. Wirklich fest im Sattel hat er schon vor der 1:5-Pleite nicht gesessen und es gab nicht wenige, die hinter vorgehaltener Hand schon in der Pause getuschelt haben, dass da wohl eine ganze Mannschaft gegen den Trainer spielt.

Aber selbst, wenn der Papst dabei gestanden hätte … und Max sein „Bin ich das Kindermädchen der beiden?" noch lauter hinausposaunt hätte, ich musste ihn stören. Veras Aussage bei der Polizei wird mit Sicherheit dazu führen, dass morgen früh eine ganze Hundertschaft vorm Stadion steht und alles auf den Kopf stellt. Aber was hätte ich tun sollen? Als Vera klar wurde, dass ich ihr die Videos nicht aushändigen kann, und Severin auch eine Sackgasse war, hat sie ziemlich heftig umgeschwenkt. Sie stürmte wütend aus meinem Büro und ich war ja schon froh, dass sie mir angeboten hat, selbst zum Polizeirevier in Niederrad zu gehen und so zu verhindern, dass jemand fragt, warum wir nicht gleich die Polizei geholt haben. „Ich sag dann, ich wäre völlig durcheinander weggelaufen und herumgeirrt. Das glauben die Bullen gerne", hat sie mit einem hämischen Gesichtsausdruck von sich gegeben.

Mir war es recht. So ließ sich vielleicht verhindern, dass die Pressekollegen die Geschichte über Gebühr ausschlachten. „Vergewaltigung im VIP-Bereich!" Diese Schlagzeile braucht wirklich niemand. Weil zwischen den Zeilen die Frage stehen würde: *Schlamperei im Sicherheitsdienst. Sind Frauen ihren Peinigern schutzlos ausgeliefert?* Und keiner wird wissen wollen, was wirklich passiert ist. Dass es sich nicht immer verhindern lässt, wenn Einzelne so etwas machen. Von keinem Sicherheitsdienst. Ich habe ihr noch meine Handynummer gegeben und sie zum Ausgang gebracht.

„Sorry, dass ich dich gestört habe", rufe ich Max mit einem Blick auf die Uhr nach. „Ich werde die beiden schon irgendwo auftreiben."

Aber wo? Frankfurt bietet eine Menge Möglichkeiten für zwei Kerle, am nächsten Morgen mit einem riesigen Kater und ohne jede Erinnerung aufzuwachen. *Und Eric kennt sie wohl alle,* schießt es mir durch den Kopf.

19.46 Uhr. Was kann ich tun? Der große VIP-Bereich vor der Terrasse ist fast leer. Ein paar „Bundestrainer" können nicht aufhören, die 9. Minute zu sezieren. „Die Rote Karte für Boateng war's. Keiner hat gegen den Trainer gespielt. Ein Mann weniger gegen unsere Jungs in einem Rausch … da haben sogar die Bayern die Hosen voll", wabert eine Stimme zu mir herüber. Eine, die keinen Widerspruch duldet. Und doch reichlich dafür erntet. Ein wildes Durcheinander an Sprachfetzen saust auf den Redner nieder.

Ich wende mich ab. Blicke mich um. Die meisten haben sich längst auf den Nachhauseweg gemacht oder sind in Sachsenhausen eingefallen, um den Bayern auch noch die Unterhosen auszuziehen.

„Lydia? Du bist noch hier?", höre ich plötzlich eine vertraute Stimme. Thomas Tamathi – *sehr gut.* Der Chef des Eintracht-Museums hat jetzt Feierabend und kann mir helfen, Eric zu finden.

„Hey!", sage ich und wundere mich über die Freundlichkeit, die ich in einem Wort mit drei Buchstaben unterbringen kann. „Direktor! Dich schickt der Himmel!"

Was dann wohl eher eine Brise zu viel Freundlichkeit war.

„Keine Zeit", antwortet er. Ohne, dass ich ihn überhaupt um Hilfe bitten konnte. „Bin verabredet und eh schon spät dran. Sorry, Lydia. Was immer es sein könnte, was du von mir willst – heute passt es gar nicht!"

„Tom. Warte. Ich brauch doch nur einen Tipp. Papa und Eric sind irgendwo in Frankfurt unterwegs. Hast du 'ne Ahnung, wo die beiden ihr Wiedersehen feiern könnten?"

Tom dreht sich im Gehen zu mir um. Eigentlich geht sein Körper weiter und nur der Kopf schaut noch zu mir.

„Na ja. Beim Griechen? Oder in Orpheus Unterwelt? Oder sie machen 'ne Tour durch die Stadt. Morgen früh sitzen sie dann bei Eric im Garten." Ich bewundere diesen Mann dafür, dass er nie um eine Antwort verlegen ist, aus tiefstem Herzen. Trotzdem antworte ich eher patzig.

„Na danke. Soll ich jetzt dorthin fahren und warten, bis sie eintrudeln, und mir den Tod holen? Es ist November, Tom. Aber trotzdem danke für den Tipp."

Tom antwortet nicht. Hält stattdessen sein Handy hoch und wackelt damit hin und her.

Wie war das mit den Freunden, bei denen du keine Feinde mehr brauchst? Als ob ich nicht längst versucht hätte, Eric und Papa auf dem Handy zu erreichen.

Also gut. Dann zuerst der Grieche. Die Kneipe, die Amanatidis vor Jahren aufgemacht hat. Es würde mich nicht wundern, wenn die beiden dort auf dem Tisch tanzen. Papa ist zwar seit seinem Schlaganfall nicht mehr gut zu Fuß, aber für einen Sirtaki mit Erics Hilfe und etlichen Ouzos im Blut könnte es an einem solchen Abend schon noch reichen, befürchte ich.

Es ist fast halb neun, als ich ins Parkhaus Börse einbiege. Von hier aus sind es bis in die Kaiserhofstraße nur ein paar Schritte. Ich stelle mein Auto in der zweiten Etage ab und sause schnell in Richtung Aufzug. Parkhäuser sind nicht gerade das, was ich als meine Lieblingsorte bezeichnen würde. Vor allem die Aufzüge. Zu oft sind mir dort merkwürdige Gestalten begegnet.

Kerle, die so unverhohlen auf meine Brüste gestarrt haben, dass ich dachte: *Hallo! Ich gucke doch auch nicht auf die Minibeule zwischen deinen Beinen wie eine notgeile Schlampe.*

Mit 18 bin ich die Treppe gelaufen. Und wenn ich mit anderen im Aufzug war, habe ich immer an meinem Mantel herumgenestelt und ihn schützend vor der Brust zusammengekrempelt. Bis ich 25 war, habe ich deshalb Parkhäuser gemieden wie der Teufel das Weihwasser. Heute ist mir das ziemlich egal. Lass sie doch starren. Wenn ich mit dem Aufzug fahre, weil ich in Begleitung bin, stelle ich mir dann immer vor, wie es wäre, wenn ich so einen Typen – vor allem wenn seine Frau dabei ist – ganz laut fragen würde: *Na, Kleiner, mal wieder Lust auf eine ordentliche Nummer?* Aber das wird sicher nicht passieren.

Vor dem Parkhaus steht eine Gruppe Männer am Automaten. Ein großer Blonder überragt die anderen und sofort kommt mir Vera in den Kopf.

„Der Kerl hatte ganz helle Haare. Fast gelb und zwei Finger haben ihm gefehlt. Der Zeigefinger und der Mittelfinger der rechten Hand", hat sie gesagt und ich ertappe mich dabei, nach der rechten Hand des Blonden zu schielen.

„Lydia Heller! Reiß dich zusammen", murmele ich fast unhörbar in mich hinein und beiße mir dabei ein kleines Stück Haut aus der Lippe.

Sev hätte mir eigentlich zur Seite stehen können. Aber der Idiot lässt mich hängen und ist sicher wieder mit Tim unterwegs. Die beiden sind ja anscheinend beste Freunde. Seit der Türkei. Dass ich es war, die ihn im Stadion ziemlich brüsk nach Hause geschickt hat, verdränge ich ungeniert.

Es hilft nichts. Ich muss mir meinen Weg mitten durch die Gruppe bahnen. Zwei haben ein Eintracht-Trikot an. Könnte also sein, dass sie mich kennen. Außerdem bete ich innerlich, dass sie wenigstens ihre gute Kinderstube nicht mit dem letzten Glas Bier weggeschwemmt haben.

„Na, schöne Frau, wohin so spät?", bewegt sich einer der Kerle auf mich zu. Er weiß genau, dass ich an ihm vorbei muss, und macht sich extra breit.

„Direkt zur Polizei, wenn Sie nicht sofort Platz machen", herrsche ich ihn an. Und tatsächlich: Der Kerl ist sichtlich eingeschüchtert und weicht zurück. Seine Freunde lachen.

„Na, Hannes? Abgeblitzt bei der Schönen, oder was?", will der große Blonde wissen, der seine Hand immer noch tief in der Manteltasche vergraben hat.

So kalt ist es doch gar nicht, denke ich und bereite mich schon auf den nächsten verbalen Angriff vor.

„Sollen wir dich nicht besser beschützen? In dieser Stadt weiß man nie, was alles passieren kann", fragt der Große jovial und hält mir doch tatsächlich seine Hand entgegen. So wie d'Artagnan, wenn er einer Dame aus der Kutsche hilft.

„Männer. Ihr könnt jetzt noch ein bisschen hier herumalbern, aber besser wäre es, wenn ihr mich einfach vorbeilasst. Und gut ist."

Meine Stimme hat keinen Moment gezittert. Ich habe in den letzten Jahren gelernt, sie zu gebrauchen. Deutlich zu sein. Jedenfalls beruflich. Privat – *na ja.*

Aber es wirkt. Wenn auch unter dem Gemaule der Gruppe. Sprüche wie „Man wird doch wohl noch nett sein dürfen?", „Und wenn man sie gar nicht beachtet, ist es auch falsch" und „Wohl vom anderen Ufer, die Tussi?" folgen mir. Und ich bin froh, dass sie leiser werden und mein Herz nicht mehr so laut schlagen muss.

Beim Griechen baut sich ein baumlanger Mitarbeiter direkt hinter der Eingangstür vor mir auf. „Wir sind voll", radebrecht er in einer wahrlich einmaligen Deutsch-türkischen-irgendwie-Mischung über mich hinweg.

„Das sehe ich. Sagen Sie: Ist Eric Presfeth da?"

„Und wenn?", grinst der Riese.

Ich atme tief durch.

„Dann wüsste ich gerne, wo er sitzt. Ich muss mit ihm reden!"

Der Lulatsch blickt zu mir hinunter. Nickt leicht, um dann plötzlich mit dem Kopf zu schütteln: „Kommst du zu spät, kleines Fräulein. Ise schon wieda weg gegange. War mit so eine Rollitype da. Coole Gang, die zwei!"

Ich warte gar nicht erst ab, bis er mir noch mehr Einzelheiten verkünden kann, und drehe mich mit einem *Okay!* ab. Dann überlege ich es mir anders.

„Haben die beiden gesagt, wo sie hinwollen? Ein Taxi bestellt?", will ich wissen.

„Keine Taxi. Sind zu Fuße weg. Also die Eric. Andere Mann auf Rolle."

Andere Mann auf Rolle, scheppert es in meinem Kopf. *Die findest du nie – ohne Reiseführer.*

Ich krame das Handy aus meiner Tasche und tippe auf Severins Nummer. Da saust plötzlich eine Hand auf meine Schulter. Eine ziemliche Pranke. Mein Kopf fliegt herum. „Max!?"

„Ja, Ly! Suchst du immer noch deinen Papa und den lieben Eric?" Ein gurgelndes Lachen begleitet den Satz. Offenbar hat Max die zwei letzten Stunden anders genutzt als ich.

„Ja", antworte ich und bin nah dran, Max von Vera und der Beinahe-Vergewaltigung oder was immer es war zu berichten. Aber irgendetwas lässt mich innehalten. Seitdem ich diesen blutroten Fleck an der Wand und nicht auf der Toilettenschüssel gesehen habe, erscheint mir Veras Geschichte merkwürdig. Schon die ganze Zeit. Es macht mich verrückt. Weil ich es nicht leiden kann, wenn in meinem Kopf diese Nebel durchziehen. Ich möchte mich dann am liebsten schütteln und mir so lange mit der flachen Hand auf die Stirn klopfen, bis ich wieder klarsehe. Wobei: Es könnte ja auch sein, dass sie sich einfach nur vertan hat, als sie sagte, sie habe das Gleichgewicht verloren und sei wohl beim Fallen auf die Kloschüssel geknallt. Bei dem, was ihr passiert ist, gut denkbar.

„Die sitzen bei deinem Papa in Zeilsheim und erzählen sich alte Geschichten. Lass sie. Etwas Besseres können sie nach so langer Zeit nicht tun. Sie waren gute Freunde und gute Freunde müssen vor allem eins: reden."

Max ist offenkundig bei weitem nicht so betrunken, wie seine allzu stürmische Begrüßung es hatte vermuten lassen. „Kann schon sein, dass du recht hast, aber wir beide werden das traute Glück jetzt ein bisschen unterbrechen!"

„Nö. Tun wir nicht!", grummelt Max und zieht dabei eine Grimasse.

„Doch!", antworte ich ruhig und schiebe ihn zur Tür hinaus. „Es könnte sein, dass wir ein ziemlich großes Problem bekommen", versuche ich besonders ernst zu klingen. Mit wenig Erfolg.

„Ein Problem, Ly?", lacht Max. „Wir haben die Bayern mit 5:1 aus dem Stadion geschossen. Die haben ein Problem. Ich fürchte, Nico hat ein Problem. Wir nicht. Heute jedenfalls nicht!"

Er ist ein wunderbares Beispiel dafür, dass es keinen Alkohol braucht, um besoffen vor Glück zu sein.

„Max. Im Ernst. Ich weiß ja, dass heute wie Weihnachten und Ostern an einem Tag ist, aber wir müssen reden. Wir beide und am besten du, Eric und ich!"

Max sieht so aus, als würde ihm gerade alles aus dem Gesicht fallen. Offenbar hat er an meinem Ton erkannt, dass der Spaß jetzt erst einmal für ein paar Stunden vorbei sein wird.

„Okay. Dann lass uns mal fahren. Und vielleicht bist du so nett und klärst mich auf dem Weg nach Zeilsheim schon mal auf. Ich habe nämlich keine Ahnung, ob wir von Eric und deinem Vater überhaupt noch ein klares Wort zu hören bekommen."

Eigentlich müsste ich mir bei dieser Ankündigung Gedanken um meinen Vater machen. Der Mann hatte schließlich vor 15 Jahren einen Schlaganfall, an dessen Folgen er bis heute laboriert. Sein Kopf ist klar und er hat gelernt, wieder ohne zu holpern zu sprechen. Nur das linke Bein versagt nahezu komplett seinen Dienst. Weshalb er im Rollstuhl durch sein kleines Häuschen kurvt und sieben Jahre Überredungskünste nötig waren, ihn von einem Treppenlift zu überzeugen. Sieben Jahre, in denen er das Gäste-WC mit Minidusche dem geräumigen Bad im ersten Stock vorgezogen hat. Meistens mit den Worten „Geht schon!".

Und nun hockt er offenbar mit seinem ältesten und gerade wiedergewonnenen Freund in seiner verstaubten Kamorke und ist wahrscheinlich schon längst nicht mehr zurechnungsfähig. Natürlich mache ich mir Sorgen!

Max mustert mich eindringlich. „Ly, mach dir nicht so viele Gedanken. Die beiden sind keine kleinen Jungs mehr. Und Eric weiß, was er tut. Auf jeden Fall nichts, was deinem Vater schaden würde. Da bin ich sicher", versucht er mich zu beruhigen. „Und jetzt erklär mir doch mal in drei Sätzen, warum wir überhaupt zu diesen beiden Oldies fahren, statt beim Griechen auf unseren Sieg anzustoßen."

„Ich habe einfach ein blödes Gefühl in der Magengegend und will vermeiden, dass wir in etwas hineinschliddern."

„Hineinschliddern", wiederholt Max amüsiert.

„Ich habe auf der Toilette im VIP-Bereich eine Frau gefunden. Diese Vera Lichtenthaler ist offenbar von einem unserer VIP-Gäste attackiert worden. Jedenfalls hat sie eine Platzwunde am Kopf. Und jetzt ist sie bei der Polizei und macht eine Aussage. Und ich weiß nicht genau, was sie erzählt."

Max nickt, aber wirklich überzeugt ist er ganz offenkundig nicht, dass die Geschichte auf uns zurückfallen könnte. Es kommt mir eher so vor, als sei er vor allem darauf gespannt, was uns bei meinem Vater erwartet.

„Dritte links und brems bitte rechtzeitig vor der Haustür", höre ich mich sagen. Und schüttele ungläubig den Kopf. Das kann doch nicht sein, dass man manche Sachen einfach nicht los wird. Ich erkläre Max, der nebenbei erwähnt schon oft hier war, wie er fahren muss. „Das kann doch nicht wahr sein", murmele ich.

„Dass du mir den Weg zu euch erklärst, wie es deine Mutter immer getan hat?"

„Ja", antworte ich, ohne zu zögern. Warum auch. Max und ich kennen uns schon so lange. Lange, bevor er in den Vorstand der Eintracht berufen wurde. Wenn er nicht mein Chef und ich seine Mitarbeiterin wäre, würde ich sagen, wir sind eine Familie. Freunde auf jeden Fall.

„Mach dir nichts draus. Hat dein Papa auch immer so gemacht. Sogar, als sie euch schon lange verlassen hatte."

Das Haus liegt in einem schummrigen Dunkel. So wie die ganze Straße. Künstlich durch ein paar Laternen und die Scheinwerfer unseres Wagens erleuchtet. Kein Licht von innen.

„Bist du sicher, dass sie da sind?", frage ich halblaut.

„Ja!", Max deutet auf einen Wagen in der Einfahrt. „Soweit ich weiß, fährt dein alter Herr nicht mehr. Und das da sieht eher nach Erics Karre aus."

Mein Puls sinkt spürbar. Sie sind zu Hause. Mehr als eine Alkoholvergiftung und Wahnvorstellungen sind nicht zu befürchten. *Gut so.*

„Hast du einen Schlüssel?", will Max wissen, nachdem er zweimal vergeblich auf den Knopf gedrückt hat. „Fürchte, die Klingel ist abgestellt."

Als ob Papa mir einen Schlüssel überlassen hätte.

Ich bollere mit beiden Fäusten an die Tür. Mit einer Mischung aus Wut, Angst und Sorge. Nicht nur um Papa. „Hallo? Macht auf, bitte. Wir haben ein Problem!"

Max neben mir grinst. „War das nicht Houston mit dem Problem?"

Dann legt er den Finger auf seine Lippen.

„Psst!"

Und tatsächlich: Von drinnen hören wir Geräusche.

„Wer da?", kommt es schroff.

„Ich bin es, Papa. Und Max. Wir müssen etwas mit Eric besprechen. Mach bitte auf", rufe ich und hänge ein „Geht es euch gut?" dran.

„Was ist das denn für eine Frage?"

Die Tür öffnet sich und Papa steht vor mir.

„Wo ist dein Rollstuhl?", stottere ich fassungslos.

„Da", deutet Papa mit dem Daumen hinter sich. „Eric hat gemeint, ich soll mal hier nicht das Mädchen geben."

Ich starre ihn an. „Das Mädchen geben?!"

„Ja. Der Präsi findet: Schlaganfall hin oder her. Ich soll mich nicht so hängen lassen."

„Aha", sage ich und muss ernsthaft darüber nachdenken, was ich in den vergangenen 15 Jahren bei der Betreuung falsch gemacht habe. Mein Blick spricht Bände.

„Du bist eben nur meine Tochter und nicht der Präsi", doziert Papa mit einem Grinsen. Dann wird er ernst.

„Wir haben noch gute zehn Jahre Vergangenheit aufzuholen. Also: Was müsst ihr so Wichtiges mit uns besprechen?"

Ich brauche einen Moment, um meine Gedanken zu sammeln. Eigentlich ist in den letzten vier Stunden viel zu viel passiert, um dies in annehmbarer Form zu präsentieren.

„Eine der Catering-Aushilfen im VIP-Bereich ist offenbar sexuell und körperlich attackiert worden. Ich habe sie auf der Damentoilette gefunden. Sie hatte eine Platzwunde am Kopf."

„Im VIP-Bereich?"

„Ja, Papa. Im VIP-Bereich. Als ihr losgezogen seid, bin ich auf die Toilette und habe sie gefunden."

„Und die Polizei gerufen, nehme ich an?", steckt Eric den Kopf aus Papas Kammer und mischt sich unvermittelt in das Gespräch ein.

„Ja. Später. Also: Sie ist aufs 10. Revier. Sie wollte erst nicht. Und ich wollte sie auch nicht drängen. Irgendetwas erschien mir merkwürdig an ihrer Geschichte. Sie hat mit einem Besucher gewettet. Um Geld und einen Kuss. Und dann ist die Sache wohl eskaliert ..."

„Lydia. Hat sie bei der Polizei eine Anzeige erstattet?"

„Ich denke ja, aber ich weiß es nicht so genau. Wir haben mit ihr gesprochen und dann ist sie weg."

„Wir?"

„Ja. Carlos und ich und äh ... Severin."

„Severin Klemm? Was hat der denn damit zu tun? Als ob die Geschichte aus der Türkei nicht genug Wellen geschlagen hat!"

Erics Blick ist plötzlich seltsam ungehalten. Na klar: Er hat sich auf meine Bitte hin bei Galatasaray dafür eingesetzt, dass Severin bis zu seiner Verhandlung erst einmal nach Deutschland ausreisen darf. Begeistert war er nicht. Im Gegenteil.

„Du weißt schon, dass die Türken jetzt etwas bei mir gut haben, Lydia. Das gefällt mir nicht. Ich habe nicht gerne Schulden!"

Hätte ich mir eigentlich denken können, dass dieses Gespräch eher unangenehm wird.

„Ja, aber das Ganze hörte sich so an, als ob die Wett-App damit zu tun haben könnte. Ich wollte erst abklären, ob es nur um ein blödes Spiel ging."

„Und?" Max Augen sind leicht aufgerissen. Den Teil hatte ich im Auto nicht erwähnt.

„Er sagt Nein", antworte ich schnell und bete heimlich dafür, dass sich der Boden unter meinen Füßen auftut und ich in einem großen schwarzen Loch verschwinden kann. Was habe ich mir nur dabei gedacht, solch einen Aufstand zu machen. Es ist doch gar nicht meine Angelegenheit, zu klären, was da zwischen Vera und dem Kerl abgelaufen ist. Das soll die Polizei machen. *Warum habe ich nicht einfach die Polizei gerufen?*

„Hat sie nun eine Anzeige gemacht oder nicht?", fragt Eric noch immer mit diesem leicht genervten Unterton.

So, als würde er gleich losbrüllen: „Verdammt, Lydia. Dein Vater und ich sind erwachsene Männer. Du solltest aufhören, dich als Kindermädchen aufzuspielen. Das hast du bei deinem alten Herrn ohnehin viel zu lange getan. Werd endlich selbst erwachsen! Und vor allem hör auf, dir irgendwelche abstrusen Geschichten auszudenken, um uns hier auszuspionieren."

Recht hätte er und ich bin froh, dass er es bei einem genervten Blick zur Decke belässt.

Ich nicke. „Ich glaube schon. Sie war ziemlich angenervt von Sev." Ich mache eine kurze Pause und nehme dann meinen ganzen Mut zusammen. „Und wenn die Polizei morgen im Stadion auftaucht, um Spuren zu sichern oder die Überwachungsbänder zu konfiszieren?"

„Dann wird Carlos das regeln!", knurrt Eric und schenkt Papa von dem Rotwein nach.

„Und die Presse?"

„Die sind Sonntag zum Auslaufen eh da. Und nach unserem gigantischen Sieg gegen die Bayern wahrscheinlich in doppelter Stärke. Aber: Wir haben einen Pressesprecher. Hallo! Vergessen? Informiere ihn gleich morgen früh … Ach nein. Besser, ich schicke ihm eine WhatsApp – wir können ja nichts dafür, wenn irgendein Zuschauer so 'ne Scheiße macht."

Ich nicke stumm. Wahrscheinlich haben Max und Eric recht. Vermutlich wird die ganze Geschichte sowieso im Sande verlaufen. Wer weiß, ob Vera überhaupt eine Anzeige erstattet hat. Nur mit einer Wunde am Kopf lässt sich doch eh nichts beweisen. *Das kennt man doch*, versuche ich mich zu beruhigen und mir den Gedanken daran, dass irgendetwas an ihrer Geschichte nicht zusammenpasst, aus dem Kopf zu schlagen. Betonung auf versuchen. Ich kenne mich zu gut, um ernsthaft davon auszugehen, dass das klappt.

Plötzlich dreht sich Papa um, hält mit Mühe das Gleichgewicht und wischt mit einer ausholenden Handbewegung jeden Widerspruch von vornherein weg.

„Also. Freunde der Nacht. Können wir dann mal zum Wesentlichen zurückkommen. 5:1 haben wir die Bayern weggeballert. 5:1. Da werden wir uns doch nicht von irgendwelchen kri … krinima … listischen Ungereimtheiten die gute Laune verderben lassen, oder?", zeigt die zweite Flasche Burgunder, die Eric und er geköpft haben, Wirkung.

„Lydia Heller. Meine Lydia. Ich sage es äußerst ungern, aber hier ist jetzt eine reine Herrenrunde angesagt. Kein Platz mehr für das schwache Geschlecht", prostet er mir mit einem Zwinkern zu.

Ich schaue kurz zu Max. Er ist schließlich mit mir hergekommen. Aber seine Handbewegung zeigt mir deutlich, dass er nicht daran interessiert ist, mit mir zurückzufahren. Mit sicherem Blick hat er festgestellt, dass es an Rotwein-Nachschub in dieser Nacht nicht fehlen wird. Und an alten Eintracht-Geschichten ohnehin nicht. Mit einem Grinsen hält er mir seinen Autoschlüssel vor die Nase.

„Nimm meinen Wagen. Es dürfte ohnehin besser sein, wenn der nicht hier in der Nähe auf mich wartet."

Ich rappele mich langsam auf. Bin aber über die Entwicklung noch ein wenig verwirrt und fühle mich an den Film *Drei Männer im Schnee* erinnert.

„Okay. Papa. Eric. Max. Habt einen schönen Abend. Und … äh … macht keinen Scheiß! Ich brauche euch morgen früh."

KAPITEL 4

SEVERIN

Es gibt zwei Arten von Menschen", nuschle ich und nippe an meinem Bier. „Lydia Heller und Severin Klemm."

Tim und Achim werfen mir irritierte Blicke zu.

„Was?", blaffe ich und verdrehe die Augen. „Sie versteht einfach nicht …"

„Sev. Sie hat dir wirklich geholfen. Du bist ihr was schuldig", mischt sich Tim ein.

„Trotzdem hat sie keinen Grund, mich um Hilfe zu bitten, nur um mich dann wieder abzuservieren."

Ich trinke weiter. Wahrscheinlich habe ich längst genug. Aber die letzten Tage haben so einiges aufgewühlt. Lydia, das Stadion … aber vor allem der tote Junge.

„Das war am Samstag. Heute ist Dienstag. Komm drüber weg."

„Ich verstehe nicht, warum sie diese App weiterlaufen lassen", weiche ich vom Thema ab und hebe meine Hand, damit die Bedienung, die hinter den Glasfenstern am Börsenplatz gerade ihre Zigarette ausmacht, zu mir kommt, bevor sie zur Bar geht.

„Was genau macht man da eigentlich? Ging es nicht nur um Eintracht-Fragen?" Achim legt nachdenklich einen Finger auf die Oberlippe und streicht über seinen Schnauzer. Irgendein neuer Trend, den ich Gott sei Dank nicht mitmache.

„Erst waren es nur Fragen … Erst sind es nur Fragen", sage ich und deute der Bedienung, dass sie noch drei Bier bringen soll. „Wenn man das hinbekommt, kommt man irgendwann in Runde zwei und wird zum Silber-Spieler. Da muss man dann die Orte aufsuchen, an denen die Geschichte zur Frage passiert ist. Also das Stadion oder den Römer oder was weiß ich."

Tim wird unruhig. Beinahe so, als würde er hier jemanden von den App-Betreibern erwarten, der mich wieder in einen Hinterhalt locken und bedrohen will.

„Dann wirst du Gold-Spieler und hast die Chance auf einen Jackpot. Dafür musst du an Orte, die dir die App sagt, und die Antwort von dort herausbrüllen."

„Klingt wie ein harmloses Spiel", quittiert Achim meine Ausführungen.

Ein Lachen entfährt mir. Eins, das so freudlos klingt, dass es mich selbst erschreckt. Ich verenge meinen Blick und beuge mich vor. „Es ist tödlich. Die Orte sind gefährlich, Achim."

„Wie das Fenster einer Uni?" Er kann sich ein blödes Grinsen nicht verkneifen.

„Genau", brumme ich im Gleichtakt mit meinem Handy. Ich werfe kurz einen Blick darauf und fluche innerlich.

Wo bist du? Bin in deiner Wohnung.

„Ladies, ich muss euch verlassen", sage ich genervt, krame einen Zehner aus meiner Tasche und lasse ihn auf den Tisch segeln. „Genießt das Bier."

„Und wer fährt dich?" Tim schüttelt genervt den Kopf, legt dann ebenfalls Geld dazu und entschuldigt sich bei Achim, der nur abwinkt.

„Ich will eh noch den Bericht im SWR über den AfD-Abgeordneten sehen, der angeblich für diese rechtsextreme Zeitung Artikel geschrieben hat."

„Er wird es weiterhin abstreiten", werfe ich Achim noch zu, bevor wir Richtung Parkhaus marschieren.

Am Auto angekommen, redet Tim kaum ein Wort mit mir. Schon als ich ihm sagte, dass wir uns mit Achim im Bull and Bear treffen, war er sehr schweigsam.

Als er am Kino vorbei den Oederweg entlangfährt, räuspere ich mich und werfe einen unauffälligen Blick auf ihn.

„Entschuldige."

„Für was?"

„Für was auch immer du sauer bist."

Er schnauft nur und schüttelt wie so oft den Kopf. Wie ein Oberlehrer oder mein Vater.

„Was habe ich getan? Dich zu sehr rumgescheucht?"

„Darum geht es nicht. Du behandelst mich wie deinen Leibeigenen oder jemanden, der nur dein Anhängsel ist. Dabei …"

„Dabei was?", frage ich. Meine Lider zucken.

„Dabei dachte ich, dass wir Freunde sind, Severin."

„Sind wir", sage ich schnell und fahre mir durch die Haare. „Wir sind Freunde und es tut mir leid. Ich war heute …"

„Ich dachte heute wirklich, du rufst mich an, um dich bei einem Bier für Samstag zu entschuldigen." Er seufzt. „Es ist wieder wie in der Türkei. Es hat dich zurückversetzt. Das verstehe ich. Aber rede mit mir und scheuch mich nicht herum."

„In Ordnung."

Er nickt zufrieden und stellt dann das Radio ein wenig lauter.

Als wir endlich bei mir ankommen, schnalle ich mich ab und drehe mich noch einmal zu Tim, der immer noch etwas angesäuert nach vorne starrt.

„Es tut mir leid, Hasibärchen. Schlaf gut. Küsschen", sage ich in gestelzter Stimme und flüchte dann aus dem Auto, bevor er mich schlagen kann.

„Hauptkommissarin Lacker!", begrüße ich Jules und knickse leicht, als ich in meine Wohnung trete, den Schlüssel auf meine kleine Kommode schmeiße und die Stiefel ausziehe.

Sie kocht vor Wut. „Du bist ein Kind!"

„Lady Polizei, Sie sind doch nur fünf Jahre älter", entgegne ich gespielt schockiert. Sie brummt irgendetwas und deutet dann auf zwei weiße Tüten.

„Ich habe etwas zu essen mitgebracht."

Mein Blick landet skeptisch auf den asiatisch riechenden Tüten auf meinem Couchtisch. „Warum?", frage ich, statt mich einfach zu bedanken.

„Ich …" Sie reibt sich nervös die Handgelenke. Eine seltene Geste bei Julia Lacker.

„Mache ich dich nervös?" Ich hebe belustigt einen Mundwinkel.

„Lass das. Ich hatte Hunger und du hast sicher wieder gedacht, Bier ersetzt eine Mahlzeit."

„Okay", gebe ich knapp zurück und gehe zum Kühlschrank.

Das hier ist seltsam. Ich dachte, sie sei hier, um eine Nummer zu schieben, bevor sie die Nacht über wieder im Präsidium verbringt. So ist es immer. Und in meine Wohnung kommt sie nur, weil sie genau weiß, wo mein Ersatzschlüssel liegt. *Was also wird das jetzt? Will sie mehr? Einen gemeinsamen Abend wie ein echtes Paar?*

„Bier?", frage ich, weil ich ehrlich gesagt keine Ahnung habe, was Jules trinkt, wenn sie einen Dienstagabend auf der Couch verbringt.

„Ich habe einen Sixer mitgebracht", gibt sie zurück und deutet auf meinen Kühlschrank. *Okay. Jetzt wird's gruselig.*

Ich nehme zwei Flaschen, öffne sie mithilfe meiner Arbeitsplatte und schlendere dann zurück zur Couch.

„Pass auf, Jules", beginne ich eine ausholende und verwirrende Rede darüber, warum ich ein schlechter Kerl und sie eine viel zu gute Frau ist, aber sie unterbricht mich sofort, indem sie ihre Hand hebt.

„Spar es dir, Severin. Ich weiß, was du sagen willst, und es ist mir egal. Ich bin es leid."

„Also verlässt du mich?" Ich schlage mir theatralisch die Hand auf die Brust.

„Dass du Freunde hast, ist das größte Wunder dieser Welt", faucht sie, schnappt sich das Bier und leert die halbe Flasche, bevor sie weiterspricht.

„Ich verlange nicht, dass du mich deinen Eltern vorstellst, mich heiratest oder auch nur händchenhaltend mit mir über die Zeil läufst. Ich will einfach nur etwas essen und trinken, bevor wir miteinander schlafen. Das ist eindeutig nicht zu viel verlangt."

Ich schweige. Keine Ahnung, was ich dazu sagen soll, weil sie recht hat. Sie verlangt nicht viel und doch schnürt sich meine Kehle zu.

„Ich bin es einfach leid, abends schnell einen Döner vom Imbiss zu essen, zu dir zu fahren, 'ne schnelle Nummer zu schieben und dann ins Präsidium oder allein nach Hause zu fahren. So hab ich mir das nicht vorgestellt."

„Ich war immer ehrlich, Jules", finde ich endlich meine Stimme wieder.

„Ja. Und jetzt bin ich es auch."

„Heißt das, dass du auch bei mir schlafen willst? Und frühstücken?"

„Das, was es bei dir zum Frühstück gibt, lebt wieder, Sev. Also nein. Ich will nicht mit dir frühstücken."

„Aber bei mir schlafen?"

„Wenn das irgendwie im Bereich des Möglichen liegt und du nur einen kleinen Spalt deiner Severin-Zone für mich öffnen könntest, dann – ja. Ich würde gerne zusammen mit dir einschlafen und aufwachen und ab und zu etwas mit dir essen."

Ich presse meine Lippen aufeinander und setze mich dann endlich neben sie. Vor allem, damit ich nicht mehr ständig ihren dunkel glänzenden Zopf anstarre, statt ihr in die Augen zu sehen.

„In Ordnung", sage ich, greife nach dem Gummi in ihren Haaren und löse es. Ich hasse diese strenge Frisur. Wahrscheinlich habe ich nur deshalb Ja gesagt. Sie wirkt unheimlich, wenn sie ihre Haare so glatt und stramm nach hinten gebunden hat.

„Das klingt nicht begeistert."

„Hast du denn wirklich erwartet, dass ich begeistert sein würde?", schnaufe ich.

„Geht es hier um andere …?"

„Nein!", unterbreche ich sie und lege meine Hand in ihren Nacken. „Nein, Jules, und das weißt du. Ich will keine anderen Frauen. Ich will …"

„Deinen Freiraum?"

Ich nicke bedeutungsvoll und beuge mich ein wenig zu ihr. „Aber ich werde ein Stück davon mit dir teilen. Und es wird mich bestimmt nicht umbringen."

Ich hauche ihr einen sanften Kuss auf die Stirn und trinke dann selbst von meinem Bier. Sie wirkt nicht wirklich zufrieden. Aber zufrieden ist gerade wohl keiner von uns beiden.

„Wo warst du am Samstag noch?", fragt sie unvermittelt, während sie die Tüten ausräumt. *Na, das geht ja super los.* Wir reden jetzt also über unseren Tag wie ein echtes Pärchen. Und nicht nur das. Mein Treffen mit Lydia liegt Tage zurück, aber offenbar nicht weit genug.

Sie reicht mir eine der Boxen und Stäbchen.

„Bei Lydia im Stadion", gebe ich knapp zurück und betrachte das Essen in meiner Box. *Woher weiß Jules, was ich gerne esse? Ist sie wirklich so aufmerksam und ich ein vollkommener Idiot?* Ich habe das alles nicht kommen sehen. Dachte, Jules sieht das alles genauso wie ich.

„Was wollte sie denn?" Ihre Stimme ist plötzlich viel höher.

„Ich unterliege der Schweigepflicht."

„Severin!", sagt sie genervt und isst ihre Nudeln wie ein verdammter Profi, während ich meine Fleischstücke mit dem Stäbchen aufspieße, um wenigstens etwas davon in meinen Mund zu bekommen.

„Dein Sarkasmus geht mir echt auf die Nerven."

„Was war mit dem Jungen an der Uni?", stelle ich eine Gegenfrage. Sie kneift missbilligend die Augen zusammen, während ich mir ein süffisantes Grinsen nicht verkneifen kann.

„Er ist tot. Was soll da also gewesen sein?"

„Stellt ihr die App endlich ab?"

„Du weißt, dass sowas nicht so einfach ist. Wir löschen sie heute und morgen gibt es dieselbe App unter einem anderen

Namen. Aber wir haben die Presse über den Fall unterrichtet. Vielleicht schreckt das einige ab, die App überhaupt zu benutzen."

„Sicher", brumme ich, stehe dann auf und hole mir eine Gabel.

„Ich ...", beginnt Jules unsicher und wirft einen verstohlenen Blick auf ihre Handtasche, „habe einen Film mitgebracht."

Ich verschlucke mich und greife zu meiner letzten Rettung. Dem Bier. In jeglicher Hinsicht.

„Klar und danach spielen wir 'ne Runde Uno."

Sie verzieht den Mund, beugt sich dann aber zu mir. So nah, dass ich ihren Atem an meinem Nacken spüren kann. Er streicht mein Ohr und lässt meine Haut prickeln. „Ich wäre für Strip-Poker", raunt sie so leise und rau, dass sich jedes verdammte Haar an meinem Körper aufstellt.

„Was für ein Film?", gebe ich mich geschlagen und räuspere mich, um wieder klar zu denken.

„Wie ein einziger Tag."

„Jules", maule ich und weite meine Augen.

„Das war ein Witz", sagt sie kopfschüttelnd und zieht eine DVD aus der Tasche. Noch so etwas. Woher weiß sie, dass ich keinen Blu-ray-Player besitze? Berufskrankheit?

„Star Wars?", frage ich ungläubig. *Was zum Teufel wird das hier?*

„Ich dachte, wir fangen heute an und sehen, wie es uns gefällt."

„Wie uns Star Wars gefällt?", frage ich entrüstet und auch ein wenig schockiert.

Sie lacht und steht dann auf, um meinen Oma-Fernseher einzuschalten.

„Wie es uns gefällt, zusammen einen Film zu schauen und dabei zu essen."

„Schön", nuschle ich und sehe ihr dabei zu, wie sie mit dem DVD-Player kämpft. Irgendwann erhebe ich mich, stelle alles ein und befehle ihr, sich von allem Technischen fernzuhalten. Sie lacht und brummt etwas von Technik von vor hundert Jahren.

Bis zur Hälfte des Films bekomme ich kaum etwas mit, weil ich so verdammt angespannt bin. Und dann bringe ich es endlich fertig, sie zu mir in den Arm zu ziehen.

Als der Film vorbei ist und der Abspann läuft, mustere ich ihr schönes Gesicht. Ihre Augen sind geschlossen und ihr Mund ganz leicht geöffnet.

Nie zuvor habe ich sie so intensiv angesehen. Aber warum? Sie ist hübsch. Ihre sonst so skeptisch auf mich gerichteten blauen Augen bilden einen außergewöhnlichen Kontrast zu ihren dunklen Haaren. Ihre Lippen sind perfekt geschwungen, ihre Wangenknochen stehen ganz leicht vor. Ein anderer Mann hätte wahrscheinlich keine zwei Monate gebraucht, um zu begreifen, was für eine großartige Frau sie ist. Verdammt schön, aber vor allem clever, schlagfertig, selbstbewusst. Sie ist liebevoll und gleichzeitig eine echte Raubkatze. All das würde ich ihr gerne sagen. Und auch, dass ich nicht der Richtige bin und sie verletzen werde. Aber Jules hat ihren eigenen Kopf und wird sich sowieso niemals etwas von einem Mann sagen lassen.

Ich erhebe mich und überlege kurz, eine Decke über sie zu legen. Aber sie hat mich darum gebeten, mit ihr in einem Bett zu schlafen. Und das ist ihr sicher nicht leichtgefallen. Nicht ihr. Nicht einer so starken Frau wie ihr. Also nehme ich ihren schmächtigen Körper hoch, trage sie in mein Bett und decke sie sorgsam zu. Ich werde es probieren. Mir Mühe geben. Für sie und vielleicht auch für mich.

Der Geruch von Kaffee weckt mich. Irritiert öffne ich meine Augen und mustere die leere Bettseite neben mir. *Hat sie wirklich das Bett gemacht? Auf einer Seite?*

Frauen sind verwirrend. Ich strecke mich, erhebe mich und werfe kurz einen Blick in meine Küche. Jules steht da. Angelehnt an der Theke, eine Tasse Kaffee in ihrer Hand und in der anderen ihr Handy.

„Guten Morgen", sage ich und zeige auf das Bad, wo ich mir eine Handvoll Wasser ins Gesicht spritze, mir durch die Haare fahre, Zähne putze und wieder zu ihr gehe.

„Morgen", sagt sie und deutet auf den frisch aufgebrühten Kaffee in der Kanne.

„Wir haben einen Fall reinbekommen, ich muss gleich los."

Ich werfe einen Blick auf die Uhr und nicke. „Ja, ich auch."

„Hör zu, Severin. Es tut mir leid. Du hättest …"

„Dich wecken können?", frage ich schmunzelnd und küsse sie auf die Wange, bevor ich leicht mit meinem Daumen ihre Unterlippe berühre. „Du warst das erste Mal an dem Abend still. Das hätte ich für keinen Sex der Welt aufgegeben."

„Arsch!", schimpft sie und boxt mir gegen die Brust.

„Es war nicht so schlimm wie gedacht, einfach nur neben dir zu schlafen", raune ich und küsse sie erneut. Ihre Wangen erröten ein wenig.

„Wieso musst du so früh los? Fährst du in den Verlag?"

Ich sehe zu Boden und greife dann schnell nach einer Tasse.

„Nein." Es ist der 6. November."

„Oh", macht sie und verzieht entschuldigend den Mund.

„Ich werde Helena und die Jungs besuchen und Kevin, wenn er mich reinlässt."

Sie nickt nur und legt mir eine Hand auf die Schulter. Der Schmerz in ihren Augen ist echt. Nicht, weil sie Mic kannte. Nein, weil sie es war, die seine Leiche im Stadion gefunden hat, nachdem er sich selbst hinuntergestürzt hat. Sie weiß, was er mir bedeutet hat. Eine der wenigen Sachen, die sie wirklich über mich weiß.

„Falls du nachher jemanden brauchst, ich bin nur eine WhatsApp entfernt", flüstert sie, stellt ihre Tasse ab und küsst mich, bevor sie geht. Und als die Tür hinter ihr ins Schloss fällt, hinterlässt sie eine Leere, die vorher schon da war, ich aber nie wirklich wahrgenommen habe.

Ich warte nicht lange, bevor ich mir meine Jacke schnappe, meine Stiefel anziehe und ebenfalls losgehe. Blinzelnd stocke ich, als ich Nastis Wagen vor meiner Haustür entdecke. Sie sitzt hinterm Steuer und redet mit ihrer Freisprechanlage, die ich bis hier draußen hören kann. Als ich nähertrete und an die Scheibe klopfe, beendet sie das Gespräch und öffnet mir die Tür.

„Wie geht es dir?"

„Was machst du denn hier, Schwesterchen?", entgegne ich verwundert.

„Na ja. Ich dachte, du brauchst Beistand. Oder jemanden der dich fährt. Wohin du willst."

„Wo ist Leonard?", frage ich, um nicht auf ihre Fürsorge einzugehen. Ehrlich gesagt habe ich nicht einmal damit gerechnet, dass sie weiß, welcher Tag heute ist. Vielleicht unterschätze ich Nasti manchmal. Das habe ich schon damals getan, als sie mir den Arsch gerettet hat.

„Bei Richard", schnaubt sie. Ihre Stimme nimmt seit einem halben Jahr immer diesen bissigen Ton an, wenn sie seinen

Namen sagt. Kein Wunder. Sie hat ihm nach seiner Affäre noch eine Chance gegeben, er ist ein halbes Jahr bei ihr geblieben und hat sich dann getrennt, weil er die andere liebt und sie schwanger von ihm ist. Nicht gerade die Vorzeigefamilie, die Nasti immer wollte und die beide gespielt haben.

„Woher weißt du, dass heute ..." Ich rede nicht weiter, weshalb Nasti mir ihre Hand auf mein Bein legt. Eine seltsam ungewohnte Geste von ihr.

„Was denkst du denn? Du bist mein Bruder und dieser Tag war schrecklich für dich. Das vergesse ich nicht einfach."

Ich nicke und presse meine Lippen aufeinander.

„Würdest du mich zu Hel bringen?", frage ich dann kleinlaut. „Du weißt schon. In Niederrad. Da, wo die Trauerfeier war."

Als wir ankommen, bedanke ich mich und schicke sie zurück. So wie ich Nasti kenne, würde sie sonst den ganzen Tag in ihrem Auto warten und die Mandanten am Telefon abfertigen. Zumindest kenne ich sie so, seit Richard weg ist. Nein. Eigentlich sogar schon seit der Nacht, in der sie mir weinend von seiner Affäre erzählt hat. Etwas zwischen uns hat sich damals verändert. Wir werden wohl nie richtig liebende Geschwister sein. Aber wir unterstützen uns.

Als ich bei Hel klingele, dröhnt laute Musik durch die Gänge. Sie hat sich damals entschieden, in ihrer Wohnung wohnen zu bleiben und wahrscheinlich bekommt sie die Miete nur gestemmt, weil ich damals Nasti darum gebeten habe, Wohngeld für sie zu beantragen.

„Snobbi!", begrüßt mich eine lallende Hel und breitet ihre Arme aus.

„Wir trinken schon?"

„Jap", entgegnet sie und führt mich zu den anderen ins Wohnzimmer. Claudia, Gustav und Kevin sind da und kurz erstarre ich. Aber das Eis bricht, als es Kevin ist, der zuerst aufsteht und mich mit tränenden Augen in den Arm nimmt.

„Heute wird gefeiert. Auf unseren Mic."

KAPITEL 5

LYDIA

Hallo!" Pause. „Ich bin's. Vera."

Einen Moment lang bin ich verwirrt. *Vera? Kenne ich eine Vera?* Scheiße, ich kenne so viele Leute und kann mir einfach keine Namen merken. Echter Schwachpunkt in meinem Job. Weil mir permanent Menschen begegnen, die sich kurz vorstellen und dann davon ausgehen, dass ich ihren Namen niemals wieder vergesse. Alle. Doch ihren hab ich nicht vergessen.

„Die Frau aus der Toilette! Du hattest mir deine Nummer gegeben. Für alle Fälle …"

„Ach Gott. Ja. Vera. Sorry. Hab deine Stimme am Telefon nicht erkannt. Schön, von dir zu hören. Wie geht es dir?"

„Besser!" Ihre Antwort kommt auswendig gelernt. Obwohl man das Wort *besser* eigentlich nicht auswendig lernen muss. Aber es hört sich so an und ich frage mich, warum.

Ich lehne mich zurück. So wie man es tut, wenn man ein längeres Telefonat führen möchte.

„Wirklich?", frage ich gedehnt und erwarte eigentlich, dass sie verneint und mir ihr Herz ausschüttet. Ich war schließlich die Erste am Samstag ... habe ihr aus dem Klo geholfen. Ich muss innerlich lachen, weil ich plötzlich das Bild vor mir sehe, wie ich an der Klowand hänge und nicht so recht weiterweiß.

Aber ich lache natürlich nicht. Ich schweige und warte.

„Na ja, besser ist wohl ein bisschen übertrieben. Es geht so. Schlafe ziemlich schlecht, weißt du?!" Wieder eine Pause. Ich kann jeden Atemzug von ihr durchs Telefon hören. Tief saugt sie die Luft in sich hinein. Bläst sie dann mit einem Rauschen wieder hinaus. So, als müsse sie sich sehr darauf konzentrieren, ihren Gefühlen nicht freien Lauf zu lassen.

Ich entscheide mich, vorzupreschen: „Vera. Du musst mir nichts vormachen. Auch wenn sich deine Geschichte für mich immer noch etwas konfus anhört ... Wahrscheinlich allein schon deshalb, weil ich mich niemals auf so eine Wettidee einlassen würde. Aber es spielt überhaupt keine Rolle, was ich nicht tun würde. Du hast. Also sag mir, wie ich helfen kann." Ich beiße mir auf die Unterlippe. War das jetzt ein wenig zu deutlich? Müsste ich meine Zweifel nicht einfach beiseitelegen und ihr glauben?

„Ja, war echt blöd von mir", nuschelt sie. Oder klingt das nur so, weil Menschen, wenn sie weinen, so klingen, als würden sie nuscheln?

Am anderen Ende der Leitung wird hörbar die Nase hochgezogen. Sie hat also nicht genuschelt.

„Die Bullen haben auch nur gelächelt, ein Protokoll geschrieben und mich in die Uniklinik geschickt. Das war's."

„Das war's? – Okay, ich habe mich gewundert, dass am Sonntag kein Anruf kam und auch kein Streifenwagen oder irgendetwas in der Art, aber ich dachte doch, dass sie wenigstens eine Anzeige aufnehmen."

„Gegen Unbekannt, oder was?"

„Na ja. Dem Kerl fehlen zwei Finger. Solche Typen laufen ja nicht reihenweise durch die Stadt."

„Ich habe es dir doch gesagt. Wenn du nicht irgendwo zerfetzt herumliegst, ist das alles nicht so wichtig."

Wieder diese merkwürdige Stille.

„Vera. Rede doch mit mir. Vielleicht kann ich dir helfen?"

„Weiß nicht. Wollte dich eigentlich fragen, ob du Lust hast, mit mir heute Abend zur Gerbermühle zu gehen. Ein paar Mädels kommen auch. Wird bestimmt lustig. Ich könnte ein wenig Ablenkung vertragen."

„Eigentlich bin ich ganz schön platt und wollte auf die Couch", antworte ich, ohne nachzudenken. Weil ich mir angewöhnt habe, außer mit den Eintracht-Leuten kaum noch wegzugehen. Bei mir ist schließlich alles geordnet. Ich habe die Eintracht, Jens und meine morgendliche Jogging-Tour durch den Park. Was will ich mehr?

„Ach komm. Sei nicht so langweilig. Die Mädels werden dir gefallen. Alles Eintracht-Fans. Und keine weiß, woher wir uns kennen."

Ich bin mir nicht sicher, ob ich Lust auf einen Weiber-Fanclub-Abend habe. Meistens wollen die nur irgendwelche Dinge wissen, die ich ja doch nicht ausplaudern darf. Welche Unterhosen haben die Jungs an? Wie riecht es eigentlich in der Kabine nach dem Spiel? Wo kann man die Jungs denn mal privat treffen? Hat der Sebastian eigentlich 'ne Freundin?

Schon bei der Frage nach den Unterhosen würde ich mir am liebsten selbst eine runterhauen. *Hallo, Lydia Heller. Du bist doch selbst eine Frau und würdest, wenn es um Fußball geht, solche Fragen niemals stellen. Warum also bildest du dir ein, andere Frauen würden das tun? Hat dich diese Männerwelt schon so sehr vereinnahmt?*

„Also?", reißt mich Vera ungeduldig aus meinen Gedanken.

„Also … gut. Bin dabei. Ich schaffe es aber erst gegen acht. Muss noch ein paar Dinge für die PK morgen vorbereiten", höre ich mich sagen und denke: *Strafe muss sein. Das hast du jetzt verdient.*

Zweieinhalb Stunden und ein völlig überflüssiges Drei-Minuten-Telefonat mit Jens später stelle ich mein Auto auf dem Parkplatz vor der Gerbermühle ab und husche den Weg hinunter zum Eingang. Durchquere das Entree und blicke mich im Wintergarten suchend um. Vera hat mich kommen sehen und fuchtelt wie wild mit den Armen. Neben ihr sechs andere Frauen. Alle etwa so in meinem Alter. *Kann ja doch ganz lustig werden,* denke ich mit einem Blick auf die Klamotten der Ladies. Kein Schwarz-Weiß, kein Schwarz-Rot, nicht mal ein Eintracht-Schal. Guter Anfang für einen Abend fernab von den Stapeln auf meinem Schreibtisch.

Oder doch nicht.

„Also, das ist Lydia Heller, die stellvertretende Pressesprecherin der Eintracht. Aber das wisst ihr ja", ruft Vera stolz in die Runde. Stolz darauf, mich so gut zu kennen, dass ich ihrer Einladung zu einem Frauenabend mit lauter Unbekannten gefolgt bin. Zwölf Augenpaare mustern mich. Offen, freundlich und ich fürchte, das wird doch keine private Weibersause.

„Petra, Susanne, Isabell, Grey – das ist ihr Spitzname, weil sie Chirurgin in der Uniklinik ist oder jedenfalls war –, Jenny und Silvia." Veras Zeigefinger macht blitzartig die Runde und die Frauen lächeln brav. „Nur Sarah und Gesa haben heute keine Zeit. Sarah arbeitet für ein IT-Unternehmen und muss sich den Würfel anschauen. Der wird im Sommer neu gemacht und sie soll die Technik klären. Frag mich, wie sie das mit ihrem Rollstuhl macht", lacht sie.

„Rollstuhl?", hake ich nach.

„Ja, ihr fehlt ein Fuß, aber sie ist, glaube ich, ein echtes Brain, und hat alles, was sie braucht, in ihrem Laptop", erklärt Vera und schiebt schnell hinterher, warum die zweite Frau fehlt. So, als müsste sie entschuldigen, dass die Mädels bei meinem Besuch nicht vollzählig angetreten sind. „Gesa trifft sich neuerdings mit irgendeinem Kerl und ist seitdem immer wieder wie vom Erdboden verschluckt."

„Schön, euch kennenzulernen", sage ich mit einem Kopfnicken und füge schnell an: „Ich darf doch Du sagen?"

„Ja klar!"

Das erste Eis ist gebrochen. Auch, wenn mich Veras Ausführungen über ihre Freundinnen etwas überfordern. Sie redet wohl gerne.

Eine gute Stunde später weiß ich, dass die Mädels sich alle vom Fußball her kennen. Früher sind sie als hübsches Anhängsel ihrer Kerle mitgegangen. Heute haben sie so etwas wie einen eigenen Fanclub. „Aber nicht offiziell, sondern nur so", hat mir Susanne erklärt. „Wir wollten nicht diskutieren oder Frauenrechte in der Kurve erkämpfen. Nur Spaß haben. Genauso wie die Männer. Und wir waren es leid, die blöden Fragen nach der Abseitsregel zu beantworten!", erklärt sie mir und verdreht dabei die Augen.

„Ja, ja. König Fußball und der Männlichkeitswahn. Schluss damit!" Grey erhebt ihr Glas, schreit für mich ein bisschen zu laut für die Gerbermühle „Stößchen!" und ich blicke in sieben strahlende Gesichter mit leicht erröteten Bäckchen und zum Teil übermütig glitzernden Augen.

„Seit wann seid ihr eigentlich hier?", raune ich Vera mit einem Augenzwinkern zu.

„Treffpunkt ist immer um sechs. Die meisten von uns müssen schließlich früh raus. Spätestens um elf ist Schicht im Schacht."

Ein schneller Blick auf meine Uhr sagt mir: Okay. Das sind fast drei Stunden, also etwa vier Aperol Spritz pro Kopf. Wenn's reicht. Alles klar! Auf Diskussionen sollte ich mich besser nicht einlassen.

Aber Grey ist noch lange nicht durch mit dem Thema. Und: Die große schlanke Frau mit den raspelkurz geschnittenen Haaren kann offenbar nicht nur mit dem Skalpell in der Hand umgehen. Ihre Argumente sind messerscharf.

„Dass sich die Kerle über Frauen lustig gemacht haben, als die anfingen, auch Fußball zu spielen, ist das eine. Hat damals schließlich echt bekloppt ausgesehen, wenn die Mädels gegen den Ball getreten haben und es für den EM-Titel ein Kaffeeservice gab. Aber als Fan sind wir genauso gut wie jeder Mann. Und brauchen nicht mal unsere Fäuste, oder?", fragt sie nach Zustimmung heischend in die Runde.

„Jepp", lacht Jenny auf. „So ist das!" Und schon wieder klirren die Gläser.

Ich wirke in diesem Moment wohl eher desinteressiert. Schiebe nur mein Wasserglas gelangweilt von links nach rechts.

„Muss noch fahren", habe ich nach dem Pflicht-Aperitif erklärt.

Das bringt Grey auf Touren. Endlich ist mal eine Frau am Tisch, die ihr Evangelium noch nicht eingesogen hat wie Muttermilch mit Aperolgeschmack.

„Gut ein Drittel der Fans im Stadion sind Frauen. Wusstest du das?", giftet sie mich an. Und ohne auf eine Antwort zu warten, schiebt sie ihre persönliche Kriegserklärung gleich hinterher: „Solltest du in deinem Job aber!"

Plötzlich ist es still. Nur Jenny hat offenbar den Ernst der Lage nicht erkannt. Sie plappert etwas von „Frauen müssen zusammenhalten" und erntet dafür einen saftigen Rippenstoß von Isabell. Inklusive bösem Blick.

„Doch, das weiß ich natürlich", versuche ich in ruhigeres Fahrwasser zu gelangen. Aber Grey will nicht lockerlassen. Will mir ihr gesammeltes Wissen um die Ohren hauen.

„Als Zuschauer sind wir willkommen. Nur ernst nehmen will man uns nicht. Kannst du dir vorstellen, dass die BBC vor der Weltmeisterschaft 1966 Ex-Nationalspieler Jimmy Hill angeheuert hat, um die Regeln – insbesondere natürlich das Abseits – zu erklären und so mehr Frauen für den Fußball zu interessieren?"

Ich nicke. Auch wenn ich in diesem Moment nicht weiß, wer Jimmy Hill überhaupt ist und was er mit der BBC zu tun hat. *Peinliche Wissenslücke*, denke ich und lächle noch ein bisschen breiter. „Nur nichts anmerken lassen", sagt Papa in solchen Momenten. „Man muss nicht alles wissen, aber vor allem muss man es nicht zugeben. Gibt schließlich schlaue Bücher und ihr habt ja heute das Internet."

Gerne würde ich jetzt eine kleine Pause einlegen, um diesen Jimmy Hill zu googeln. Der einzige Hill, der mir einfallen will, ist dieser Rennfahrer, der sich mit Schumi in den 90ern böse Scharmützel geliefert hat. Doch daraus wird nichts. Grey wandert mit großen Schritten durch die Geschichte des Fußballs.

„Stell dir vor: In den siebziger Jahren wollte HSV-Präsident Peter Krohn uns Frauen durch eine extravagante Farbgebung für den Fußball begeistern."

„Stimmt. Frauen sollten durch Trikots in den Farben rosa und himmelblau angesprochen werden. Hat aber nicht funktioniert", werfe ich ein und bringe Grey aus dem Konzept. Allerdings nur für einen Moment. Der nächste Zeitsprung folgt gekonnt.

„2006 hat der 1. FC Saarbrücken sein Spiel gegen die Sportfreunde Siegen zum Frauentag erklärt. Die hatten freien Eintritt und mussten die Begrüßung des Stadionsprechers über sich ergehen lassen. *Liebe Frauen. Das Grüne da unten ist der Rasen. Das Weiße sind die Tore. Das Rote, das ist der Gegner aus Siegen,* hat der wirklich gesagt." Die Frauenrunde kreischt fast vor Vergnügen.

Ich blicke sie einen Moment lang ungläubig an. „Nicht dein Ernst? Hat der nicht. Nicht 2006!?"

„Doch. 2006. Hat er. Flachwichser!"

Flach … was? Ich bin überrascht, welche Worte aus dem Mund dieser aparten Chirurgin kommen, und versuche es damit zu rechtfertigen, dass sie als Medizinerin wahrscheinlich mit allen menschlichen Abgründen auf Du und Du ist. Wenn da nur noch ein Häufchen Fleisch und Blut auf ihrem Tisch liegt, spielt die Wortwahl sicher eine untergeordnete Rolle.

Ganz überzeugt bin ich allerdings nicht. Wobei: Sev und ich hauen uns auch öfter mal ziemliche Brocken um die Ohren. Nach mehr als einem Jahrzehnt verliert man doch so was wie eine diplomatische Distanz.

Vielleicht zögere ich deshalb mit einem schnellen Blick zu Vera. Unsere Blicke treffen sich und einen Moment lang kommt es mir so vor, als würde sie darauf warten, dass endlich mal jemand dieser Grey Paroli bietet. Sorgen um mich scheint sie sich jedenfalls nicht zu machen.

Also gut. Dann gehe ich mal in die Gegenoffensive.

„Die Eintracht war da immer vorbildlich. Als Sturm Graz für die Zuschauerinnen rosa gefärbte Eintrittskarten verkauft hat, gab es bei uns, in Düsseldorf und in Dortmund Anti-Sexismus-Parolen wie „Stoppt Rosa!". Und wir hatten schon 1998 eine Pressesprecherin. Was glaubst du, warum ich diesen Beruf gewählt habe?"

„Ja, ja. Die Müller. Ich weiß. Aber mach dir doch nichts vor. Das ist doch nur die Alibi-Frau in einer reinen Männerwelt. Und du als stellvertretende Pressesprecherin bedienst auch noch das Klischee. Was macht ihr denn in eurer Presseabteilung? Die wichtigen Sachen macht doch eh der Staudinger. Und der Rest der Truppe ist für die Nebelbomben und die Homestories da. Alles in tief gebeugter Gefolgschaft diverser Medienforscher, die wie die tibetanischen Wanderprediger verkünden, dass wir Frauen nicht für ganze Spiele, sondern vor allem für Zusammenschnitte in Magazinformaten mit viel Emotionalität und nebenbei tollen Promi-Geschichten gut sind. Ich könnte kotzen!"

Ich auch. Nicht, weil das falsch ist, was Grey – gut, ein wenig zu pathetisch – anprangert, sondern, weil ich, seit ich meinen Fuß zum ersten Mal in den Frankfurter Fußball-Olymp gesetzt habe, sehr wohl weiß, dass die alten Geschlechterregeln im Fußball noch immer ihre Gültigkeit besitzen und mich sehr wohl damit arrangiert habe.

Mit einem kaum wahrnehmbaren Nicken versuche ich, die Chirurgin davon zu überzeugen, das Skalpell endlich aus der Hand zu legen. *Denkste!* Der nächste Schnitt sitzt noch tiefer.

„Aus Marketingsicht war das eine geradezu geniale Lösung. Fußball für die Frau – mit möglichst wenig Fußball. Besser flache Interviews und geile Fotos von Ronaldo und Co. in ihren Traumbuden und ihren kurzen Höschen. Ein paar Schminktipps, am besten der Eyeliner in den Farben des Lieblingsvereins dazu, vielleicht noch regionale Kochrezepte und natürlich als Bonmot frauenfreundliche Erläuterungen von Fußballregeln und Mister Beckham als Starschnitt. Das alles bitte ohne aktuelle Tabelle. So wie es damals Hertha BSC mal gemacht hat. Gott sei Dank ist die Webseite lange schon offline."

Hinter offline hat Grey einen dicken Punkt gesetzt. So wie Eric es bei seinen Interviews gerne tut. Indianisch. Bedeutet so viel wie: *Hugh! Ich habe gesprochen!*

Um mich herum nicken sechs Frauen, die unterschiedlicher kaum sein könnten und offensichtlich in diesem Moment doch alle das Gleiche denken und fühlen.

Chirurgin Grey, Chemielaborantin Petra, Arzthelferin Susanne, Verkaufsleiterin Isabell, Verkäuferin Jenny, Anwältin Silvia und Aushilfskraft Vera. Eine bunte Mischung, die sich zu einer Einheit verschworen hat.

„Mit vielem hast du recht", versuche ich so eine Art Burgfrieden herzustellen. „Aber du überspitzt die Dinge maßlos. Überleg doch mal, ob es nicht eine Nummer kleiner geht."

Schweigen. Grey aber hat noch immer nicht genug: „Ist schon klar, wie du das siehst. Aber das ist ja nicht nur bei euch in der 1. Liga so. Hast du mal darüber nachgedacht, was das eigentlich bedeutet, wenn es in den unteren Spielklassen verbilligten Eintritt für Frauen, Arbeitslose und Senioren gibt? Wahrscheinlich nicht, weil du überall umsonst reinkommst."

„Das ist doch jetzt echt ein scheiß Argument. Ich komme gar nicht überall umsonst rein." Wie blöd war das denn? Warum nur habe ich mich jetzt so ungeschickt in die Defensive drücken lassen?

„Wenn du meinst", flüstert sie spitz und scheint meine Flucht nach hinten zu genießen.

Dann bricht Jennys Stimme die Stille. „Wir holen den DFB-Pokal und wir werden Deutscher Meister … Meister!", stimmt sie an und erntet prompt böse Blicke von dem Typ hinterm Tresen.

„Upps!", sagt sie entschuldigend, aber das geht im Gelächter unter.

Vera hält Mittel- und Zeigefinger leicht gespreizt vor ihren Mund. *Rauchpause? Oh ja, gute Idee.* Ich nicke, schnappe mir meine Handtasche und bin ganz froh, dass keine der anderen sich uns anschließen will.

Draußen halte ich Vera meine Schachtel hin. „Danke. Hab meine eigene Sorte", lehnt sie ab und zaubert eine Selbstgedrehte aus ihrer Handtasche. Ich gebe ihr Feuer. Sie inhaliert tief. „Wirklich, nette Freundinnen hast du!"

Den Unterton in meiner Stimme übergeht sie. „Ja, stimmt. Die Truppe ist toll. Und auch wenn Grey manchmal einfach zu dramatisch ist, kann man sich brutal auf sie verlassen. Wenn sie dir etwas verspricht, hält sie es."

Ich nicke. Auch wenn ich in diesem Moment nicht so genau weiß, was Vera meint.

„Aber sie ist auch die Einzige, deren Wort bei euch gilt, oder?", begehre ich sanft auf. Ich habe keine Lust, einfach zur Tagesordnung zurückzukehren. Nicht nach diesem turbulenten Abend mit Frauenrechtlerin Grey und ihren sechs Vasallinnen.

„Ach nee. Heute vielleicht. Aber das ist nicht immer so. Vielleicht lag es an dir. Vielleicht hat sie sich herausgefordert gefühlt. Weil ich gesagt habe, dass du eine tolle Frau bist. Eine, die es so richtig draufhat, auch wenn du mir nicht helfen konntest."

Veras Kompliment geht runter wie Öl und kommt wie scharfe Peperoni wieder zurück. „Nicht helfen konnte?"

„Na, am Samstag. Aber du hast ja recht. Ich weiß ja, wie das läuft."

Einen Moment lang weiß ich nicht, worauf das Gespräch hinauslaufen soll. „Wie was läuft?"

„Wenn dir die Kerle an die Wäsche gehen und du eigentlich nichts beweisen kannst."

„Ja, aber die Polizei …" werfe ich ein.

„Was will die schon machen, wenn der Kerl sagt, du hast es doch auch gewollt?", antwortet Vera plötzlich wieder völlig kühl. So, als wäre ihr Innerstes gerade zu Eis gefroren. So wie am Samstag auch schon einmal.

„Hast du das denn schon mal erlebt?"

„Gott behüte. Nein. Ich nicht. Eine Freundin, ja, die hat das durchgemacht. Ging sogar vor Gericht, aber … der Kerl ist freigesprochen worden. Weil sie 1,2 Promille hatte und der Richter ihr abgesprochen hat, dass sie es nicht auch wollte. Der Arsch."

„Echt jetzt?", frage ich aufgebracht. „Das kann ja wohl nicht wahr sein."

„Doch, doch. So war das damals. Und niemand hat ihr geholfen. Obwohl bestimmt einige gehört haben, dass sie Nein gesagt hat. Laut und deutlich. Waren halt nur Kerle drumherum, die alle dachten, die Maus ziert sich ein bisschen. Aber das ist eine andere Welt. Eine, in der du nicht zu Hause bist."

„In der ich nicht zu Hause bin? Was meinst du damit?"

„Wenn du diese Ohnmacht, diese Angst, diese Wut nie selbst erlebt hast, dann geht das irgendwie an dir vorbei, glaube ich. Auch als Frau. Ging mir genauso."

Ich schüttele den Kopf. „Vera, was willst du mir um Gottes willen sagen? Dass ich gefühllos bin?"

„Nein, Lydia. Natürlich nicht. Aber es ist nun mal so, dass kein Mensch sich vorstellen kann, was es bedeutet, von einem dieser Machos bedroht oder sogar körperlich attackiert zu werden, wenn er es nicht am eigenen Leib gespürt hat. Und du? Du bist eine dieser Frauen, die es sich in der Männerdomäne Fußball eingerichtet hat. Frau Heller muss keine blöden Anmachsprüche über sich ergehen lassen. Du musst dir auch nicht auf den Arsch hauen lassen oder mal eben einen Griff an deine Titten mit einem schrillen, aber bitte nicht feindseligen Schrei quittieren. Du nicht. Und genau deshalb hast du mir auch nicht geholfen, also nicht wirklich."

Ich starre sie an und stehe völlig neben mir.

„Vera?", frage ich. „Geht's noch? Hallo. Ich bin's. Die Lydia, die dich aus dem Klo geholt und sogar noch Sev ins Stadion geholt hat. Weil ich dachte, er könnte dir helfen."

„Ja. Aber als es drauf ankam, hat die tolle Frau Heller den Schwanz eingezogen und war froh, dass ich allein zur Polizei gefahren bin. Stimmt doch, oder?"

Am liebsten würde ich sie kommentarlos stehen lassen. So ungerecht finde ich ihre Anklage. So maßlos ungerecht. Obwohl ich natürlich sehr wohl weiß, dass ich mir ab einem bestimmten Zeitpunkt im Stadion nur noch Gedanken um unser Image gemacht habe.

Ich strecke meine Hand aus. Drücke ihre Schulter. „Tut mir leid, wenn du das Gefühl hast, ich würde dich nicht verstehen. Wahrscheinlich hast du ja sogar recht. Das einzige Mal, dass mir so etwas passiert ist, war mit 15 und es ging nur um einen Kuss beim Flaschendrehen."

In dem Moment, in dem diese Worte meinen Mund verlassen haben, könnte ich mich schon wieder ohrfeigen. „Sorry", stottere ich. „So war das nicht gemeint. Ich wollte nicht ... nein

… scheiße … vergiss das mit dem Flaschendrehen. Das war jetzt ziemlich dumm."

Einen Moment lang schaut sich mich an, als käme ich von einem anderen Planeten. Dann fasst sie sich wieder. „Ja, Lydia, du gehörst halt zu den braven Mädchen …"

Ich drücke meine Zigarette aus, ignoriere ihre Aussage gekonnt und schaue auf die Uhr.

„Oh Mensch, Vera. Schon kurz nach zehn. Ich muss ins Bett. Es war ein harter Tag. Sei so lieb, grüß die Mädels. Sag ihnen, war nett", brummele ich rasch.

„Das wiederholen wir aber! Auch wenn es jetzt ein bisschen aus dem Ruder gelaufen ist, oder?" drängt Vera.

„Klar", antworte ich und bin mir nicht sicher, ob ich es ernst meine. Menschen, aus denen ich nicht so recht schlau werde, sind mir suspekt. Und auf ein weiteres Wortgefecht mit Grey bin ich nun auch nicht unbedingt erpicht.

Vera nimmt ihr Herz in beide Hände, geht einen Schritt auf mich zu und umarmt mich. „Schön, dich kennengelernt zu haben", bruschpelt sie in mein Ohr. „Auch wenn du von einem anderen Stern bist. Echt schön! Mach's gut!" Und schon ist sie hinter der Tür verschwunden.

Ich drehe mich um und laufe zu meinem Wagen. Lasse den Abend und die Gespräche Revue passieren. „Merkwürdige Truppe", murmele ich halblaut vor mich hin. Vor allem diese Grey hat bei mir Eindruck hinterlassen. Ja, ein bisschen vorlaut. Aber so klar in ihren Aussagen. Die wirft so schnell keiner aus der Bahn. Die weiß, was sie will. Und was sie will, kriegt sie.

Ich drehe den Schlüssel herum und ahne im gleichen Moment, dass die nächsten Sekunden für die Art und Weise, wie ich nach Hause komme, entscheidend sein könnten. Der Anlasser stöhnt nur gequält auf. *Ich hätte die Batterie doch bes-*

ser sofort austauschen sollen, schießt mir der gute Rat unseres Busfahrers durch den Kopf. Aber ich war ja mal wieder viel zu beschäftigt.

„Ach komm. Lass mich jetzt nicht hängen", flehe ich und streichele dabei das Lenkrad. Mit Erfolg. Mein Auto lässt noch einmal Gnade vor Recht walten. Nach etlichen Versuchen bewegt sich der Anlasser doch und bringt den Motor in Gang.

KAPITEL 6

SEVERIN

Ich warte bei dir zu Hause. Kuss.

Ich unterdrücke eine abfällige Miene, drehe mein Handy um und lasse es auf den Tisch knallen.

„Frauen sind so …", nuschle ich, stoppe aber, als ich einen mahnenden Blick von Hel erhasche.

„Sag jetzt nichts Falsches, Snobbi."

„Anstrengend", vervollständigt Gustav und schenkt mir ein warmes Lächeln. Er sagt es, weil er uns kennt. Weil er all unsere Geschichten wie ein Vater miterlebt hat. Er selbst hatte eine wunderschöne Beziehung, bis seine Frau damals, als ich sechzehn war, an Krebs starb. Seitdem hat Gustav keine andere Frau auch nur angesehen. Er sagte mir, dass es diese eine Liebe gäbe. Eine, die dich verzehrt, dich glücklich und wütend zugleich macht. Die dir alles nimmt und gibt. Und wenn so eine Liebe endet, wird es nie eine andere geben.

„Manchmal glaube ich, es ist besser diese allesverzehrende Liebe nie zu finden. Weil man ohne sie nicht mehr lieben kann", höre ich seine Worte von damals.

„Welches Problem haben wir denn, Snobbi? Eine weitere Frau, die dir zu Füßen liegt?", fragt Kevin halb lachend, halb wütend.

„Keine Frau liegt mir zu Füßen, du Idiot", brumme ich und beiße die Zähne zusammen. Wir alle sind viel zu betrunken für dieses Gespräch. Seit heute Mittag bei Hel haben wir mehrere Liter Bier und Whiskey vernichtet.

„Ach, komm schon, Sev", lacht Kevin. „Wir alle wissen, dass du der Brad Pitt von Bornheim bist."

Ich starre ihn unverhohlen an. *Was soll das bitte für ein Vergleich sein?*

„Du kannst sie alle haben."

„Nicht alle", sage ich viel bitterer, als ich klingen will. Als ich selbst verstehe.

„Und wer ist die Neueste?"

„Jules. Sie hat unser lockeres Ding jetzt zu einer Beziehung gemacht, ohne, dass ich mich wirklich wehren konnte."

„Oh ja, das können wir Frauen sehr gut", summt Hel belustigt und trinkt darauf einen großen Schluck Bier.

„Ja, weil ihr manipulative Furien seid", zische ich mit einem Augenzwinkern.

Wieder vibriert mein Handy und ich nehme es mit einer Mischung aus Zorn und Hass auf mich selbst hoch.

Aber statt erneut Jules Namen aufblinken zu sehen, erscheint eine SMS von Unbekannt. Ich habe mal von Apps gehört, von denen aus du anonyme SMS versenden kannst, aber …

„Wer zum Teufel schreibt heute noch SMS?", frage ich eher in mich selbst hinein und öffne die Nachricht.

Bei diesem Rätsel geht's nicht um Geld.
Alles dreht sich um eine Saison, wenn's gefällt.
Es geht um Oberligazeiten
mit tollen Siegen und Pleiten.
Toppmöller kam ein Jahr später zur Welt.

Was zum …? Mein Herz schlägt laut und unerbittlich gegen meine Brust. Adrenalin schießt durch meine Venen. Ein Hormon, das sich in diesem Moment verdammt nach Säure anfühlt. *Ist das wieder die App? Haben die Betreiber eine neue Möglichkeit gefunden, mich zu quälen, so wie in der Türkei?* Ich verscheuche die Gedanken und lese weiter.

Die Eintracht war zuvor nur mit Bangen
und ganz knapp dem Abstieg entgangen.
Diesmal gings deutlich besser,
deutlich ruhigeres Gewässer!
Welchen Platz konnt' sie am Ende erlangen?

Eine Reise nach Spanien folgte sogleich,
zum internationalen Vergleich.
Als man am zweiten Weihnachtstag,
dem SC Sevilla unterlag.
Wie viele Menschen sahen es doch gleich?

Wieder aus der Fremde zurück,
war es erst mal vorbei mit dem Glück.
Es gab nur noch traurige Kunde,

das Eckige wollt nicht ins Runde.
Wie viele sieglose Spiele gab es am Stück?

30.000 Zuschauer Mann und Frau
sahen den Sieg im Derby beim FSV.
2:1 stand's am End.
Und jetzt sagt, ganz behänd:
Wann hat der Niebel getroffen ganz genau?

Die Lokalderbys waren damals schon
der Hit im alten Waldstadion.
Und das war gar nicht klein,
gingen so viele Menschen hinein
wie heute: Wie viele? Nun sagt es schon!

Was zum …? Ich kann es immer noch nicht fassen.

„Was hast du, Snobbi?", fragt Hel und reißt mir das Handy aus der Hand. „Ich schreib deiner Liebsten. Du kannst so was nicht." Ihr Blick verändert sich, als sie erkennt, dass das keine Nachricht meiner Sexbekanntschaft-Schrägstrich-selbsternannter Freundin ist.

„1950", sagt sie gelangweilt und liest weiter.

„Moment. Was?", unterbreche ich sie und beuge mich über die SMS.

„Na ja, der Toppmöller ist 1951 geboren. Sein Sohn 1980, aber da haben wir nicht in der Oberliga gespielt."

Ich atme tief ein und aus, weil mich dieses bestimmte Gefühl überkommt. Ein Prickeln. Eine Begierde. Die Sehnsucht nach dem Spiel. Auch etwas, das mir diese dumme App eingebracht hat. Seitdem ich sie gespielt habe und nicht mehr aufhören konnte, habe ich mich von Spielen ferngehalten. *Und jetzt …*

Ich beuge mich noch weiter zu Hel, um mitzulesen. Gustav und Kevin erheben sich und stellen sich dahinter. *Lasst die Spiele beginnen.*

„Also, wir sind fast abgestiegen … das war die Saison davor", murmelt Hel nachdenklich.

„Und wie standen wir in der Saison 50/51?", frage ich und zucke, als ich das Wort *wir* für die Eintracht benutze. So wie damals. So wie es jeder Fan tut. Nur ich nicht mehr. *Eigentlich.*

„Achter Platz", wirft Gustav ein und lacht. Hel sieht ihn verwundert an. Aber bei Gustav wundert mich gar nichts. Er war schon immer ein wandelndes Zahlenlexikon, wenn es um die Eintracht ging.

„Weiter!", drängt Hel und wischt auf meinem Display herum.

„Wie viele Menschen in Sevilla zusahen? Woher soll ich das denn wissen?", schnaubt sie und fingert ihr eigenes Handy aus der Tasche.

„Schummeln is nich!", raunt Kev belustigt und trinkt weiter sein Bier. Er ist offensichtlich nicht so leicht von diesem Rätsel zu beeindrucken. In mir brennt bereits ein Feuer. Und doch bleibe ich stumm.

„Ich hab's!", schreit Hel plötzlich und lässt uns damit alle zusammenzucken.

„Verdammt, Hel!", knurre ich erschrocken.

„Eintracht-Archiv. Das Spiel war am Zweiten Weihnachtstag und wir haben 5:3 verloren. So eine Schande. Aber hier steht auch, dass es 15.000 Zuschauer waren." Sie grinst so breit, dass ich selbst mit einstimmen muss. Sie hat es verdient, an diesem Tag etwas Glück zu empfinden.

„Und weiter geht's", ruft sie dann und sieht wieder auf mein Handy.

„Wieder aus der Fremde zurück,

war es erst mal vorbei mit dem Glück.

Es gab nur noch traurige Kunde,

das Eckige wollt nicht ins Runde.

Wie viele sieglose Spiele gab es am Stück?", liest sie leise vor und beginnt, ihre Fingernägel mit ihren Zähnen zu malträtieren.

„Da war das Spiel gegen Reutlingen. An Silvester", raunt Gustav in seiner *Ich schwelge in Erinnerungen*-Stimme. Ich lehne mich nach hinten. Das kann dauern.

„1:4 haben die uns weggeballert", er schüttelt den Kopf, weil ihm das wohl heute ziemlich unwahrscheinlich vorkommt, während Hel erfreut einen Finger hebt.

„Dann ging es im ..." Gustav schließt kurz seine Augen. „Im Januar weiter gegen Nürnberg. 0 Tore für uns. 3 für die."

Hel erhebt einen weiteren Finger und kichert dabei wie ein kleines Kind.

„Hör auf, dich so zu freuen", meckert Kev. „Das sind Gustavs Verdienste. Du musstest Dr. Google fragen."

„Dr. Google sagt man nur, wenn man Krankheiten googelt, Schlaumeier!", wehrt sie ab und tippt dann auf Gustavs Schulter herum, damit er weitermacht.

„Es folgten die Bayern, die uns 2:0 besiegten ..." Er stoppt kurz. „Nein, zuerst gab es ein Unentschieden gegen ..." Er verzieht angewidert den Mund. „Gegen die Offenbacher."

Kevin gibt ein würgendes Geräusch von sich. Hel schüttelt sich, hebt aber zwei weitere Finger.

„Dann Unentschieden gegen Augsburg. Schweinfurt besiegte uns. Gegen den FSV auch ein Unentschieden und die letzten waren die Mannheimer. Danach haben wir Gott sei Dank die Darmstädter besiegt. Wenigstens ein Derby."

„Acht!", gibt Hel quietschend von sich und zeigt uns ihre acht erhobenen Finger, bevor sie sich wieder meinem Handy widmet.

„30.000 Zuschauer Mann und Frau

sahen den Sieg im Derby beim FSV.

2:1 stands am End.

Und jetzt sagt, ganz behänd:

Wann hat Niebel getroffen ganz genau?", liest sie wieder vor und augenblicklich starren wir alle erwartungsvoll Gustav an. Er verzieht seine Brauen und sieht uns irritiert an.

„Ich bitte euch. Also so was weiß ich mit Sicherheit nicht."

Er schüttelt den Kopf. „Es war das 1:1 und es war in der ersten Hälfte. Aber wann?" Er zuckt mit den Schultern.

„Frag Dr. Google!", mischt sich Gustav ein.

„Das heißt nicht –"

„Lass dich doch nicht ärgern, Hel, Schätzchen", ergreift Claudia das Wort, als sie zu uns stößt und interessiert nachschaut, warum wir alle auf dieses Handy starren.

„Niebel", beginnt sie dann mit leicht verliebter Stimme. „Das war ein Spieler. Der hat 1953 sogar mal unter Herberger B-Nationalmannschaft gespielt. War Ehrenspielführer beim FSV." Sie macht eine kleine Pause. „Ist im Januar gestorben. Mit fast 90."

„Hatten wir nicht beschlossen, nie wieder über deine FSV-Vergangenheit zu reden?", fragt Gustav mit einem warmen Lächeln und streicht ihr sanft über den Arm.

„Mein alter Herr hat da gespielt. Ich darf zugeben, dass ich als Kind begeisterter Fan war."

Kevin zischt, als hätte sie gerade den Namen gesagt, den man nicht aussprechen darf.

„Niebel war damals ein Freund meines Vaters. Er hat jedes Paar Schuhe, das er trug, bei ihm im Laden gekauft."

„In seinem Laden?", frage ich und stelle mir bildlich vor, wie Niebel den ersten Nike-Store in Frankfurt eröffnet. Mein Mundwinkel zuckt leicht.

„Ja, er war Schuhmacher. Hatte einen Laden bei dir in der Nähe. Direkt auf der Berger."

„Das wusste ich nicht", gebe ich kleinlaut zurück. Wahrscheinlich ist Claudia der einzige Mensch auf dieser Erde, bei der ich keinerlei ironische oder sarkastische Sprüche herausbringe.

„Siehst du. Da lernst du noch etwas. Auf jeden Fall hat er das Tor in der 42. Minute geschossen."

„Das kannst du unmöglich wissen!", stößt Hel schockiert aus.

„Doch, kann ich. Mein Vater hat an dem Tag auch gespielt und von den zehn Toren, die Niebel in seiner Zeit beim FSV geschossen hat, kenne ich jedes Detail, als wäre ich selbst dabei gewesen."

„Wann bist du bitte geboren, Claudia? In der Steinzeit?", fragt Hel völlig entrüstet.

„Ich bin erst 13 Jahre später geboren, Liebes."

„Hammerhart."

Claudia lacht leise und melodisch und liest sich dann die nächste Frage durch.

```
Die Lokalderbys waren damals schon
der Hit im alten Waldstadion.
Und das war gar nicht klein,
gingen so viele Menschen hinein
wie heute: Wie viele? Nun sagt es schon!
```

„Na, da hat sich aber einer wirklich Mühe gegeben. Ist das ein Freund von dir?" Sie stupst mich an, was mich aus meinen Gedanken reißt. Welche auch immer das waren.

„Nein, es ist …" Ich überlege kurz, was ich sagen soll. „Unbekannt. Ist sicher irgendein dummer Scherz."

„Habt ihr die Antworten aufgeschrieben?", fragt sie dann und wischt auf meinem Handy hinauf.

„Verdammt!", gibt Hel von sich und rennt dann zur Theke, um einen Bierdeckel und einen Stift zu holen.

Als sie alle Antworten aufgeschrieben hat, widmet sie sich wieder der letzten Frage.

„Darf ich googeln?"

„51.500", sagt Gustav. Hel schmeißt ihre Arme in die Luft und dreht sich schnaubend um. „Ihr geht mir auf die Nerven. Woher wisst ihr so was?"

Claudia nimmt das Handtuch von ihrer Schulter und schlägt Hel leicht damit. „Nicht in meinen vier Wänden, Fräulein!"

„Ist ja gut. Entschuldige", brummt Hel und schreibt auch diese Zahl auf die Pappe.

Ich schmunzle leicht, als die Erinnerungen an früher zurückkehren. An Kevin, Mic, Hel, Kat und mich und wie oft wir mit genau diesem alten Handtuch verfolgt wurden. Einmal war es sogar eine Bratpfanne.

„Und was jetzt?", fragt Hel, setzt sich und baut mit dem Bierdeckel und einem zweiten ein Häuschen auf dem Tisch.

„Jetzt habt ihr irgendein dummes Rätsel gelöst, das euch rein gar nichts bringt", gibt Kevin zum Besten und schnippt das Häuschen um.

Mein Handy brummt erneut in meiner Hand und jeder kann die beiden Sätze lesen, die Jules mir geschickt hat:

Soll ich dich abholen? Ich mache mir Sorgen.

Na vielen Dank, Hauptkommissarin Lacker. Denn genau so ist sie auch eingespeichert. Eine wirklich dumme Angewohnheit, selbst mein Telefonregister mit einem dummen Witz zu versehen.

„Sie ist deine Nicht-Freundin?", fragt Hel entrüstet. Ein Schleier legt sich über ihre Augen. Kein Wunder. Jules war es, die Hel über den Selbstmord von Mic informieren musste.

„Nimm den scheiß Bierdeckel und hau ab!"

„Hel …", raune ich und will ihre Schulter berühren, doch sie dreht sich weg. „Du hättest dir jede aussuchen können, Sev. Aber nicht sie! Sie hat Mic verhaftet, ihm so sehr vertraut, dass er Kat töten konnte und dann hat sie auch noch die Dreistigkeit besessen, bei mir zu Hause aufzutauchen, um mir zu sagen, dass er … er …" Ihr versagt die Stimme.

„Helena", versuche ich es erneut. Diesmal ist es Gustav, der sich räuspert und erhebt.

„Wahrscheinlich ist es wirklich besser, du gehst, Severin."

Ich presse meine Lippen aufeinander, nicke aber.

„Es tut mir leid", raune ich, stehe auf und lasse die Tür leise ins Schloss fallen.

Es war falsch. Allein, mit Jules in die Kiste zu gehen, war falsch. Aber Hel wird es mir verzeihen. Nicht heute. Nicht jetzt. Aber sie weiß ebenso gut wie ich, dass Jules für all das nichts konnte.

Als ich draußen auf der Straße stehe, streckt Claudia noch einmal ihren Kopf zu mir heraus und deutet auf ein Fahrrad.

„Nimm es. Bevor Hel das Auto deiner Freundin zerkratzt, wenn die es wagt, hier aufzukreuzen, um dich abzuholen."

Ich hebe einen Mundwinkel, bedanke mich und steige dann auf das Rad. Nicht gerade die besten Temperaturen, um dreißig Minuten quer durch die Stadt zu radeln. Aber vielleicht kühlt so mein Kopf ein wenig ab, bis ich bei Jules ankomme.

Als ich die Treppen zu meiner Wohnung hinaufgehe, brennt meine Haut von der Anstrengung. Wann bin ich das letzte Mal Rad gefahren? Und noch dazu nach ein paar Bierchen? Andererseits habe ich keine Ahnung, ob ich jemals, außer als Kind, nüchtern Rad gefahren bin. Wahrscheinlich nicht. Mittlerweile fühle ich mich wieder ziemlich klar im Kopf. Als ich über die Friedensbrücke gefahren bin, sah das noch ganz anders aus. Kurz habe ich wirklich geglaubt, ich würde im Wasser landen.

„Bin da", sage ich brummend, als ich meine Tür aufschließe und erschrecke, als Jules vor mir steht. Ihre Arme angespannt vor ihrer Brust verschränkt.

„Ist es zu viel verlangt, mir zu antworten, wenn ich mir offenkundig Sorgen mache?"

„Du wusstest, wo ich bin", stöhne ich und kicke meine Stiefel durch den Flur. Dann lasse ich mich auf die Couch fallen.

„Ich …"

„Lass es, Jules", sage ich ernst und setze mich wieder auf. Sehe sie fest an. „Lass es, oder ich werde dich aus dieser Wohnung und meinem Leben werfen. Ich will mich nicht binden. Das weißt du. Ich will mich nicht rechtfertigen, wenn ich am Todestag meines ältesten Freundes mit Leuten, denen er auch etwas bedeutet hat, was trinke. Und ich will nicht gezwungen sein, auf Nachrichten zu antworten, wenn ich doch ganz eindeutig keine Lust habe zu antworten. Ich lebe nicht in einem beschissenen Überwachungsstaat. Und nur, weil ihr alle denkt, dass angekommene Nachrichten, mein Onlinestatus oder irgendwelche beknackten blauen Häkchen mir auch nur irgendwie die Verpflichtung aufdrücken können, sofort und immer zu antworten, heißt das noch lange nicht, dass ich es auch tue."

„Du bist ungerecht, Severin."

„Ich bin ehrlich, verdammt. Das war ich von Anfang an. Und dann stehst du plötzlich mit Essen und Filmen in meiner Wohnung. Und ich habe dir trotzdem gesagt, dass ich es probiere und mir Mühe gebe."

„Und jetzt willst du das nicht mehr?", fragt sie beinahe schluchzend. Verdammt. Das wollte ich nicht.

„Hör zu, Jules", sage ich etwas sanfter, stehe auf und lege meine Hände auf ihre Schultern. „Ich will es probieren. Aber ich werde mich nicht überwachen lassen. Du wusstest genau, wo ich bin, und die einzige Sorge, die du hattest, war, dass da eine andere Frau sein könnte." Sie senkt ihren Blick.

„War denn da eine?"

Ich ziehe scharf die Luft ein. Die Frau, die hier gerade vor mir steht, ist nicht mehr die, die ich kennengelernt habe. Die, die sie in ihrem Beruf ist. Und ich hasse mich dafür, dass ich es bin, der sie zu diesem Häufchen Elend werden lässt.

„Es war hart heute, Jules. Verzeih mir", raune ich und hebe ihr Gesicht leicht an.

Ein schmales Grinsen bildet sich auf ihren Lippen.

„Also keine Frau?"

„Nein", brumme ich genervt, beuge mich vor und küsse sie.

„Und jetzt komm mit mir auf die Couch und erzähl mir von deinem Tag."

Ich schmeiße mich belustigt zurück auf das alte Ding und deute dann auf den Kühlschrank.

„Und bring mir ein Bier mit, Weib!"

„Du kriegst gleich …"

„Ich dachte, du wolltest eine echte Beziehung", unterbreche

ich sie lachend, woraufhin sie ein Kissen nimmt und es mir an den Kopf knallt. Der Staub wirbelt durch die Luft und kurz beobachte ich ihn fasziniert. Bis ein lautes Klingeln mich aus dieser seltsamen Faszination für Staub reißt.

„Lacker", beantwortet sie das Klingeln und verändert schlagartig ihre Haltung.

„Wo?" Sie stöhnt.

„Ja, ja, ich weiß, wo das ist."

„Koordinaten? Finn, ich bitte dich. Ich bin hier geboren und kenne natürlich auch die 661 wie meine Westentasche." Mit diesen Worten legt sie auf und wirft mir einen traurigen Blick zu.

„Sie haben eine Leiche gefunden. Ich muss. Leider."

„Eine Leiche?", frage ich interessiert. Etwas morbide. Aber meine Neugier kann ich nicht verstecken.

„Ja, jemand wurde überfahren. Aber die Stelle ... warum sollte da jemand allein herumlaufen?"

„Wo ist es?"

„In diesem Halbtunnel auf der 661 bei Preungesheim."

„Okay", murmle ich und rufe in mir die Bilder auf.

„Auf jeden Fall muss ich los, Sev", sagt sie und kommt zur Couch, bleibt dann aber unschlüssig stehen und verzieht den Mund. Ich erhebe mich sofort und ziehe sie zu mir.

„Kommen Sie in Uniform zurück, Kommissarin Lacker."

„Du spinnst", lacht sie und schlägt mir gegen die Brust, bevor sie mir einen Kuss gibt, ihre Sachen zusammensucht und mit einem „Bis später" meine Wohnung verlässt.

Als sie geht, ist da wieder diese Leere und ich komme nicht umhin, mir einzugestehen, dass ich es irgendwie mag, dass sie ständig hier ist. Vielleicht sollte ich ihr das auch mal mitteilen.

Ich greife nach der Fernbedienung, wobei mich irgendetwas in meiner Hosentasche drückt. Der Bierdeckel. Ich ziehe ihn heraus und lese die Zahlen, die Hel fein säuberlich darauf geschrieben hat. Eine nach der anderen. Immer im Kreis herum. Hel eben.

Einen Moment lang überlege ich, die SMS zu beantworten, bevor mir einfällt, dass sie von Unbekannt kam. Wie das möglich ist, kann mir wahrscheinlich auch nur Tim beantworten. Außer, es hat sich wirklich jemand einen Spaß mit einer dieser Apps oder Websites erlaubt.

Mein Handy vibriert, ich nehme es heraus und bin ziemlich überrascht, als es Lydias Name ist, der dort auftaucht. Na ja, nicht wirklich ihr Name, sondern „Fräulein Pressesprecherin". So, wie ich sie eingespeichert habe. Ich öffne die Nachricht und bin wieder völlig verdutzt.

`Ich wollte es nicht wahrhaben, aber du bist einfach nur frauenfeindlich!!!!`

Was zum ...? Ist die jetzt vollkommen verrückt geworden? Oder etwa betrunken? *Ich bin frauenfeindlich?*

`Hast du gesoffen?`, schreibe ich zurück und sehe dabei zu, wie sie online geht. Ein Grinsen legt sich auf meine Lippen, als ich mir vorstelle, wie sie genervt ihre Augen verdreht.

`Hast du gesoffen?`

Okay. Sie hat eindeutig nicht mehr alle Tassen im Schrank.

`Ich habe mich mit Frauen getroffen, die viel über Kerle wie dich wissen.`

Ich traue meinen Augen kaum und bin kurz versucht, sie anzurufen und anzuschreien. Stattdessen lege ich mein Handy weg und betrachte wieder den Bierdeckel. Und dann brummt dieses dumme Handy wieder. Dieses Mal ein Anruf. Von Lydia.

„Was?", melde ich mich und lecke mir zornig über meine Lippen.

„Mein Auto springt nicht mehr an."

„Wenn du Hilfe von mir willst, ist das mit Sicherheit der falsche Ansatz gewesen."

„Ich war mit ein paar Frauen zusammen und da hab ich's begriffen."

„Lyd", unterbreche ich sie und schüttle irritiert den Kopf.

„Warum hast du mich angerufen? Du weißt, dass ich selbst kein Auto habe, heute *sein* Todestag ist und ich ein paar Bierchen im Greifvogel getrunken habe …"

„Jens geht nicht ran und Tims Handy ist aus und …"

„Und?", frage ich und grinse siegessicher.

„Du warst der Einzige, der mir eingefallen ist. Meine Chefs kann ich um so was wohl kaum bitten und mein Vater gehört eigentlich in einen Rollstuhl und …"

„Es gibt da so wunderschöne gelbe Engel, auch ADAC genannt."

„Ich hasse dich."

„Nicht das schon wieder", seufze ich und setze mich dann auf. „Wo bist du?"

„Irgendwo im Nirgendwo. Ich schick dir meinen Standort. Bitte beeil dich einfach, Sev."

„Hat die große erwachsene Pressesprecherin etwa Angst?"

„Das ist nicht witzig!", motzt sie und so langsam klingt sie wirklich verzweifelt, weshalb ich es gut sein lasse.

„Und übrigens weiß ich von deiner Schwester, dass du sehr wohl ein Auto hast." Mit diesen Worten legt sie auf und ich starre fassungslos auf das Display. *Diese kleine Schlange, Nasti.* Sie weiß ganz genau, dass Dad mir das Auto einfach vor die Tür gestellt hat, ohne dass ich es wollte. Und mein Protest dagegen sieht so aus, dass ich es vor der Haustür verrotten lasse. Das kann ich jetzt wohl kaum machen. *Verdammt.*

Ich will gerade den Bierdeckel einstecken, als Lydias Nachricht mit dem Standort aufploppt. Ich drücke darauf und kurz erscheinen die Koordinaten, beginnend mit 50. *Moment …* Aber so schnell sie gekommen sind, sind sie auch schon wieder verschwunden und ein Straßenname erscheint. Ich gehe zurück auf ihren Chat, drücke erneut auf den Standort und wieder erscheinen die Koordinaten für den Bruchteil einer Sekunde. Ganz langsam lasse ich meinen Blick über den Bierdeckel wandern. Vor allem zur ersten Zahl. Die Antwort auf die erste Frage war 50.

Ich schüttle den Gedanken ab, weil Lydia offenbar wirklich Angst zu haben scheint, packe die Pappe in meine Hosentasche, krame den Schlüssel mit dem eingravierten Mustang aus der Kruschel-Schublade, ziehe meine Schuhe wieder über und renne hinunter. Es ist ein Wunder, dass dieser völlig protzige und überteuerte Ford Mustang hier mitten in Bornheim so lange stehen konnte, ohne dass ihm jemand zumindest einen Spiegel abgetreten hat. *Schön wär's gewesen.*

Der Motor startet laut und brummend und kurz überkommt mich ein prickelndes Gefühl. Vielleicht etwas, das in uns Männern als Gen festgehalten ist. Motorengeräusche – so sehr man sich auch dagegen wehrt – gut zu finden. Es fühlt sich mächtig und selbstbewusst an.

Ich schnalle mich an, gebe die Westerbachstraße in das Navi ein und fahre los. Das letzte Mal, als ich gefahren bin, ging es auch um Lydia. Damals wurde sie entführt und ich … ich war schuld an der ganzen Scheiße.

Als ich beim Vietnam-Imbiss ankomme und Lydias Auto davor erkenne, halte ich an, steige aus und sehe mich um. Um diese Uhrzeit ist es hier wirklich nicht gerade angenehm.

„Severin!", stößt sie erleichtert hervor und kommt auf mich zu. Kurz wirkt es, als wolle sie mich in den Arm nehmen, aber sie zügelt sich.

„Danke", murmelt sie stattdessen.

„Kannst du mir mal erklären, was du nachts in Rödelheim machst?", zische ich zornig. Viel zu zornig. Aber wenn ich schon auf Abstand zu ihr gehe, damit ihr nichts mehr geschieht, soll sie sich wenigstens nicht selbst in Gefahr bringen.

„Ich war aus. Und mein Auto springt einfach nicht mehr an. Ist nicht so, als wäre ich mitten in der Nacht auf die Idee gekommen, hier einen Spaziergang zu machen", schimpft sie.

„Und wo warst du aus?"

„Auf die Gefahr hin, dass dich das nichts angeht. In der Gerbermühle."

„Dann bist du aber reichlich vom Weg abgekommen", schnaufe ich. „Kaiserlei. 661 Richtung Oberursel, dann noch ein Stück durch den Wald und schon zu Hause."

„Oh, entschuldige bitte, Severin Klemm, Retter der Verfahrenen. Ich hatte Hunger und wollte beim Vietnamesen vorbei. Den hier kenne ich, da war ich mal nach einem Spiel des FFC. Und ich habe gerade noch etwas bekommen. Nach mir hat er die Rollläden heruntergelassen."

„Dumme Entscheidung", lache ich.

„Oah!", knurrt sie und ballt ihre Hände zu Fäusten. „Da hätte ich besser einen Taxifahrer fragen können, ob er mir hilft. Ich habe keine Ahnung, was mich geritten hat, ausgerechnet dich anzurufen!"

„Entschuldige", sage ich und hebe beschwichtigend meine Hände. Heute bin ich wirklich nicht gerade der beste Umgang. Aber es ist dieser Tag. Es ist der Gedanke an Mic und diese Sehnsucht, nur noch ein letztes Mal mit ihm sprechen zu können, nachdem ich so viele Jahre verpasst habe.

Trotzdem kann ich das weder an Jules noch an Lydia auslassen.

„Ich kenne jemanden, der kümmert sich um deine Schrottkarre, und ich fahre dich zu Jens nach Hause, in Ordnung?"

Sie nickt bedröppelt, geht dann zu ihrem Auto und holt ihre Tasche, während ich einen Kumpel anrufe, der eine Werkstatt hat.

„Wir müssen nicht warten. Leg deinen Schlüssel einfach aufs Hinterrad."

„Was? Ich …"

„Lyd. Niemand will dieses Auto klauen. Mal davon abgesehen, dass es ja nicht anspringt."

„Und in deine Karre kann keiner rein, weil sie aussieht wie Fort Knox."

Ich verkneife mir den Kommentar, wie sie auf die Idee kommt, das Goldlager der USA mit meinem Auto zu vergleichen.

Als wir einsteigen und das Navi aufleuchtet, kommt mir ein Gedanke.

„Sag mal, Miss Technik, kann man in so'n Navi auch Koordinaten eingeben?"

Lydia wirft mir einen irritierten Blick zu. „Natürlich, Severin. Es ist ein Navigiersystem."

„Navigations-", setze ich an, zügele mich dann aber erneut.

„Könntest du …", ich ziehe den Bierdeckel aus meiner Hosentasche, „diese Koordinaten eingeben?"

Sie verdreht die Augen, weil sie sie verbessern wollte, aber nicht in der Lage bin, selbst diese Zahlenkombination einzutippen, und beginnt.

„Müssen wir da dann etwa noch hin? Ich will echt einfach nur nach Hause, Sev."

„Nein. Ich will nur wissen …"

„Da! Bitte."

Mir stockt der Atem, als ich den Punkt auf der Karte sehe.

„War's das?"

„Lyd …", stoße ich hervor und blinzle, weil ich meinen Augen nicht traue. „Lydia. Bist du sicher?"

„Natürlich!", beschwert sie sich beleidigt und verschränkt ihre Arme vor der Brust.

„Ich muss … ich muss dahin und mit Jules sprechen."

„Aber …", beklagt sich Lyd, als ich bereits den Motor aufheulen lasse. Er übertönt locker ihr Gejammer.

„Hör zu", sage ich, als ich mich ein paar Minuten später beruhigt habe. „Genau an dieser Stelle wurde heute eine Leiche gefunden. Und ich habe ein beschissenes Rätsel auf mein Handy bekommen, das genau diesen Ort zeigt. Ich …"

„Was für ein Rätsel?"

Ich fingere umständlich mein Handy heraus und drücke es ihr in die Hand. Sie beginnt zu lesen und braucht nur ein paar Sekunden, bis sie „Ganz klar – die Saison 50/51!" ruft und eine Geste mit ihrer Faust macht, als hätte sie gerade einen Strike geworfen.

„Lyd. Du bist gruselig, wenn du so was machst."

„Und du, wenn dir jemand ein Rätsel schickt und du zu einem Ort fährst, an dem eine Leiche gefunden wurde. Hast du eigentlich in der Türkei gar nichts gelernt?"

Habe ich scheinbar nicht. Aber eigentlich habe ich aus der Geschichte gelernt, Lydia nicht in so etwas hineinzuziehen.

„Ich bring dich erst heim."

„Spinnst du?!", schnaubt sie und leckt sich über ihre Lippen, als würde sie sich auf ein Festmahl freuen. „Ich werde so was von mitkommen. Punkt."

KAPITEL 7

SEVERIN

Als wir bei der 661 ankommen, ist die Fahrspur Richtung Offenbach abgesperrt und ich entdecke schon von weitem die vielen Blaulichter.

Es war eine gute Entscheidung, nicht die schnellere Strecke über das Bad Homburger Kreuz zu wählen, sondern durch die Stadt zur Seckbacher Landstraße zu fahren. So kommen wir wenigstens nah dran. Mein Herz schlägt immer schneller.

Für einen kurzen Moment ist es, als wären wir in der Zeit zurück gereist. Ja, kurz spüre ich die Angst von damals und sehe Kats toten Körper vor mir. Das hier war eine verdammt schlechte Idee. Was zum Henker verspreche ich mir davon? Will ich mich schon wieder in irgendetwas hineinstürzen, das mich und vor allem Lyd das Leben kosten könnte?

Ich halte kurz hinterm Katharinen-Krankenhaus auf dem Seitenstreifen, steige aus und bitte Lyd, einfach sitzen zu bleiben. Als die Tür hinter mir ins Schloss knallt, nehme ich mein Handy heraus und rufe Tim an. Eingespeichert unter *Mobby Dick*. Das sollte er wohl nie zu sehen bekommen. Reicht ja, dass ich ihn so nenne.

„Severin?", meldet er sich, als hätte er meinen Namen nicht längst auf seinem Display gesehen.

„Hör zu, ich schick dir meinen Standort und du kommst her und holst Lyd ab", raune ich in das Handy, warte nicht einmal auf seine Antwort, sondern beende das Gespräch, schicke ihm den Standort und klicke selbst noch einmal darauf, um mich zu vergewissern. Die Koordinaten stimmen. Irgendjemand will mich hier reinziehen. Aber warum? Wissen sie von meiner Vergangenheit? Dass ich diesen Spielchen schon einmal verfallen bin und nicht widerstehen kann?

Mein Blick wandert über die vielen Autos, die hinter der Vollsperrung stehen und wohl noch eine Weile warten müssen.

Ich biege in den schmalen Fußweg vor der Brücke ein, laufe vielleicht 150 Meter und finde dann eine Treppe zur Autobahn. Noch ein paar Meter übers Feld, dann stehe ich am Rand der Fahrbahn.

„Hauptkommissarin Lacker!", rufe ich, als ich bei der Absperrung angekommen bin und sie entdecke. Ihr Blick versteinert, sie wendet sich aber von dem Pathologen ab und kommt auf mich zu.

„Spinnst du, Severin?", zischt sie und sieht sich panisch um. „Was machst du hier?"

„Ich …" Mir versagt die Stimme. Soll ich ihr wirklich sagen, dass ich ein Rätsel bekommen habe, das mich genau hier hingeführt hat? Das kann ich nicht. Sie würde mich mitnehmen, besser noch in Handschellen abführen lassen und die ganze Nacht verhören. Einfach nur, damit ich mich aus der Sache raushalte.

„Ich … Wann ist die Person gestorben?"

„Was?!", fragt sie fassungslos und berührt genervt ihre Stirn.

„Er ist um 21.30 Uhr gestorben, Sev. Und jetzt geh nach Hause."

„Kommst du nach?", frage ich das Einzige, was mich aus dieser Situation retten kann.

„Ich werde die ganze Nacht beschäftigt sein. Aber ich versuche …" Die nächsten Worte verstehe ich nicht mehr, weil mein Vater meine Aufmerksamkeit auf sich zieht. Er steht wenige Meter entfernt neben einer abgedeckten Person, vermutlich dem Toten, und redet mit einem der Beamten, bis … auch er mich sieht. Sein Blick verengt sich. Er starrt mich einfach nur an. Mit seinen dunklen Augen, die meinen so sehr gleichen.

„Severin?", fragt er irritiert, als er zu uns stößt. „Und Hauptkommissarin Lacker …" Das Letzte sagt er mit einem seltsamen Blickwechsel zwischen ihr und mir. *Verdammt.*

„Dad. Wie geht's?", frage ich grinsend.

„Was tust du hier? Und wo warst du am Sonntag?"

Ist das eigentlich sein Ernst? Mir jetzt wegen dieses dummen Familienessens auf die Nerven zu gehen?

„Ich besuche meine Freundin bei der Arbeit", gebe ich schulterzuckend zurück. „Und Sonntag habe ich gearbeitet." Natürlich habe ich das nicht. In Wirklichkeit habe ich mich zu Hause allein betrunken, weil Lydia mich in dieses Stadion geholt hat. Und weil – *ja, weil.*

„Deine Freundin?" Er hebt verwundert seine Brauen und Jules erstarrt augenblicklich.

„Seit wann hast du Freundinnen?"

„Seit heute", entgegne ich und grinse breit.

„Aha", murmelt Dad und sieht einen Moment lang gar nicht so aus, als habe er die Situation im Griff.

„Er wollte ohnehin gerade gehen", versucht Jules die Situation zu retten.

„Darüber haben wir noch zu reden." Er deutet erst auf mich und dann auf Jules. „Wir auch."

„Fuck", stoße ich hervor und suche nach Jules Blick. Vergeblich. Sie hat sich abrupt weggedreht und geht zurück zu der Leiche. Neben ihr mein Vater. Der Staatsanwalt höchstpersönlich. Dazwischen ein ordentlicher Sicherheitsabstand.

Unruhig blicke ich mich um, bis mein Handy mich aus meinen Gedanken holt und zusammenschrecken lässt. Eine Nachricht. Mein Herz pumpt schnell und unregelmäßig, als ich draufklicke und sie öffne. Dieselbe unbekannte Nummer.

1:0

Als ich die Uhrzeit der Nachricht mit dem Rätsel sehe, beginne ich so langsam zu begreifen. Ich habe die SMS um 20 Uhr bekommen. Also 90 Minuten, bevor der Mann genau hier gestorben ist.

Hätte ich das etwa verhindern können? Es müssen?

LYDIA

Sag mal. Hat der sie noch alle? Der letzte, der mir zugerufen hat: „Bleib hier sitzen und warte auf mich", war mein Papa. Da war ich zwölf oder so und er wollte nicht, dass ich auf der Autobahn-Raststätte herumrenne. Und jetzt behandelt mich Sev so, als wäre ich noch immer ein kleines Mädchen, dem man sagen muss, was es zu tun hat.

„Ohne mich, Severin Klemm!", mache ich mir selbst lautstark Mut und warte, bis er sich ein paar Meter entfernt. *Ah.* Er zückt sein Handy. Gute Gelegenheit. Ich öffne die Wagentür ein kleines Stück und schlüpfe nach draußen. Dann drücke ich die Tür sanft wieder zu. Einen Moment zögere ich. Sev hat den Schlüssel mitgenommen. Kann ich die teure Karre einfach offen stehen lassen? Was, wenn einer sie klaut? *Dann bin ich eh tot*, muss ich grinsen. Aber nein: Sev ist zwar ein Idiot, aber wegen eines Autos würde er sicher niemanden umbringen.

Als ich aufschaue, ist Severin den schmalen Weg vor der Brücke über die 661 hinuntergelaufen und aus meinem Sichtfeld verschwunden. Ich folge den blitzenden Blaulichtern weiter vorne entlang des zwei Meter hohen Zaunes. *Wie will er da drüber kommen?*, tappe ich weiter den spärlich beleuchteten Weg bis zur Fußgängerbrücke über die Autobahn entlang. Direkt an der Brücke führt eine schmale Steintreppe hinunter. Ich warte einen Moment. Dann sehe ich seine Gestalt vielleicht 20 Meter unter mir direkt auf die zuckenden Lichter zugehen.

Als er die Fahrbahn erreicht hat, folge ich ihm. Ein aufgetürmter Kiesberg neben der Einhausung gibt mir Schutz und die Chance, sehr weit nach vorne zu kommen. Ohne Gefahr zu laufen, dass mich einer der Polizisten erwischt.

Ich komme gut voran und lobe mich innerlich für die Entscheidung, die Pumps im Schrank gelassen und zu meinen geliebten Stiefeln gegriffen zu haben. Weiberabend hin oder her. Freiheit für die Füße!

Plötzlich summt mein Handy in der Tasche. „Verdammt. Nicht jetzt", entwischt es mir, während ich nervös annehme und mit leiser Stimme ein „Kann gerade nicht", raune.

„Hallöle. Hier ist Tim", scheppert es umso lauter. „Sev hat gerade durchgeklingelt und mich gebeten, dich irgendwo auf der 661 abzugreifen. Alles klar bei dir, Lili?"

„Das war wohl nur einer dieser blödsinnigen Streiche von Sev, Tim. Bei mir ist alles klar und ich muss auch nicht abgeholt werden."

„Und warum flüsterst du dann?"

„Jens schläft schon", lüge ich, ohne nachzudenken.

„Aha", sagt Tim und legt dann eine Pause ein. „Wenn du meinst. Dann entschuldige die Störung."

Er legt auf und ich weiß genau, dass diese Lüge nicht besonders clever war. Tim wird jetzt wieder bei Sev anrufen und schon kommt heraus, dass ich gar nicht zu Hause bin. Dumm gelaufen. Inzwischen bin ich an der Stelle angekommen, die von vier Flutlichtern ausgeleuchtet wird. Ein gutes Dutzend Polizeibeamter steht um eine mit einer hellen Plane abgedeckten Leiche herum. Sie scheinen sich zu fragen, was der oder die Tote auf der Autobahn zu suchen hatte. Ob es Selbstmord war oder ein Verbrechen dahintersteckt. Ich nehme hinter einem zweiten Kiesberg Deckung und versuche ein paar Worte aufzuschnappen. Schwierig, weil vielleicht 20 oder 25 Menschen am Unfallort sind, jeder offenbar etwas anderes zu tun hat und viele miteinander sprechen. Plötzlich entdecke ich Severins Vater. *Aha.* Kein Unfall und auch kein Selbstmord. Sonst wäre wohl nicht Oberstaatsanwalt Klemm um diese Zeit höchstpersönlich anwesend. Er deutet auf die Leiche unter dem Tuch und bittet offenbar einen der Beamten von der Spurensicherung, ihm die Leiche zu zeigen. Er beugt sich nach vorne und der Mann im weißen Overall zieht die Plane weg.

Mein Blut droht augenblicklich zu gefrieren. Das Gesicht des Mannes ist kaum zu erkennen. Er muss wohl mehrfach überrollt worden sein. Ich fürchte, dass sich mein Magen gleich herumdreht. Ich muss salzige Spucke herunterschlucken und selbst Klemm geht beim Anblick des Toten mit weit aufgerissenen Augen zwei Schritte zurück. Dabei wird mein Blick auf den merkwürdig abgewinkelten Arm des Mannes frei und ich erschrecke zum zweiten Mal zutiefst. Diesmal aber nicht aus Ekel. Dem Kerl fehlen zwei Finger. Zeige- und Mittelfinger der rechten Hand. Das kann doch wohl kein Zufall sein.

Ich rutsche mit einem Fuß weg. Eine kleine Lawine Schotter ergießt sich den Abhang hinunter. Ich halte den Atem an. Severins Vater hat den Lärm offenbar bemerkt. Er schaut direkt zu mir rüber. Dreht dann seinen Kopf, so dass sein Ohr in meine Richtung zeigt.

Scheiße. Er hebt plötzlich seinen Arm in Richtung des Staus, der sich gebildet hat. Ich folge seiner Handbewegung automatisch und sehe … Severin. Neben ihm diese Hauptkommissarin Lacker. *Wie schafft er es nur, immer wieder an allen Sperren vorbeizukommen?*, rätsele ich.

Klemm geht auf seinen Sohn zu. Keine herzliche Begegnung, das kann ich selbst aus der Entfernung spüren. Mal wieder. Ein kurzer Schlagabtausch wie zwischen zwei schlecht erzogenen Kampfhunden. Verstehen kann ich nichts. Dann wendet sich Severin ab und geht mit der Lacker ein paar Meter weiter. Was hat Severin mit ihr zu tun? Die beiden wirken vertraut. Oder kommt mir das nur so vor?

Ich bin hoffnungslos überfordert. „Too much information", brabbele ich vor mich hin und will mich gerade auf den Rückweg machen. Da plötzlich erkenne ich oben auf der Fußgängerbrücke eine Gestalt. Keine 30 Meter von mir entfernt. Ich ducke mich schnell, aber der, oder die, oder das hat mich offenbar nicht bemerkt. *Polizei?*, frage ich mich, um mir die Antwort selbst zu geben. *Was sollte ein Polizist dort wohl machen? Den Tatort sichern? Kaum. Ein neugieriger Gaffer, der ein Video fürs Internet dreht? Der würde doch sicher versuchen, näher an die Unfallstelle heranzukommen.*

Wieder rutscht mein Fuß im Kies weg und die nächste Lawine geht ins Tal ab. Die Gestalt dreht den Kopf zu mir. „Scheiße", fluche ich ganz leise und versuche still zu sitzen. Was nicht so leicht ist, weil mir mein Bein einschläft. Pressesprecherinnen sind nächtliche Ausflüge dieser Art nicht gewohnt.

„Hauptkommissarin Lacker, kommen Sie doch mal ... bitte", ertönt wie aus dem Nichts die Bassstimme von Sevs Vater und sorgt dafür, dass die Aufmerksamkeit des stillen Beobachters hinter mir wieder in Richtung der Unfallstelle geht. Ich atme möglichst leise, aber tief durch, um meinen Herzschlag zu beruhigen. So dankbar wie gerade jetzt werde ich Sevs Vater sicher in diesem Leben niemals mehr sein. In dem Moment geht bei einem der Streifenwagen die Sirene an. Die Beamten wollen offenbar den Weg durch die Menschenansammlung am Rand der Fahrbahn hinter der Absperrung freimachen. Für sie gibt es hier nichts mehr zu tun.

Ich nutze die Gelegenheit, um mich tief geduckt davonzuschleichen. Immer noch in Furcht, dass mich noch jemand entdecken könnte. Dass mich die Gestalt oben auf der Brücke entdecken könnte. Ich drehe mich hastig um, blicke nach oben, doch die Dunkelheit hat längst alles verschluckt.

Als ich wieder oben auf der Straße ankomme, hockt Severin entspannt mit dem Hintern auf der Motorhaube seiner Karre.

„Na, Abendspaziergang gemacht?", grinst er überheblich.

„Musste mal. Und was sollte ich machen, wenn du mich hier einfach zurücklässt. Allein und ohne Klo."

Severin scheint einen Moment lang verwirrt. Mit so viel Schlagfertigkeit hat er nicht gerechnet. Nicht von mir. Wenn, dann von ihm selbst. *Wirkungstreffer*, denke ich in einem Anflug von unglaublicher Zufriedenheit. Aber er braucht nicht einmal eine Minute, um mein Manöver zu durchschauen.

Einem gedehnten *Aha* lässt er die nächste Attacke folgen.

„Und während du dein Häuflein in den Büschen des nächtlichen Frankfurter Grüngürtels gemacht hast, war es dir ein tiefes inneres Anliegen, Tim zu erzählen, dass Jens neben dir liegt und schnarcht?"

„Touché", sage ich spitz. „Ich wollte nicht von meinem Kollegen, der noch dazu auch mein Freund ist, abgeholt werden, wie ein verloren gegangenes Kind, weil es der Herr Severin ihm aufträgt."

„Hmm", brummt Sev. Fast so, als würde er mich an dieser Stelle verstehen.

„Er hat mich schon angeklingelt und ich habe behauptet, es sei ein Missverständnis gewesen. Ich hab jetzt also was gut bei dir, Tiger Lili."

Ich mache eine kleine Pause. So wie man es tut, wenn man erst einmal das Gesagte verdauen will.

„Und jetzt?"

„Steig ein! Ich fahr dich."

SEVERIN

Als ich einsteige und den Motor aufheulen lasse, frage ich mich, wie ich je damit rechnen konnte, Lydia würde in diesem Auto sitzen bleiben. Kurz schleicht sich ein Grinsen auf mein Gesicht. Frau Heller ist eigensinnig. Zumindest immer dann, wenn Jens nicht in der Nähe ist.

„Du hättest erwischt werden können. Schlimmer. Sie könnten deine Spuren finden und dich für eine Verdächtige halten."

Lydia starrt mit versteiftem Körper geradeaus. Ich beobachte sie einen Moment lang an und schnipse dann vor ihrem Gesicht herum.

„Alles gut?"

„Sie werden mich nicht für tatverdächtig halten", wispert sie, als würde es ihr wirklich emotional wehtun, das zu sagen.

„Und das ist keine gute Nachricht?", frage ich mit erhobenen Brauen.

„Nein. Also doch. Es ist ..."

„Was?", fauche ich, räuspere mich dann aber und verleihe meiner Stimme wieder einen beruhigenden, warmen Ton. „Hast du etwas gesehen, was du nicht sehen wolltest?"

Ich erinnere mich genau an den Moment, als ich Kats Leiche sah. Dieses Bild verfolgt mich seither an jedem einzelnen Tag.

„Ja. Und noch mehr."

„Dann rede mit mir", raune ich und parke in einer kleinen Einbuchtung, um mich ihr zuzuwenden. Ich bin nicht gut in solchen Dingen. Muss ich ihr jetzt die Hand auf die Schulter legen? Immer nicken, während sie redet, und mir meine Kommentare, dass sie sich das selbst zuzuschreiben hat, verkneifen? Das könnte anstrengend werden.

„Sev. Die Frau, die du im Stadion befragt hast. Die, die auf der Toilette … du weißt schon. Sie …"

„Sie?", frage ich angespannt. Hat sie etwas damit zu tun? Mein Herz schlägt bis hinauf zu meiner Kehle und lässt mich bittere Galle schlucken.

„Der Tote ist der Kerl, der sie angegriffen hat."

Ihre Lippen beben, als sie ihre Erkenntnis ausspricht. Nur wie sie darauf kommt, ist mir wirklich schleierhaft.

„Moment. Woher willst du das wissen?"

„Ihm fehlen zwei Finger, Sev! So wie dem Kerl, den Vera beschrieben hat."

„Vera?", frage ich überrascht.

„Ja, die Frau, die angegriffen wurde. Wir haben uns heute Abend getroffen und … wie kann ausgerechnet ein Mann sterben, der zufällig auch zwei fehlende Finger hat?"

„Zufälle gibt es. Aber …", ich atme schwer. „Wann? Wann habt ihr euch getroffen?"

„Ich … ich bin um kurz nach zehn da weg. Ich hab dich doch angerufen, Sev. Da war ich grad mal zwanzig Minuten unterwegs."

„Der Mann ist um halb zehn gestorben, Lyd. Deine Freundin war es nicht."

„Sie ist nicht meine Freundin", zischt Lydia, aber ich sehe an ihrer gesamten Haltung und Mimik, dass sie sich nicht wirklich sicher ist. „Wir müssen zu ihr. Ich muss sehen, ob sie zu Hause ist oder …"

„Oder was?", fahre ich ihr dazwischen. Ihre Stimme hat einen ängstlichen Ton angenommen, weswegen ich aufhorche.

„Ob sie da gerade vermummt am Tatort stand."

Ich lasse meine Faust auf das Lenkrad knallen und sehe sie böse funkelnd an.

„Da war eine Gestalt und du bist nicht sofort wieder zu mir gekommen? Oder hast wenigstens Bescheid gesagt?!"

Ich schüttle den Kopf.

„Ich weiß, dass das für die Ermittlungen wichtig gewesen wäre, aber …"

„Diese beschissenen Ermittlungen sind mir scheißegal", schreie ich sie an. „Du hast dich in Gefahr gebracht!"

„Ich …"

„Sei einfach still!", fahre ich sie an. Viel zu sehr, denn ich weiß, dass es sich nicht gehört, so mit einem Menschen zu reden. Sarkasmus und Gemeinheiten hin oder her. Ich bin niemand, der jemandem den Mund verbietet.

„Mach das einfach nie wieder."

„Okay", flüstert sie. Vielleicht gibt sie nach, weil sie die Sorge in meiner Stimme gehört hat. Oder weil ihr das alles selbst eine Heidenangst eingejagt hat.

„Ich bring dich nach Hause."

„Sev", sagt sie sanft und legt ihre Hand auf mein Bein. „Ich muss zu Vera. Schauen, ob sie da ist, und wenn ja, muss ich ihr sagen, dass sie Probleme bekommen wird. Sie wohnt irgendwo in Liederbach, hat sie vorhin erzählt."

„Willst du ihr auch gleich eine Reisetasche packen, damit die Gute das Land verlassen kann?" Ich schnaufe. „Herrgott Lyd, diese Frau hat das größte Motiv von allen. Und wahrscheinlich sogar das einzige!"

„Das ist mir egal!" Tränen platzen aus Lydias Augen. Sie berührt ihre Wange und starrt auf das Nass, als wäre es unmöglich, dass sie weint.

Ich starte den Motor wieder, ohne ein Wort, fahre über ein, zwei Schleichwege zur Anschlussstelle Friedberger Landstraße auf die 661 Richtung Oberursel und Kronberg. Lydia muss dringend ins Bett.

Sie ist so verdammt blass, dass ich mich aber entscheide, noch einmal an der Blauen Lagune, der Tanke kurz hinter dem Bad Homburger Kreuz, zu halten, bevor ich weiterfahre. Sie braucht Zucker. Oder Wasser. Was auch immer es ist. So kann ich sie nicht nach Hause bringen. Ich steige aus, renne um das Auto herum und öffne ihr ganz gentlemanlike die Tür.

„Komm", sage ich dann behutsam, helfe ihr beim Aussteigen und ziehe Lydia mit mir zur Tankstelle. Ihre Hände verschränken sich mit meinen und ein seltsames Gefühl durchflutet mich. Aber ich weiß, dass sie gerade einfach Halt braucht. Und ich bin der Einzige, der da ist.

Ich bestelle einen Kaffee und knalle dem Mann hinter der Theke ein paar Schokoriegel auf den Tresen.

„Hier. Du brauchst Zucker", raune ich ihr zu, reiche ihr den Riegel und nehme sie wieder mit mir nach draußen, wo wir uns neben das Auto auf den kleinen Bordstein setzen.

Es dauert eine ganze Weile, bis sie isst und etwas von ihrem Kaffee trinkt und dann noch einmal eine halbe Ewigkeit, bis sie mich ansieht.

„Danke", flüstert sie so matt, dass es mir eiskalt den Rücken hinunterläuft.

„Eine Leiche zu sehen, ist nie schön."

„Damals hat es mich nicht so sehr berührt", wispert sie und kramt ihre Zigaretten raus und beißt noch einmal in die Zuckerbombe.

„Damals waren die Leichen verdeckt."

Sie nickt, inhaliert einen tiefen Zug und dann nimmt ihr Gesicht einen fast schon flehenden Ausdruck an.

„Es hat keinen Sinn mehr. Wenn sie am Tatort war, Lyd, dann ist sie längst zurück."

„Aber ich muss mit ihr reden. Ich muss."

Mein Blick wandert zu meiner Armbanduhr. Kurz nach zwölf.

„In Ordnung", gebe ich mich geschlagen und helfe ihr auf. „Aber du versprichst mir, deinen Riegel artig zu essen."

Sie nickt. Ohne ein Grinsen. Ohne die Augen zu verdrehen. Dann schicke ich Tim eine Nachricht.

Vera Lichtenthaler, Liederbach, kannst du die Straße rauskriegen? Bitte!!! Dringend!

Es dauert nur wenige Minuten, dann ploppt die Adresse auf meinem Display auf.

Bist'n Prachtkerl. Danke Schappi, antworte ich.

Als wir in Liederbach ankommen, deutet Lyd auf das Erdgeschossfenster des kleinen Häuschens. Ein Fernseher flimmert deutlich wahrnehmbar.

„Sie ist noch wach. Ich werde …"

„Wir werden!", bestimme ich und schnalle mich ab.

„Würdest du mich ausreden lassen, hätte ich dich gebeten mitzukommen", flucht sie und schmeißt die Tür hinter sich viel lauter zu als nötig. Eben noch ein Häuflein Elend … schon wieder zurück auf der Showbühne.

Sie klingelt und tippelt dann von einem Fuß auf dem anderen herum, bis die Stimme dieser Frau hinter der Tür ertönt, Lydia sagt, dass sie es ist, und die Tür aufgeht.

Als wir eintreten, mustert diese Vera uns, als wären wir außerirdische Eindringlinge.

„Ist etwas passiert?", fragt sie, und ich komme nicht umhin, festzustellen, dass diese Frau nichts mit der Frau gemein hat, die ich am Samstag in Lyds Büro kennengelernt habe. Sie wirkt gefasst, beinahe warmherzig und lebensfroh.

„Kann man so sagen. Können wir drinnen reden?"

Vera nickt und deutet uns den Weg in ihr Wohnzimmer. Auf dem Tisch liegt ein Tablett mit Tabak und eine Stopfmaschine. Sofort schießt mir eine Szene aus *Hartz und Herzlich* durch den Kopf und ich muss mich wirklich zusammenreißen, nicht laut loszulachen. Würde diese Vera mir je ihre Nummer geben, ich wüsste, wie ich sie einspeichere.

„Es wurde gerade eine Leiche gefunden und ich glaube, es ist der Kerl aus dem Stadion", fällt Lyd mit der Tür ins Haus. Ich starre sie geschockt an, während Vera irritiert die Augen hebt.

„Bist du dir sicher?"

„Sie sagte, sie glaubt", mische ich mich ein und ernte dafür böse Blicke aus vier Augen. Beschwichtigend hebe ich meine Hände und lehne mich im Sofa zurück.

„Ihm haben zwei Finger gefehlt und ich meine, dass er blond war."

Ich verscheuche die Gedanken darüber, wie entstellt die Leiche gewesen sein muss, wenn sie das nur vermutet.

Vera steht einen Moment erstarrt da, dann beginnt sie zu lachen, schlägt sich die Hand auf die Brust und lässt sich in den Sessel fallen.

„Das Schwein ist also wirklich … tot?" Wieder lacht sie. Aber es hört sich ziemlich hysterisch an. Allmählich beschleicht mich das Gefühl, ich wäre in einem schlechten Film. *Was hat Lydia mit dieser Frau zu schaffen?*

„Du solltest dich nicht allzu sehr freuen, ich denke, dass sie dich verdächtigen werden. Du hast eine Aussage bei der Polizei gemacht", redet Lyd weiter, als würde in ihrem Kopf das reinste Chaos herrschen.

Die Hand, die sich Vera auf die Brust gelegt hat, wandert langsam zu ihrem Mund.

„Aber … Aber ich war doch mit dir und den Mädels unterwegs und bin dann sofort nach Hause."

„Kommt ziemlich gelegen, dieses Alibi", werfe ich skeptisch ein. Wieder funkeln mich zwei Augenpaare an. „Wenn ihr es beweisen könnt, dann ist doch alles gut. Außer, du hast einen Auftragsmörder bezahlt."

„Sag mal, spinnst du, Severin?!", faucht Lydia. Ich hebe beschwichtigend meine Hände.

„Bin ich wirklich verdächtig?", wimmert Vera, die so langsam den Ernst der Lage zu begreifen scheint.

„Nein!", sagt Lyd bestimmt, steht auf und geht hin und her. „Nein. Ich lasse nicht zu, dass du hier ins Visier der Polizei gerätst, weil ein Mann dir Unrecht getan hat."

Ich hebe meine Brauen. *Seit wann ist Lydia eigentlich eine Frauenrechtlerin?* Leugnen, dass es ihr steht, kann ich aber nicht. Sie wirkt stark und irgendwie … *anziehend.*

Ich verscheuche den Gedanken und beuge mich zu Vera.

„Hast du ihn umgebracht?"

„Severin!", zischt Lyd, doch ich hebe meine Hand und bringe sie so zum Schweigen.

„Ich rede nicht mit dir. Ich rede mit Vera, die mich erleben wird, wenn sie dich in irgendeine Scheiße reingezogen hat. Also …" Ich wende mich wieder ihr zu. „Hast du?" Meine Stimme, meine Haltung, mein Blick – das alles ist eine eindeutige Drohung. Aber diese Vera zuckt nicht einmal.

„Das würde ich niemals tun. Ja, er hat mich verletzt. Mehr als das. Aber deshalb töte ich ihn doch nicht." Sie schluchzt. „Bitte, Lydia, du weißt das, oder?"

„Natürlich."

Leichtgläubig ist sie jetzt also auch noch. Ich schnappe mir eine der bereits gestopften Zigaretten und zünde sie an. Ich rauche immer noch nicht, aber so wirke ich sicher bedrohlich auf diese seltsame Frau und sie wird auspacken. Zumindest sind Mafiabosse, die rauchen, auch immer verdammt bedrohlich.

Lydia sieht mich an, als hätte ich gerade eben meinen Verstand verloren. Veras Finger zuckt nur kurz, bevor sie sich ebenfalls eine Zigarette nimmt.

„Wie bist du nach Hause gekommen?"

„Mit der Bahn", antwortet sie zögerlich.

„Mit der Bahn!", verbessere ich sie mit einem sicheren Ton.

„Wann bist du losgegangen?"

„Sev, was soll denn das?" Lydia wird unruhig, also atme ich tief durch und drehe mich zu ihr. „Diesen Fragen wird sie sich stellen müssen. Ich will, dass sie vorbereitet ist."

„Warum?", fragt Vera mit messerscharfer Stimme. „Warum willst du mir helfen?"

Ich ziehe missbilligend eine Braue hoch, weil sie es so darstellt, als hätte ich auch nur den geringsten Funken Mitleid mit ihr. Habe ich nicht.

„Weil ich Lydia vertraue und sie vertraut dir." Ich schaue zu Lyd. Dann wieder zu Vera.

„Also. Wann bist du bei der Gerbermühle losgegangen?"

„Um … ich weiß es nicht. Wir sind kurz nach Lydia gegangen. Susanne wollte auch nach Hause und hat mich bis zum Hauptbahnhof mitgenommen. Die Bahn ist um 22.17 Uhr losgefahren. Wie immer. Die habe ich gerade so bekommen, und um kurz nach elf war ich am Bahnhof in Niederhofheim. Von da aus ist es ja nur noch ein Katzensprung."

„Gibt es dafür auch Zeugen?"

„Ein Mann stand mit mir am Gleis. Der ist in den ersten Wagen gestiegen. Aber wie sollen wir den finden?"

„Das schaffen die Bullen schon."

Danach löchere ich sie noch mit härteren Fragen, aber alle ihre Aussagen sind gut. Schlüssig, und wirken nicht aufgesagt. Im Gegenteil. Vielleicht hat sie die Abfahrzeiten der Bahn etwas zu genau runtergerasselt. Oder es ist einfach ein Weg, den sie häufig nimmt.

KAPITEL 8

SEVERIN

Ist das diese Gerechtigkeit, von der immer alle sprechen?", fragt Lydia, als wir in meiner Wohnung ankommen. Sie wollte nicht nach Hause und ich wusste nicht, was ich tun soll.

„Eine Frau wird fast vergewaltigt und nur ein paar Tage später steht sie wie eine Täterin da? Ist es das, was alle Frauen vor uns zu erreichen versucht haben?"

„Lyd, bitte lass diesen feministischen Quatsch", brumme ich, fahre mir durch die Haare und nehme ein Bier aus dem Kühlschrank, das Jules gekauft hat.

„Einem Mann hätte dasselbe passieren können."

„Ja, aber …"

„Nichts aber, Lyd. Deine Freundin hat ein wasserdichtes Alibi. Sie war es nicht, das wird auch die Polizei sehen. Wahrscheinlich hat sich dieser Kerl wirklich einfach nur betrunken vor ein Auto geschmissen. Oder sich verirrt."

„Und deshalb bekommst du ein Rätsel, das dich genau an diese Stelle führt?", schnauft sie. Ich bin heilfroh, dass ich ihr nichts von der neuen Nachricht gesagt habe. Dieses 1:0 war ziemlich offensichtlich. Die Person hat mir die Chance gegeben, das Rätsel zu lösen und dort zu sein, bevor jemand sterben muss. Ich hätte es vielleicht verhindern können. Ich habe verloren. Er gewonnen.

„Versuch ein wenig zu schlafen. Die Polizei wird bald mit dir sprechen wollen. Du bist schließlich ihr Alibi."

„Was war mit deinem Vater?", fragt sie zögerlich und setzt sich dann mit einer Wolldecke auf die Couch.

„Das Übliche. Ich war Sonntag nicht da und er hat gemeckert."

„Hat er was über den Toten gesagt?"

„Nein", gebe ich knapp zurück, setze mich neben sie und trinke mein Bier.

„Du solltest es ihm erzählen."

„Ich erzähle ihm gar nichts, Lyd. Rein gar nichts. Er …"

„Du kannst das nicht wieder allein machen. Du weißt, wie es das letzte Mal ausgegangen ist."

Ich lache freudlos auf, nehme ihre Beine und lege sie auf meinen Schoß, damit ich mich gegen die Lehne setzen kann.

„Ich bin nicht mehr der Severin, der ich mal war, Lyd. Das solltest du endlich in deinen Kopf bekommen."

„Was ist damals passiert, Sev?", fragt sie vorsichtig und wackelt kurz mit ihren Füßen, als würde sie dieses Thema nervös machen.

„Nichts."

„Das stimmt nicht. Und das weißt du. Dann sag lieber, dass du nicht darüber reden willst", entgegnet sie zornig und will ihre Beine zurückziehen, aber ich halte sie fest.

„Ich wollte die App-Betreiber finden und dafür habe ich die App gespielt. Irgendwann konnte ich nicht mehr aufhören und habe sehr viel Mist gebaut."

„Und weiter?"

„Reicht das etwa nicht, um sich zu verändern?"

„Severin, du warst … du warst ein aufstrebender Journalist. Ich dachte, du bist irgendwo in Syrien in einem Kriegsgebiet. Und dann …"

„Dann habe ich dich enttäuscht? Mal wieder?"

„Darum geht es doch gar nicht", sagt sie und sieht traurig weg.

Natürlich geht es darum. Es geht *nur* darum. Denn Lydia Heller wollte schon immer, dass ich zu dem Severin werde, den sie sich vorgestellt hat. Den sie fälschlicherweise in mir gesehen hat. Oder eben gerne hätte. Aber dieser Kerl bin ich nicht. Nicht für meine Eltern, nicht für Jules und auch nicht für sie.

„Ich werde mich nicht ändern, Lyd. Nicht einmal für dich."

„Das habe ich nie verlangt."

Ich schweige, weil sie wahrscheinlich selbst genau weiß, dass sie es immer verlangt hat. Schon in der Uni hat sie gewollt, dass ich mehr aus mir mache. Aber was, wenn das hier die beste Version von Severin Klemm ist?

Ein Klopfen reißt mich aus meinen Gedanken. „Komm rein!", rufe ich und sehe dabei zu, wie Tim sich hineinschiebt, als wäre er ein Geheimagent, und sich dann unruhig umsieht.

„Was soll das?", murre ich und deute auf den Kühlschrank. „Da gibt's Bier."

„Ich wurde zu einem konspirativen Treffen eingeladen und jetzt liegt ihr schmusend auf der Couch und ich soll mir ein Bier nehmen?" Tim wirkt enttäuscht, was selbst Lydia ein leises Kichern entlockt.

„Du musst etwas für uns tun. Hast du deinen Laptop dabei?"

„Ja, ist ja nicht so, als hätte ich zu Hause keinen super Computer, der das alles viel schneller macht. Und ich hoffe, ich soll nichts hacken. Ich habe nämlich keinen IP-Changer dabei."

Ich schaue skeptisch drein, bis Tim seufzend nachgibt.

„Na gut, habe ich natürlich."

Er geht zum Kühlschrank, holt sich ein Bier und setzt sich dann neben mich.

„Haltet euch fest, ein Erdbeben!", gebe ich gespielt ängstlich von mir, wofür ich einen Schlag von Tim ernte.

Ich lache, Lydia verdreht nur die Augen und Tim mault etwas von „Wie kann der nur mein Freund sein?".

„Was ist passiert? Einen Toten gesehen?", fragt er an Lydia gerichtet. Ich reiße meine Augen auf und auch Tim scheint zu begreifen, dass er genau ins Schwarze getroffen hat. „Fuck. Sorry."

„Ist okay", murmelt Lydia, nimmt mir mein Bier ab und trinkt ein paar kräftige Schlucke.

„Kannst du diese Nummer zurückverfolgen?", frage ich und reiche ihm mein Handy. Er liest die Nachricht und sieht dann wieder zu mir.

„Was genau soll ich zurückverfolgen, den Namen Unbekannt?" Er schüttelt irritiert den Kopf.

„Kann man das nicht trotzdem irgendwie …"

„Nein, Sev. Es ist eine unbekannte Nummer. Der Kerl benutzt irgendein Verschlüsslungssystem."

„Wer sagt euch überhaupt, dass es ein Kerl ist. Weil Frauen zu dumm für so etwas sind?", nörgelt Lydia. Tim sieht sie perplex an, während ich seufzend mit den Schultern zucke.

„Sie ist zur Frauenrechtlerin geworden. Mach dir nichts draus." Ich werfe ihr einen kurzen Blick zu. „Wenn dir lieber ist, dass eine Frau ihn ermordet hat. Bitte."

„Darum geht es nicht."

„Sondern? Bitte klär mich auf, warum es derart wichtig geworden ist, im scheiß Neutrum von unbekannten Personen zu reden. Warum Frauen nichts Besseres zu tun haben, als sich an Endungen aufzugeilen."

„Was …?"

„Mir geht der Scheiß auf die Nerven. Wenn ich über Professoren oder über irgendwas anderes rede, dann bestimmt nicht, weil sie alle männlich sind. Aber Frauen haben nichts Besseres zu tun, als das durchzusetzen, statt sich um die wichtigen Dinge des Lebens zu kümmern."

„Du verstehst es einfach nicht, Sev. Es ist die Art und Weise, wie all das impliziert, dass männlich gleich stärker ist."

„Weil wir einen Mörder als Kerl bezeichnen?" Ich werde laut. Viel zu laut und bemühe mich, meine Wut zu kontrollieren.

„Es geht darum, dass du sofort von einem Mann ausgehst. Das ist nicht nur frauen-, sondern auch männerfeindlich."

„Mir wird's zu kompliziert", raune ich, stehe auf und hole mir ein neues Bier, bevor ich mich wieder setze und Lyds Knöchel auf meinem Schoß betrachte.

„Also dieses Neutrum. Wie kommen wir an die Nummer?"

„Lies es von meinen Lippen ab, Bruder: Gar nicht", antwortet Tim, der sich aus unserer Diskussion rausgehalten hat.

„Also sitzen wir jetzt hier rum und warten, bis der nächste Mord passiert?"

„Wie kommst du darauf, dass Neutrum weiter morden wird?", fragt Tim und klopft sich selbst für die Verwendung des Neutrums auf die Schulter.

„Weil Neutrum mir noch das geschrieben hat." Ich zeige ihm die letzte Nachricht. „Das ist ein Spielstand. Und ich befürchte, dass es nicht der Endstand ist."

„Das Ganze ist also einfach nur ein dummes Spiel? Nur, dass es hier um Leben und Tod geht?"

„Geht es das nicht immer?", wirft Lydia leise und nachdenklich ein.

Im nächsten Moment geht die Tür hinter uns auf und eine wutschnaubende Jules tritt ein, erstarrt aber, als sie uns drei auf der Couch sitzen sieht. Verdächtig lange verharren ihre Augen auf Lydias Beinen auf meinem Schoß.

„Ich bin bereit für meine Aussage", sagt Lydia und erhebt sich. In irgendeinem Anflug von Übergeschnapptheit verschränkt sie ihre Hände vor ihrem Bauch, als würde Jules sie jetzt festnehmen. *Ohje, das kann ja heiter werden.*

„Was …?", stößt Jules hervor und sieht mich ernst an. „Was ist hier los?"

„Ich weiß, warum Sie hier sind, ich …"

Ich hebe meine Hand, um sie zum Schweigen zu bringen. „Sie ist nicht deinetwegen hier, Lyd."

„Warum sonst? Hast du etwas angestellt?"

„Sie …" Ich fahre mir durch mein Haar. Alle starren mich an. Jules stemmt zur Unterstreichung sogar noch ihre Fäuste in ihre Hüften.

„Sie ist meine Freundin", presse ich hervor und die Stille, die nun einsetzt, erdrückt mich. „Deshalb ist sie hier", schiebe ich schnell hinterher.

Lyd braucht keine Sekunde, um ihre Beine von meinem Schoß zu nehmen und sich aufzurichten.

„Jules, das sind Tim und Lydia, Lydia, Tim, das ist Jules."

Jules Gesicht verändert sich leicht. Ihre Wut legt sich ein wenig. Was wahrscheinlich daran liegt, dass ich sie meine Freundin genannt habe. Aber was hätte ich auch sonst sagen sollen?

„Du … ihr …" Tim stottert irgendwelche Worte, während er sich vor seinen Laptop und den IP Changer stellt.

Tim wusste, dass wir etwas am Laufen haben, weshalb er nicht ganz so geschockt aussieht wie Lyd. Tim weiß aber auch, dass ich keine festen Freundinnen habe. Seit der Türkei ist Tim mein engster Vertrauter. Ja, auch wenn ich es lange heruntergespielt habe. Er ist mein Freund. Mein bester Freund. Und ein Teil in mir bereut, ihm nicht früher gesagt zu haben, dass Jules und meine Beziehung sich verändert hat.

„Ich werde dann wohl gehen", gibt Lydia irritiert von sich und will Richtung Tür laufen, doch Jules hält sie auf, indem sie sich ihr in den Weg stellt.

„Haben Sie etwas angestellt"? Sie fragt es wie eine Freundin. Wie meine Freundin und nicht Hauptkommissarin Lacker, und ich würde sie am liebsten dafür umarmen.

„Nein. Also doch …" Lyd wirft mir einen fragenden Blick zu. Ich nicke. Ein stummes Versprechen, dass sie Jules trauen kann.

„Ich war mit Sev am Unfallort und habe den Toten gesehen und … er passt verdächtig zu der Beschreibung eines Mannes, der nach dem Bayern Spiel auf der VIP-Toilette eine Frau bedroht hat."

Jules schluckt, nickt aber und wirft mir kurz einen Blick zu.

„Der Fall im Stadion?"

„Ja", beantworte ich ihre Frage und überlege, ob ich irgendetwas tun soll. Zu ihr gehen. Sie küssen. Was auch immer ein guter Freund tun würde, fände seine Freundin ihn in einer solchen Situation.

„Und ich bin das Alibi des Opfers."

„Oh", macht Jules und kaut auf ihrer Unterlippe herum, als würde sie nachdenken.

„Wir reden hier alle von Vera Lichtenthaler, ja? Meine Kollegen müssten gerade bei ihr zu Hause sein."

„Ich …" Lydia greift nach ihrer Jacke.

„Ich nehme Sie mit. Sie machen Ihre Aussage und dann können Sie nach Hause. Und wir werden besser nicht erwähnen, dass Sie die Leiche angesehen haben, okay?" Jules sieht mich kurz ein wenig zornig an. Fast so, als hätte ich sie am Tatort abgelenkt, damit Lydia sich unbemerkt heranschleichen kann.

„Er wollte, dass ich im Auto sitzen bleibe", flüstert Lydia, als sie ihren Blick sieht. „Ich …"

„Sie müssen mir nichts erklären", sagt Jules und räuspert sich. „Gehen wir!"

Sie geht einen Schritt auf mich zu, zögert dann aber, weshalb ich das für sie übernehme, mich nähere, meine Hand in ihren Nacken lege und sie ganz sanft küsse. „Danke", raune ich neben ihrem Ohr und schenke ihr ein Lächeln.

„Wir sprechen später." Ihre Stimme ist wieder sanfter, liebevoller. Aber eine Standpauke werde ich mir dennoch anhören müssen. Vor allem, weil ich sie vor meinem Vater bloßgestellt habe.

Lydia sieht mich mit einer seltsamen Mischung aus Angst und Unverständnis an, flüstert nur ein „Bis dann" und verschwindet mit Jules im Flur.

„Oookay", stößt Tim dann aus, als hätte er die ganze Zeit den Atem angehalten. „Ich habe gesehen, du hast noch Whiskey. Wir betrinken uns jetzt."

„Gute Idee", gebe ich zurück und lasse mich auf die Couch fallen.

„Auf einer Skala von 1 bis 10", sage ich, während Tim den Whiskey holt. „Wie unangenehm war das?"

„100", gibt Tim zurück und nimmt neben mir Platz.

„Warum hast du mir nicht gesagt, dass …"

„Ich weiß es doch selbst erst ein paar Tage. Ich … Es tut mir leid."

„Ich verzeihe dir. Auch, wenn ich mir fast in die Hosen gemacht habe, dass sie meine illegalen Sachen sieht."

„Jules kann Arbeit und Privates trennen."

„Kann sie das?" Tim hebt seine Brauen. Ich nicke, woraufhin er nur belustigt den Kopf schüttelt.

„Glaub mir. Das kann sie nicht. Weshalb du auch dringend mit ihr reden solltest." Er deutet auf mein Handy. „Das ist eine Sache der Polizei."

„Ist es das nicht immer?", frage ich resigniert und nehme einen großen Schluck Whiskey.

„War es damals auch, und am Ende hast du dir gewünscht, vorher mit ihr gesprochen zu haben."

„Jaja", brumme ich und verziehe den Mund. „Ich rede mit ihr."

Als mein Handy vibriert, zucke ich zusammen. Tim und ich starren auf das Display und mein Herz schlägt laut und schmerzhaft gegen meinen Brustkorb. Immer schneller und schneller.

Bereit für die zweite Halbzeit?

Alles um mich herum verschwimmt. Das kann nicht wahr sein. Das hier wirft mich zurück. Bringt Bilder zurück und erinnert mich daran, dass wahrscheinlich wieder ein Leben auf dem Spiel steht, wenn ich mich nicht aus diesen Spielen heraushalte.

KAPITEL 9

LYDIA

W ie nett. Das Fräulein Heller kommt auch." Viktors Blick ist wenig freundlich. Der Eintracht-Justitiar mag Unpünktlichkeit gar nicht. Ist wohl irgendwann mal zu einer wichtigen Verhandlung zu spät gekommen und der Richter hat ihn daraufhin nach allen Regeln der Justiz runtergemacht. Maximalstrafe inklusive. Aus fünf Jahren wegen schweren Diebstahls hat Viktor dann in der Revision zwar dreieinhalb gemacht, aber zu spät gekommen, ist er nie wieder. Und wer es tut, bekommt es zu spüren.

So wie ich jetzt. Denn ich bin knappe 20 Minuten zu spät.

Obwohl ich eigentlich zu früh am Riederwald war. Dann habe ich mich nur ganz kurz auf die fette Ledercoach in Max altem Büro gesetzt und war auch schon weg. Kein Wunder.

„Dreieinhalb Stunden Schlaf sind für unsereinen einfach zu wenig", versuche ich mich zu entschuldigen. Was so gar nicht nach Viktors Geschmack ist.

„Ach, Frau Heller. Ihr Liebesleben interessiert doch gar nicht, oder?" grunzt er mit einem Blick zu den anderen vor Vergnügen. Wie konnte ich ihm nur eine solche Vorlage liefern?

„Nein, verehrter Herr Viktor. Keine Anekdote aus meinem Liebesleben. Ergebnis der letzten Nacht im Dienste der Eintracht." Eric und Max schauen verwirrt. Viktor fühlt sich um seinen wunderbaren Scherz betrogen. Ich atme tief ein und deutlich vernehmbar aus. „Ja, was glauben Sie denn, warum wir uns heute so ganz außer der Reihe hier treffen?"

„Ja. Warum eigentlich?" Viktor hat den geklauten Chauvi-Spruch noch nicht verwunden. Die gelangweilte Art, in der er das *Ja* gezogen hat, spricht Bände.

„Weil wir uns leider doch noch darüber abstimmen müssen, wie wir uns zu dieser Geschichte am Samstag nach dem Bayern-Spiel verhalten sollen. Ich gehe mal davon aus, Schreyer vom Nachtkurier tippt sich bereits die Finger wund." Ich schaue in die Runde. Irgendwie scheint keinem der Herren meine Erläuterung einleuchtend.

„Wohl keine Zeitung gelesen?", frage ich forsch und ernte natürlich Widerspruch.

„Nun mach mal halblang", entrüstet sich Eric. „Der Münchner Tagesspiegel überschlägt sich fast. Wir sind jetzt die Kovac-Killer."

„Das, was ich meine, stand eher im Lokalteil der Morgenpost. Gestern am späten Abend wurde auf der A661 ein Mann … sagen wir … tot aufgefunden. Die Polizei konnte noch nicht sagen, was wirklich passiert ist. Unfall, Selbstmord oder auch Mord. Alles ist möglich."

Ich lege eine dichterische Pause ein. Dann hole ich zum Schlag aus: „Der Mann ähnelt ziemlich genau dem Arschloch, das am Samstag nach dem Bayern-Spiel auf der Damentoilette im VIP-Bereich eine Frau fast vergewaltigt hat."

Klaus Viktor muss husten. „Ver … ge … wal … tigt?" stottert er.

„Na ja. Fast. So schlimm war es nicht", versucht Eric die Lage zu beruhigen.

„Das heißt, Sie wussten davon?", kreischt der Vereins-Justitiar hysterisch.

„Ja. Frau Heller hat uns darüber informiert."

„Wann?"

„Ein paar Stunden danach. Sie hat sich um die Frau gekümmert, Carlos einbezogen und uns dann später informiert." Eric lehnt sich gelassen zurück.

„Alles richtig gemacht, oder?", wirft er als rhetorische Finte in den Raum. Auch Max lächelt zufrieden. Eine knappe Minute lang herrscht Schweigen. Ich zähle die Sekunden im Geiste mit.

Dann berappelt sich Viktor als Erstes.

„Und in welchem Zusammenhang steht nun der Tote auf der A661 mit dem Vorfall? Hat die Frau ihn …" Er bricht mitten im Satz ab und es wird nicht deutlich, wie er dazu stehen würde, wenn sie ihren Peiniger mal eben in einem Anflug von Selbstjustiz über den Haufen gefahren hätte.

„Nein. Sie hat ein Alibi. Mich. Und ein paar andere Frauen", schiebe ich schnell hinterher.

„Dich?" Max blickt mich mit weit aufgerissenen Augen an. „Was hast du mit dieser Frau zu schaffen?"

„Sie hat mich gestern angerufen und wir haben uns auf ein Bier verabredet. Mit ihren Freundinnen. Alles Eintracht-Fans. War ein lustiger Abend. War das nicht okay?"

„Wie man es nimmt. Wenn du recht hast und Schreyer eine große Geschichte mit allem, was dazu gehört, daraus drehen will, wirst du eine Rolle darin spielen. Ob du willst oder nicht." Eric scheint das Ganze nicht zu gefallen. „Wir müssen dafür sorgen, dass hier nichts aus dem Ruder läuft. Es klingt schon scheiße: *Versuchte Vergewaltigung im Stadion und die Eintracht unternimmt nichts.*"

Viktor meldet sich zurück: „Yes, Mr. Präsident. Weiß doch jeder: Fußball ist nach wie vor ein überlaufendes Fass, bis an den Rand gefüllt mit Sexismus und symbolträchtigem Chauvinismus."

„Ja, aber doch nicht mit versuchten Vergewaltigungen", unterbricht Eric die schwülstigen Ausführungen scharf.

Aber Viktor lässt sich nicht beirren und doziert munter weiter: „Stärke ist nun mal das Einzige, was wirklich zählt im Sport. Wo du in anderen Lebensbereichen mit allen möglichen Fähigkeiten die Nase vorn haben kannst, müssen Frauen im Sport schon immer darum kämpfen, auf ein annähernd gleiches Niveau wie die Männer zu kommen. Wenn sie das nicht wollen … es gibt schließlich auch so nette Sachen wie rhythmische Sportgymnastik und Synchronschwimmen."

Die Herren können sich ihr Schmunzeln nicht verkneifen.

„Damit sind die Rollen bis in alle Ewigkeit verteilt. Sport ist männlich, also ist es auch normal, dass alle, die etwas zu sagen haben, Männer sind. C'est la vie."

Langsam ist zu ahnen, auf was er hinaus will.

Eric versucht es mit einem sanften Einwand: „Ja, das mag schon sein, aber das rechtfertigt doch keinesfalls Sexismus oder noch schlimmer: Gewalt. Lassen Sie mal lieber die Kirche im Dorf. Wobei: So oder so ist es nicht unser Problem, oder? Dafür, dass Männer das stärkere Geschlecht sind, können weder sie noch wir etwas."

„Nee, Eric, nicht dein Ernst", rutscht es mir heraus. „Glaubst du nicht, wir müssen uns da klar positionieren? Du musst dich klar positionieren?"

„Ich wüsste nicht wie", antwortet Eric ausweichend und lockt mich damit aus der Reserve.

„Wir haben doch gute Vorbilder bei uns im Verein. Was ist zum Beispiel mit meiner Vorgängerin, die dann sogar in Hamburg in den Vorstand aufgerückt ist", werfe ich ein.

„Ach ja, ich erinnere mich", nimmt Eric den Ball auf. „War vor meiner Zeit, und sie war eine große Nummer im Frauenfußball. Und später dann tatsächlich so was wie die Quotenfrau im Fußballgeschäft. Die hat ja fast jeder Club in irgendeiner Position und sogar das deutsche Schiedsrichterwesen, die Fifa und die Uefa. Will schließlich keiner den Eindruck vermitteln, Frauen hätten im Fußballgeschäft keine Chance." Er lächelt zutiefst überzeugt, mit dieser kleinen gesellschaftlichen Exkursion seinen Fauxpas ausgemerzt zu haben.

Viktor nimmt jedoch unbeeindruckt seinen Faden wieder auf. „Also haben es die Männer mal wieder perfekt hingekriegt, dass die Entwicklung der letzten 50 Jahre im Fußball doch irgendwo keinen größeren Schaden verursacht hat. Jedenfalls für sie", grinst er breit und ich hätte durchaus Lust, es noch ein wenig breiter zu klopfen.

Wieder erwische ich mich dabei, dass meine Gedanken seinen Ausführungen nur widerwillig folgen. Stattdessen taucht Papa vor meinem geistigen Auge auf. Er war dabei, als das Eintracht-Präsidium 2003 nach langem Hin und Her entschieden hat, dass ab der Saison 2004/05 in der Fußballabteilung auch Frauenfußball angeboten werden soll. „Eine schwere Geburt", hat er immer erzählt. „Die Herren haben sich die Köpfe heiß geredet und am Ende hat die Tatsache den Ausschlag gegeben, dass sich die Eintracht vom 1. FFC nicht die ganze Butter vom Brot nehmen lassen wollte." Ich konnte mir gut vorstellen, wie die grauen Eminenzen am runden Tisch im ersten Stock des Riederwalds das Für und Wider abgewogen haben. Wie der Mann im Präsidium, der für den Fußball verantwortlich war und den man hinter vorgehaltener Hand gerne den weißen Napoleon vom Riederwald nannte, murrte. Und heute, 16 Jahre später, kommt der FFC zu uns. Jedenfalls hecken sie das gerade gemeinsam aus, und niemanden wird es wundern, wenn im nächsten Jahr die Eintracht in der Frauenbundesliga antritt.

„Sind wir doch mal ehrlich", holt mich Erics tiefe Stimme zurück in die Gegenwart. „Das Bild vom männlichen Fußballfan ist unendlich tief verwurzelt und die Fans sorgen mit Leibeskräften dafür, das Klischee vom sexistischen, saufenden und herumpöbelnden Proll zu erfüllen. Aber: Wie wollen wir das denn ändern? Und vor allem: Glaubt hier irgendwer, dass wir das Fass ausgerechnet aufmachen sollten, nachdem wir einen Vorfall im VIP-Bereich hatten? Das stinkt doch meilenweit gegen den Wind!"

Die Frage verhallt unbeantwortet im Raum. Bis Viktor nachlegt: „Müssen das nicht ohnehin eigentlich die Frauen machen?"

Er erntet für diesen Macho-Spruch bitterböse Blicke von mir und Gott sei Dank Unverständnis von Max und Eric. Beide schütteln den Kopf.

„Ich finde es reichlich daneben, dass immer wir Frauen für Gleichberechtigung sorgen sollen. Wie wäre es denn mal mit ein wenig Aktivität des starken Geschlechts? Immer sollen wir für unsere Rechte kämpfen. Dabei wollen wir gar nicht so sein wie die Kerle, sondern auf unsere eigene Art leben dürfen. Ohne jedes Mal das Abseits erklären zu müssen."

Ich beiße mir auf die Lippe. Ob mein Plädoyer vielleicht ein bisschen zu viel des Guten war? Die drei Männer am Tisch schweigen beeindruckt. So viel Frauenpower aus dem Mund der kleinen Lydia. Damit haben sie wohl nicht gerechnet. Zeit, nachzulegen. „Das Problem ist doch, dass Sexismus im Fußball derart an der Tagesordnung ist, dass wir nur aufmerksam werden, wenn er brachiale Züge annimmt."

„Meinst du jetzt, wenn die Fans singen: *Zieht den Bayern die Lederhosen aus!*", landet auch Erics Versuch, mit einem flotten Spruch die Brisanz zu nehmen, bei mir in der Magengrube.

„Nee, Eric", antworte ich jetzt richtig angepisst. „Wenn ihr alle euch auf die Schenkel haut, wenn ein Trainer – übrigens aus der näheren Umgebung – im Training den schlechtesten Spieler seines Teams bestraft, indem er ihn zwingt, ein pinkfarbenes Shirt zu tragen mit der Aufschrift *Tussi*, dann sagt das ja wohl alles."

Rums. Die Breitseite ist angekommen. Eric hebt entschuldigend beide Hände, Herr Viktor schaut genervt zur Decke und Max kramt in seiner Aktentasche.

Dann zückt er eine Broschüre und wedelt damit vor meinem Gesicht herum. *Handlungskonzept gegen sexualisierte Gewalt* kann ich mühevoll entziffern. Und erinnere mich. Die Broschüre vom Netzwerk gegen Sexismus und sexualisierte Gewalt ist auch auf meinem Schreibtisch gelandet.

„Das Netzwerk hat sich Anfang des Jahres gegründet. Teilnehmer sind …" Er zögert einen Moment, dann liest er weiter vor: „Ehrenamtliche und hauptamtliche Vertreterinnen von Unsere Kurve, der Bundesarbeitsgemeinschaft der Fanprojekte, dem Netzwerk Frauen im Fußball, der Koordinationsstelle Fanprojekte und KickIn! – Klammer auf: Beratungsstelle Inklusion im Fußball, Klammer zu."

„Aha", murmelt Eric.

„Aha" murmelt auch Viktor und ich frage mich, warum das Thema an uns bislang offenbar völlig vorbeigegangen zu sein scheint.

„Liebe Frau Heller, meine Herren. Wie lautet denn nun das Fazit dieser denkwürdigen Besprechung?", mischt sich Viktor wieder unter die Lebenden. Offenbar treibt ihn das Gefühl, dass wir in eine Grundsatzdiskussion abschweifen könnten. Ganz falsch liegt er damit ja auch nicht. Eigentlich wollte ich nur eine gemeinsame Sprachregelung zu dem Vorfall auf der Damentoilette.

„Das fragen Sie jetzt allen Ernstes uns?" empört sich Eric. „Sie sollten uns sagen, was zu tun ist."

„Nun. Juristisch betrachtet – nichts. Sie haben sich um diese Frau gekümmert und sie aufgefordert, zur Polizei zu gehen. Sie haben ja sogar den Sicherheitschef geholt. Alles gut." Er verschränkt seine Arme vor der Brust. Was wohl *erledigt* heißen soll.

„Müssten wir nicht bei der Aufklärung behilflich sein? Indem wir beispielsweise die Videos der Überwachungskameras nutzen, um den Täter zu identifizieren?", werfe ich ein. „Nur, wenn die Polizei das Material per Gerichtsbeschluss anfordert. Datenschutz", fegt Viktor dazwischen.

„Und Schreyer? Die Presse?"

„Erstens wissen wir ja nicht wirklich, ob da noch etwas kommt. Und zweitens haben wir doch alles richtig gemacht."

Viktor nickt zustimmend. Hebt dann seinen Zeigefinger: „Nur Sie sollten keinerlei Auskünfte geben, Frau Heller. Schwebendes Verfahren. Wissen sie ja wohl."

„Stimmt", jubelt Max fast erleichtert. „Ruf den Staudi an. Erzähle ihm, was er wissen muss, und fertig. Er ist der Pressechef. Er macht das schon."

Am Ende des Satzes erhebt er sich, schaut in die Runde und nickt. „Das war's dann wohl. Ich muss noch mal ins Stadion. Auf meinem Schreibtisch türmen sich Aktenberge." An seiner Fahrigkeit erkenne ich, dass er sich in seiner Haut nicht sehr wohlfühlt. Dann schnappt er sich seine Tasche und verlässt eilig das Besprechungszimmer. Ausgesprochen eilig.

Die Broschüre hat er vergessen. Sie liegt noch immer auf dem Tisch. *Noch mal entgehst du mir nicht*, denke ich und verstaue das Heftchen in meiner Laptoptasche.

Auch Viktor hat sich mit einem hastigen Gruß verabschiedet. Die Tür hinter ihm ist mit einem deutlich vernehmbaren Klicken ins Schloss gefallen.

Nur Eric verspürt offensichtlich keine Eile. Er hat sich in seinem Sessel zurückgelehnt und blickt versonnen nach draußen. Dann dreht er sich langsam zu mir um. „Wir Kerle sind genauso beschissen dran", flüstert er fast und ich schaue ihn kopfschüttelnd an.

„Nicht noch so ein Machospruch, Eric. Bitte." Ob er spürt, wie angewidert ich in diesem Moment bin? „Du hast dich so klar und eindeutig politisch positioniert. Ich hätte dich damals auf der Bühne knutschen können. Und wenn es um Sexismus geht, kneifst du?"

Ich habe eigentlich keine Angst davor, dass er mich auffressen könnte. Aber jetzt ist mir doch ein bisschen mulmig zumute. Hab ich den Bogen am Ende überspannt? Weil ich einfach meinen Mund nicht halten kann. Weil da immer wieder Sachen rauskommen, die besser dringeblieben wären.

„War nicht so gemeint", schiebe ich hastig nach. Er hat sein Kinn auf die gefalteten Hände geschoben und stützt es mit beiden Daumen. Verzieht keine Miene. Schaut mich nur sehr prüfend an.

„Lydia Heller. Sei froh, dass ich deinen alten Herrn wirklich gut leiden kann. Sonst müsste ich dir jetzt spätestens einen Tritt in den Allerwertesten verpassen."

Ich habe schon vor dem Allerwertesten entschieden, lieber zu schweigen, und presse meine Lippen aufeinander.

„Es ist schon ein Graus mit den Kindern von guten Freunden. Noch dazu, da ich mindestens Tausend davon kenne."

Bei fast 100.000 Eintracht-Mitgliedern irgendwie kein Wunder, liegt mir auf der Zunge. Aber ich habe mich im Griff. *Sag jetzt nichts Falsches. Halt einfach dein vorlautes Mundwerk, Lydia Heller*, rattert es in meinem Hirn.

„Tut mir leid, Eric. Ich wollte dich nicht gegen mich aufbringen. Aber diese Frauen haben ja recht, wenn sie anprangern, dass die Männer im Fußball wie die alten Clans die Köpfe zusammenstecken und es als verzeihlichen Fehltritt abtun, wenn einer von ihnen gewalttätig wird."

„Und ich soll das uralte Ritual jetzt im Alleingang niederringen? Ne, Lydia. Das packe ich nicht. Da müssen andere ran."

Er dreht seinen Sessel wieder Richtung Fenster. Schaut eine Weile hinaus und wendet sein Gesicht dann zu mir.

„Wie wäre es denn mit deinem Freund? Diesem Severin. Er könnte doch zur Abwechslung mal eine gute Geschichte schreiben, bevor dieser Schmierfink Schreyer alles nach Art des Hauses seziert? Meinst du nicht?"

Ich staune. Diese Wendung hätte ich jetzt nicht erwartet. Einen Moment lang bin ich mir nicht einmal sicher, ob Eric das nicht genau so geplant hat. Kaum einer kennt das Geschäft so gut wie er.

Ganz so leicht will ich es ihm aber nicht machen. „Wie meinst du das?", frage ich naiv.

„Vergiss nicht. Wir haben was gut bei ihm. Also ruf ihn an und frag ihn, ob er eine Geschichte – vielleicht ja sogar eine ganze Serie – über Sexismus im Fußball schreiben will. Er soll kommen, heute noch. Ich gebe ihm ein Exklusivinterview und erzähle ihm, warum die Eintracht-Fans auf der 2008 gestarteten Website *www.stoppt-rosa.de* unterstrichen haben, dass Frauen in der Männerdomäne Fußball ernstgenommen und gleichbehandelt werden wollen und es deshalb keine Fanartikel in Girlie-Farben braucht." Sein Gesicht hat wieder Farbe.

„Da warst du dabei?", will ich wissen.

„Sagen wir so: Ich wusste von der Aktion."

Ich bin wieder Feuer und Flamme.

„Eric, es ist jetzt kurz vor sechs. Bis wann müsste er denn spätestens hier sein?"

„Nun ja, Frau Heller. Ich will hier nicht übernachten. Erinnere ihn doch daran, dass wir ihn aus der Türkei rausgeholt haben."

Ich zücke mein Handy und wähle Sevs Nummer. Es dauert eine Ewigkeit, bis abgehoben wird. „Ja, bitte?", ertönt eine weibliche Stimme. Es ist die von der Polizeihauptkommissarin … *Scheiße.*

„Hallo, schön Sie zu hören", lüge ich. „Ist Sev da?"

„Der steht unter der Dusche. Kann ich etwas ausrichten?"

„Äh. Ja, bitte. Sagen Sie ihm, er bekommt heute noch ein Exklusivinterview von Eric Presfeth zum Thema Sexismus im Fußball. Aber er muss bis spätestens 19 Uhr hier am Riederwald sein. Ach, nein. Besser, er soll mich gleich anrufen, wenn er aus der Dusche kommt. Sagen Sie ihm, Lydia braucht ihn."

„Mach ich", höre ich am anderen Ende. Dann knackt es. Sie hat aufgelegt.

„Dann hole ich uns mal einen doppelten Espresso." Eric schlüpft durch die Tür.

Ich schaue zum Fenster und kann mein Spiegelbild leicht unscharf wahrnehmen. *Gut gemacht, Lydia Heller. Nicht klein beigegeben und eingelocht. Wer hätte das gedacht.*

60 Minuten später sieht die Welt schon wieder anders aus. Sev hat nicht zurückgerufen und ist auch nicht erschienen. Zum wahrscheinlich Hundertsten Mal drücke ich auf seine Nummer, aber mehr als die Ansage: „Hier ist Sev. Ich habe gerade keine Lust, ans Telefon zu gehen", kommt nicht. Eric hat bereits seinen dritten Espresso geschlürft und schaut ungeduldig auf die Uhr.

„Was ist mit diesem Typ? Will er nicht oder kann er nicht?"

„Ich verstehe es auch nicht. Ich habe ihn vorhin nicht persönlich erreicht. Vielleicht wurde ihm mein Anruf nicht ausgerichtet." Mein Schädel brummt. Liegt es daran, dass ich Sev nicht erreiche oder daran, dass ich mir sehr genau ausmalen kann, warum ich ihn nicht erreiche? *Von wegen eingelocht.*

„Also gut, Lydia. Ich habe lange genug gewartet. Sollte der Typ noch auftauchen, richte ihm doch aus, dass er ein Depp ist. Eine Frau wie dich lässt man nicht stundenlang warten", sagt Eric mit einem amüsierten Lächeln. „Morgen ist auch noch ein Tag, um sich den Sexismus vorzuknöpfen."

„Wie blöd bist du eigentlich, Lydia Heller. Jedes Mal lässt du dich von diesem Scheißkerl an den Rand des Wahnsinns treiben. Du hilfst ihm aus der Patsche, holst ihn aus dem Knast, verzeihst ihm jeden Scheiß. Und er? Benimmt sich wie ein … undankbares, verzogenes Kind!"

Meine Augen blicken zornig in den Rückspiegel. Ich weiß, dass ich seit meiner Kindheit zu Selbstgesprächen neige, aber das hier ist anders. Ich muss einfach meine unbändige Wut loswerden und wie könnte das besser gehen, als sie einfach rauszuschreien. Am besten, mir selbst ins Gesicht durch den Rückspiegel in meinem Auto. Was der schon alles zu hören bekommen hat. Nicht jugendfrei. Der Kopf in meinen Rückspiegel bewegt sich langsam von rechts nach links. *Nein. Eindeutig nicht jugendfrei.*

„Liebe Frau Heller. Wann haben Sie entdeckt, dass Severin mal wieder nur mit Ihren Gefühlen spielt?", frage ich mich selbst. Noch so eine Unart. Eigeninterviews. Dann stelle ich mir mit verstellter Radioreporterstimme Fragen zu meinem Innenleben. Das mache ich schon, seit ich zum ersten Mal mit Papa bei einer Pressekonferenz war. 2001 war das. Weiß ich noch genau. Im Januar. Das Präsidium hat die Pläne für den neuen Riederwald vorgestellt. Inmitten des völlig heruntergekommenen alten Riederwalds mit seinen Wasserflecken an der Decke, den Sanitäranlagen aus dem vorletzten Jahrhundert und – im Eingangsbereich – der Couch, die Jupp Heynckes angeschafft hat, als er in Frankfurt Trainer war. 1994 war das. Das schwarze Ungetüm ist wahrscheinlich immer noch da. Verrottet irgendwo in einer Ecke. Einen Ehrenplatz hat sie nicht verdient. Die Eintracht hat keine gute Erinnerung an Heynckes. Weiß Gott nicht. Heute gilt Don Jupp als Welttrainer und Spielerversteher. In Frankfurt war er der Judas Jupp. „Alle Eintracht-Stars rausgeschmissen, dann nach Spanien sich verpissen. Eintracht vergisst nie. Verräter", haben die Fans auf ein Betttuch gepinselt, als Heynckes fast genau neun Jahre nach seinem unrühmlichen Abflug Richtung Teneriffa am 13. März 2004 als Trainer von Schalke zurückkam. 3:0 haben wir die Schalker abgefertigt. Späte Rache! Und die Couch stand immer noch am Riederwald. Wer weiß, vielleicht ist sie inzwischen doch im Museum gelandet …

Ich greife zum Handy und gehe auf Sprachnotizen. „Thomas anrufen und nach der Heynckes-Couch fragen", sage ich und lege das Ding rasch wieder weg.

Bei dieser Pressekonferenz haben die Journalisten andächtig gelauscht und der eine oder andere hat Eric wahrscheinlich sogar abgenommen, dass er alles daransetzen wird, den Riederwald wieder zu einer wunderbaren Sportstätte zu machen. Leider hat sich der Präsident am Ende auch noch dazu hinreißen lassen, zu verkünden, dass die Eintracht bald mehr als 5.000 oder sogar 10.000 Mitglieder haben würde, wenn es nach ihm ginge. Das fanden die meisten dann doch eher amüsant. Kein Wunder: Aktuell lag die Zahl gerade mal bei etwas mehr als 3.500 und die Eintracht war das, was man landläufig eher einen Ladenhüter nennen würde. Weder die Unternehmen in der Stadt noch die Menschen hatten nach all den Negativ-Schlagzeilen, die der Verein spätestens seit dem ersten Abstieg 1995, dem darauffolgenden Misstrauensvotum gegen Präsident Ohms und dem Rücktritt von Schatzmeister Erbs bekam, kein Vertrauen mehr. Selbst Jan Åge Fjørtofts berühmt-berüchtigter Übersteiger gegen Lautern konnte die Stimmung im Stadtwald nur kurzzeitig verbessern, und die Ausgliederung des Profifußballs in die Fußball AG mit Oktagon als Finanzier sorgte nur für weiteres Misstrauen innerhalb der Stadtgesellschaft. Und dann noch Eric Presfeth als Präsident. Der Hallodri, der schon immer reden konnte wie kein anderer, aber auch eine Menge Vergangenheit mit sich herumschleppte. Discobetreiber, Nachtschwärmer, Porschefahrer.

„Ja, ja. Aber auch 150 Prozent Eintrachtler", hat Papa mir damals zugeraunt und sich am Tag nach der Pressekonferenz über die Berichterstattung wahnsinnig aufgeregt. „Alle wollen ihm nur ans Bein pinkeln und ganz nah dabei sein, wenn der Lange fällt", hat er ins Telefon gebrüllt und den Hörer wütend aufgeschmissen. Damals telefonierte man noch mit Kabel. Ich muss grinsen, weil ich das Bild noch vor mir habe. Papa, wie er den Hörer in Richtung des grünen Apparats schmeißt. Und der prompt zurückschnellt. Papas Lieblingskaffeetasse ging scheppernd zu Bruch. Was seine Laune nicht verbesserte.

Von diesem Tag an habe ich mich im Badezimmer auf den Wannenrand gesetzt und mich selbst interviewt. Immer dann, wenn ich traurig war oder in einer Situation, bei der es wichtig war, runterzukommen. Mama stand irgendwann plötzlich im Bad. Ich habe sie nicht reinkommen gehört und gerade die Frage nach Kai, dem Nachbarsjungen beantwortet. Beim Satz „Ja, sehen Sie, ich könnte mir schon vorstellen, mit ihm gewisse ...", hat sie sicherheitshalber gehustet und ich bin erschrocken. So wie nach dem Bayern-Spiel auf dem Klo, als Vera aus dem Nichts heraus geröchelt hat.

Aber Mama hat nur gelächelt und gesagt: „Wenn man sich selbst Fragen stellt, gibt man sich mit der Antwort viel Mühe. Das ist fast so wie Tagebuch schreiben. Ein guter Trick."

„Ach Mama!"

Ich fummele mit der rechten Hand an meinem Radio herum. Musik könnte jetzt helfen. Aus meinem Zorn ist inzwischen eine bleierne Antriebslosigkeit geworden. „Lydia. Vergiss es. Du gehst jetzt nicht ins Bett, sondern unternimmst noch etwas. Du bist jung und Severin kann dich mal!", kacke ich mich selbst an. Mit mittelprächtigem Erfolg. Vor mir taucht das Hinweisschild Kronberg auf. Einen Moment lang bin ich unschlüssig. Dann ziehe ich meinen Wagen von der Abbiegespur am Eschborner Dreieck zurück auf die 66. *Nö. Severin Klemm. Du wirst mich keinen weiteren Abend kosten. Wegen dir hocke ich jetzt nicht zu*

Hause, ziehe mir die unzähligste Staffel meiner Lieblingsserie samt einer Tüte Chips rein und warte darauf, dass sich Jens erbarmt, mich mit blöden Sprüchen zu traktieren. Und das auch noch lustig zu finden. Sich lustig zu finden. „Nein. Nicht wegen dir, Arschloch Klemm!"

Den letzten Satz habe ich wohl ziemlich herausgebrüllt. Die Spuckepünktchen auf dem Spiegel sind ein eindeutiger Beleg dafür. Auch dafür, dass das Auto hinter mir seine Scheinwerfer ziemlich übel eingestellt hat. Das ist mir schon vor ein paar Minuten aufgefallen. „Diese bescheuerten neuen Lampen", murmele ich, kippe den Spiegel an und versuche, mit dem Daumen das Gröbste an Spuckepünktchen zu beseitigen.

„Eklig", rutscht es mir heraus und bevor so etwas wie Schamgefühl in mir hochkommt – Stellvertretende Pressesprecherinnen spucken nicht herum –, greife ich zu meinem Telefon. „Tim", rufe ich laut. „Der ist jetzt meine Rettung." Aber dann fällt mir ein, dass mein Freund Tim wahrscheinlich gerade jetzt mit seinem Freund Severin abhängt.

Für einen Moment gehe ich meine Telefonliste durch und denke über Tinder nach. Habe ich noch nie getestet, muss aber cool sein. Vor allem für Menschen wie mich in Momenten wie diesen. „Lydia Heller. Kann es sein, dass du dank der Eintracht zwar unglaublich viele Menschen kennst, aber keine Bekannten hast. K E I N E!" Zwei traurige Augen schauen mich an. Dann habe ich Tinder auch schon aus meinem Dunstkreis gestrichen. Mich mit einem Wildfremden zu treffen. Ganz klar: Nein! Allein mein Profil einzustellen, könnte mich schon auf die Titelseite eines Schmierblatts bringen.

Die Abfahrt Höchst wird angezeigt. Ich schaue in den rechten Spiegel, bevor ich rüberziehe. *Immer noch dieser Blender*, muss ich über die Doppeldeutigkeit des Wortes fast grinsen.

Wobei ich wegen des hellen Lichts nicht mal sehen kann, ob es ein großes oder ein kleines Auto ist. Als er ebenfalls rüberzieht, sehe ich: ein großer weißer SUV. War ja fast klar.

Meine Gedanken sind längst woanders. *Zu Papa? Oder nach Bad Soden? Da kenne ich zumindest zwei, drei nette Lokale. Oder auf den Höchster Schlossplatz? Nee. Nicht im November um halb neun. Da wird tote Hose sein. Also Bad Soden. Oder noch besser: ein Film im Kinopolis?* Mein Kopf rattert Alternativen durch und ich richte den Spiegel neu aus. Wieder trifft mich mein eigener Blick. Diesmal nicht traurig. Eher mürrisch. *Kino? Allein? Nur, um die Zeit tot und mir Severin aus dem Kopf zu schlagen?* Ich könnte mir Midway reinziehen. Das actiongeladene Historien-Drama von Emmerich hat mich schon in der Vorschau gepackt. Bevor ich noch weitere Filme in die engere Wahl nehme, lenke ich mein Auto in das Parkhaus des MTZ. Im zweiten Stock, da, wo es direkt rübergeht zu diesem Kaufhaus, finde ich ein Plätzchen.

Zwei Stunden später komme ich zurück. Habe mich für das „Perfekte Geheimnis" entschieden. Wahrscheinlich, weil ich Elyas M'Barek cool finde – *welche Frau in meinem Alter nicht?*

Mein Auto steht inzwischen ziemlich allein auf dem Parkdeck herum. Nur zwei Parkbuchten weiter hat jemand seinen dicken weißen SUV geparkt. Auf eineinhalb Parkplätzen. „Fette Karre", murmele ich und während ich noch darüber nachdenke, welche Menschen dreist genug sind, mehr als einen Parkplatz zu besetzen, wird die Tür des Wagens aufgerissen und ein ziemlich gruselig aussehender Kerl quält sich aus der Karre. Ich bin eigentlich nicht besonders ängstlich – wer im Stadion arbeitet, sollte sich Angstgefühle auf dem Nachhauseweg sparen –, aber der Bursche jagt mir einen Heidenschreck ein.

Ein mindestens zwei Meter großes Ungetüm bewegt sich auf mich zu, packt mich am Arm und drückt mich ohne ein weiteres Wort gegen mein Auto. „Halt's Maul!", gurgelt er hervor. „Ich will kein Sterbenswörtchen von dir hören, sonst …", und drückt mir einen spitzen Gegenstand in die Rippen.

Ein Messer, zischt es mir durch den Kopf. *Der Kerl hat ein Messer.*

„Was wollen Sie?!", stoße ich hervor.

„Halt's Maul, habe ich gesagt!", brüllt er zurück und nestelt an meinem Mantel herum. Reißt mir den Schal vom Hals und erwürgt mich fast dabei. Dann lässt er mich plötzlich mit einem heftigen Stoß los und baut sich breitbeinig vor mir auf. Ich knalle mit dem Rücken an mein Auto, werde fast ohnmächtig. Da trifft mich seine flache Hand mit voller Wucht. Mitten ins Gesicht.

„Ausziehen!", hämmert seine Stimme mitten in mein Herz. Ich bin starr vor Angst. Weglaufen? Keinen Sinn. An diesem Fleischberg komme ich niemals vorbei. Während ich ihn mit großen Augen anstarre und noch einmal frage: „Was wollen Sie?!", packt er mich mit seiner Pranke am Arm, reißt mich herum und stößt mich erneut gegen das Auto. Ein höllischer Schmerz in meiner linken Brust lässt mich aufschreien.

„Ich werd's dir besorgen. Jetzt!", grölt das Monster. Mit beiden Armen reißt er mir von hinten meinen Mantel von der Schulter und gurgelt dabei so etwas wie: „Zier dich doch nicht …". Dabei kommt er mir ganz nahe. Zerrt mit einem brachialen Griff in meine Haare meinen Kopf zurück, beugt sich zu mir hinunter, steckt seine Zunge in mein Ohr und ich werde von diesem Geruch, der aus seinem Mund kommt, fast ohnmächtig.

„Nein! Bitte nicht!"

„Fresse!"

„Bitte tun Sie das nicht!"

„Hast du nicht gehört?! Du sollst deine blöde Fresse halten! Wobei. Kannst auch rumschreien. Hier hilft dir eh keiner. Hier ist jetzt niemand mehr."

Dann versucht er meine Jeans herunterzureißen. Er zerrt und reißt an meinem Gürtel herum. Vergeblich.

„Was habe ich dir denn getan?", versuche ich ihn von seiner eigenen Wut abzulenken.

„Ausziehen! Los. Mach schon!", donnert er wieder hervor. Das mit der Jeans passt offenbar gar nicht in seinen Plan. Ich drehe mich ganz langsam um, halte meine Hände beschwichtigend neben den Kopf. Schaue ihn mit großen Augen an. *Nur nicht heulen, Lydia. Das ist er nicht wert.* Ich senke meine Hände und nestele panisch an meinem Gürtel herum. Langsam öffne ich den Reißverschluss meiner Hose. Sein Blick wird immer wahnsinniger, seine Augen immer größer.

„Weiter", sabbert er hervor. Da quietscht plötzlich am Übergang eine Tür. Zwei Menschen schlüpfen hindurch. Offenbar Mitarbeiter des Kaufhauses. Die schickt der Himmel.

Das Geräusch hat mein Peiniger gar nicht wahrgenommen. Er ist damit beschäftigt, seine Hose bis zu den Knien herunterzulassen. Schwerbeinig kommt er zwei Schritte näher, stößt meinen Kopf zurück …

„Was ist denn hier los? Habt ihr kein Bett zu Hause?", höre ich eine helle Stimme. Der Kerl vor mir zuckt zusammen. Dreht sich um und blickt die beiden Frauen, die offenbar noch spät gearbeitet haben, und jetzt zu meinen Retterinnen werden könnten, völlig entgeistert an.

Dann geht alles schnell. Seine Faust landet krachend an meinem Kopf, mein Kopf an der Dachreling und ich unsanft am

Boden. Mit wenigen Schritten ist der Mann an seinem Auto, schwingt sich auf den Fahrersitz und braust mit quietschenden Reifen fort.

„So kommst du mir nicht davon!", schreie ich ihm hinterher. Meine Lippe tut höllisch weh. Mit zittrigen Händen hole ich mein Handy aus der Manteltasche … *Wo ist der Chatverlauf mit Sev? Komm schon. Hier. Ja.*

Ich schmecke Blut überall in meinem Mund. Dann tippe ich die Buchstaben und Zahlen des Mainzer Nummernschilds ein und drücke mit letzter Kraft auf *Senden.*

„Sev. Bitte Sev. Lass mich jetzt nicht im Stich", kann ich noch flüstern. Dann wird alles um mich herum schwarz.

KAPITEL 10

SEVERIN

Übrigens hat Lydia vorhin angerufen", nuschelt Jules beiläufig, als ich mir gerade meine Boxershorts überziehe.

„Und das konntest du mir nicht sagen, bevor du über mich hergefallen bist?", frage ich beinahe schon zornig. Ich würde nicht behaupten, dass es mich auch nur im Geringsten gestört hat, dass sie mich direkt in der Dusche abgepasst hat, nur um mich dann ins Bett zu zerren. Aber was, wenn Lydia ein Problem hat? Wenn es wichtig ist? Sie war oft genug für mich da. Ich sollte wohl das Gleiche für sie tun.

„Und warum zum Henker gehst du überhaupt an mein Handy?", stoße ich hervor, schnappe mir das Teil und starre auf dreizehn verpasste Anrufe. Ich muss meine Wut wirklich unterdrücken. Wahrscheinlich würde ich sonst irgendetwas kaputt machen. *Verdammt. Wie kann sie es wagen, an mein*

Handy zu gehen und es mir dann erst Stunden später mitzu-teilen?

„Hättest du also lieber mit Lydia telefoniert als …" Sie wirkt verletzt, weshalb ich auch keine Antwort gebe. Die würde ihr noch weniger gefallen.

„Lass gut sein, Jules", brumme ich und öffne dann die Whats-App, die Lydia erst vor ein paar Minuten noch geschrieben hat. Ein Kennzeichen. *Was …?*

Ich schließe WhatsApp und drücke auf den Namen Fräulein Pressesprecherin, um sie anzurufen.

„Hallo?", ertönt eine fremde Stimme. Ich runzle die Stirn. Die Stimme klingt panisch. Wurde Lyd etwa beklaut?

„Ehm. Hi", sage ich verwirrt und gehe um meine Couch herum.

„Sind Sie der Freund von der Frau hier?"

„Von Lydia?"

„Heißt sie Lydia?", scheint sie jemand anderen zu fragen. Ein mulmiges Gefühl macht sich in mir breit.

„Was ist passiert?" Meine Stimme überschlägt sich beinahe. Panik, Angst und Hass machen sich in mir breit.

„Ja, ja, sie heißt Lydia. Sie wurde überfallen und ist ohn-mächtig", stottert die Frau. Mein Körper verkrampft sich.

„Wo?"

„Im MTZ-Parkhaus. Aber wir haben schon einen Kranken-wagen gerufen."

Meine Sicht verschwimmt, während eine saure Übelkeit meine Kehle hinaufklettert und mich würgen lässt.

„Ich komme …"

„Der Krankenwagen ist bald da. Ich schreibe Ihnen von die-sem Handy, in welches Krankenhaus sie gebracht wird."

„In Ordnung", hauche ich in mein Handy. Meine Stimme gehört nicht mehr zu mir. Mein gesamter Körper fühlt sich fremd und taub an. Alles um mich herum ist apathisch und matt. Als würde ich durch einen dichten Nebel gehen.

Hat sie mich deshalb angerufen? Wollte sie meine Hilfe, und ich war wegen Jules nicht für sie da? Wer weiß, was dieser Angreifer ihr angetan hat. Wieder überkommt mich diese Übelkeit.

Tim ... Ist das Erste, was mir durch den Kopf geht. *Er muss dieses Kennzeichen ... er muss diesen Kerl suchen.*

Mein Blick wandert zu Jules. Sie kann ich um so etwas nicht bitten. Aber vor ihr kann ich schlecht Tim danach fragen. Ich kopiere das Kennzeichen und schicke es an Tim.

Find heraus, wem dieser Wagen gehört, wo er wohnt und komm dann her.

Unruhig lecke ich mir über meine Unterlippe, fahre mir durch meine Haare und seufze. „Du musst gehen."

„Was?", stößt sie völlig fassungslos hervor. „Ist das dein Ernst, Severin?"

„Ja, verdammt. Lydia wurde überfallen!" Ich schreie. So sehr, dass sich meine Stimme überschlägt, kurz bevor sie bricht.

„Du hättest –"

„Ich habe das sicher nicht mit Absicht getan, Sev!", schreit sie zurück. „Ich habe es vergessen, und als sie mit mir telefoniert hat, hat sie etwas von einem Exklusivinterview gesagt und nichts von einem Überfall."

„Wie auch immer. Wäre ich bei ihr gewesen, dann ..."

„Dann was?! Sie hat einen Freund. Warum solltest du rund um die Uhr auf sie aufpassen? Sollte ich da etwas wissen?"

„Ach, leck mich", knurre ich und gehe zurück ins Schlafzimmer, um mich anzuziehen.

„Wie bitte?!", empört sie sich hinter mir. Ich drehe mich nicht um. Würdige sie keines Blickes. Ich bin so verdammt sauer. Wenn sie jetzt nicht geht, werde ich noch viel schlimmere Dinge zu ihr sagen.

„So sprichst du nicht mit mir!"

„Dann geh! Jetzt!"

Sie zögert kurz und öffnet den Mund, als wollte sie widersprechen. Aber auch ihr wird klar sein, dass man aktuell nicht mit mir reden kann.

„Du solltest dich irgendwann entscheiden, Severin Klemm."

„Wofür entscheiden?", frage ich genervt.

„Dafür, Lydia endgültig gehen zu lassen oder ihr zu sagen, was du fühlst."

Ich starre sie fassungslos an, bis ich endlich blinzle und laut loslache. Fast schon hysterisch.

„Du spinnst." Am liebsten würde ich ihr viel schlimmere Worte an den Kopf werfen.

„Tue ich das?", fragt sie beinahe mit sanfter Stimme und tritt näher.

„Lydia ist meine beste Freundin", spreche ich das erste Mal seit langem aus, wie wichtig sie mir ist. „Aber mehr ist da nicht. Sonst würde ich wohl kaum jeden verdammten Tag mit dir vögeln. Oder?"

Sie zuckt mit den Schultern. „Verliebte Jungs tun seltsame Dinge."

Ich stöhne und gehe dann einen Schritt auf sie zu. „Ich bin sauer. Bitte geh."

Sie nickt, woraufhin ich selbst mein Handy packe, meine Schuhe anziehe und hinausstürme.

Ich brauche frische Luft. Tim ist vermutlich noch nicht da. Wie auch. Trotzdem gehe ich die Straße entlang und versuche ruhig zu atmen. Meinen Puls zu beruhigen. Mein rasendes Herz. Bis er endlich neben mir anhält und mich fragend ansieht.

„Hast du alles?", komme ich ihm zuvor. Er nickt, während ich einsteige und mich anschnalle. „Dann los!"

„Wer ist dieser Kerl, Severin?", fragt er vorsichtig. Tim kennt mich mittlerweile wirklich gut. Er kennt die meisten meiner Geheimnisse und ich weiß, dass ich immer auf ihn zählen kann. Aber wenn ich ihm jetzt sage, was dieser Typ da gerade gemacht hat, dann wird er mich nicht zu ihm bringen.

„Einfach ein Kerl, Dickerchen, zerbrich dir nicht dein hübsches Köpfchen", versuche ich die Lage herunterzuspielen. Meine Wut nicht zu deutlich zu zeigen. Ohne Erfolg. Tim weiß, dass ich nur auf seinem Gewicht herumhacke, wenn ich von mir selbst ablenken will.

„Also?", fragt er und wartet.

„Fahr los, Tim!", knurre ich und lasse meine Faust auf das Armaturenbrett segeln. „Ich werde dir alles erklären, aber jetzt musst du mir vertrauen."

Er seufzt, gibt dann aber die Adresse ein und fährt los.

Wir schweigen beinahe die ganze Fahrt. Tim wirft mir immer wieder skeptische Blicke zu, aber er hat wohl tatsächlich entschieden, mir zu vertrauen. Ob das so richtig ist, bezweifle ich. Vor allem, als er bei dem Bastard hält und ich das große Haus und den fetten SUV mit dem Mainzer Kennzeichen vor der Tür entdecke.

„Fahr wieder. Ich will dich hier nicht reinziehen."

„Sev", versucht er mich aufzuhalten. Senkt seine Stimme, als wäre er mein Therapeut. Der, der mich damals mit Ritalin vollgestopft hat, wenn ich zu anstrengend wurde.

„Tim …" Ich atme schwer. „Der Bastard hat gerade Lydia überfallen und … keine Ahnung, was er ihr alles angetan hat."

Tim schweigt mit aufgerissenen Augen und nickt dann. Beinahe, als würde er mir den Segen geben, diesen Kerl krankenhausreif zu schlagen. Ich presse meine Lippen aufeinander und steige aus. Keine Faser meines Körpers ist noch ruhig, als ich über die Straße zum Haus gehe. In mir ist alles eingefroren und gleichzeitig steht es in Flammen.

Ich bekomme kaum mit, dass ich vor der Tür stehe, bis ich klingele und mich das Geräusch in Alarmbereitschaft versetzt. Die Tür geht auf. Ein großer Mann steht vor mir. Mit einem skeptischen, überheblichen Ausdruck im Gesicht mustert er mich. Mein Blick fällt auf seine Hände. Seine roten Knöchel. Und etwas explodiert in mir. Ich stoße ihn unsanft in das Haus und verpasse der Tür einen Tritt. Sie fällt krachend ins Schloss.

„Was soll der Scheiß?", bellt er und reibt sich die Schulter.

„Hat das etwa wehgetan?", lache ich verachtend und verziehe meinen Mund zu einer brutalen Miene. „So sehr, wie du Lydia wehgetan hast?"

„Welche …", fragt er, doch mehr kann er nicht von sich geben, weil ich ihm gegen seinen Kiefer schlage und ihn damit grausam knacken lasse. Er spuckt Blut.

„Ich hab nichts …"

„Nichts getan?" Ich warte nicht mehr auf seine Antwort, sondern balle meine Hand zur Faust und schlage weiter zu. Schlage, bis er am Boden liegt.

Kurz bevor er sein Bewusstsein verliert, stolpere ich zurück und mustere meine blutigen Hände. Ich sehe rot. Alles in mir wird von Hass und Wut kontrolliert.

„Du Bastard!", brülle ich und will wieder zuschlagen, zügele mich aber. Ich werde ihn wirklich töten, wenn ich so weiter mache. *Ich werde …* Ein Hämmern gegen die Tür reißt mich vollends aus meiner Wut.

„Wir haben einen Anruf bekommen, dass es hier Streit gibt."

Die Polizei. Und nicht nur irgendein Polizist. Es ist Jules, die ich da draußen höre.

Das hier war also kein Anruf der Nachbarn, sondern von Lydia, rechne ich eins und eins zusammen.

„Hau ab! Das ist ein Gespräch unter Jungs", rufe ich zur Tür. Jules begreift einfach nicht, dass ich ihre beschissene Hilfe nicht brauche. Lydia ist diejenige, die Hilfe braucht.

„Klemm!", knurrt sie ermahnend von draußen. Ich stöhne, gehe dann zur Tür und öffne sie. Ihr Blick fällt erst auf meine blutigen Hände und dann hinunter auf den Bastard, der jault, als würde er sterben.

„Sperr ihn ein, Jules."

„Sag mir nicht, was ich zu tun habe!", schimpft sie wütend und winkt einen Streifenpolizisten zu sich. „Wir brauchen einen Krankenwagen und den hier nehmen Sie fest. Ich kümmere mich später um ihn."

„Er hat…"

„Mir ist egal, was er getan hat, Severin!", faucht sie und kommt mir verdammt nah. Ihr Parfum strömt in meine Nase und lässt meine Haut unruhig zucken. „Und nenn mich nie wieder Jules, wenn ich nicht in deinem Bett liege."

„Aye aye, Sir!", knurre ich und liefere mir ein waschechtes Blickduell, bis sie sich abwendet und dem Polizisten zunickt.

„Wenn du ihn laufen lässt …"

„Dann was? Du hast ebenso gegen das Gesetz verstoßen. Also werde ich euch beide einsperren."

„Das wagst du nicht, Jules!", knurre ich und trete näher an sie. So nah, dass es sich kurz anfühlt, als wäre das hier nur eines unserer kleinen Spielchen im Schlafzimmer.

„Wag du es nicht", entgegnet sie und als ich noch näher komme, rammt sie mir den Schaft ihrer Waffe gegen meine Schläfe. Ich taumle blinzelnd. Bilder blitzen vor mir auf. Wut durchflutet meinen Körper.

Als ich wieder zu mir komme, sitze ich bereits im Streifenwagen. *Verdammt.* Warum hat Lydia Jules gesagt, dass sie mir das Kennzeichen geschickt hat? Nur das erklärt Jules Anwesenheit. Die Mordkommission hat bei einer Schlägerei nichts zu suchen.

Hinter uns erkenne ich Tims Auto. Er folgt uns. *Der Idiot hätte mich auch mal vorwarnen können.* Mein Blick landet auf meiner Hosentasche, aber Jules scheint mir mein Handy abgenommen zu haben. Wahrscheinlich hat Tim mir sogar geschrieben. Aber in dieser Situation hätte ich wohl niemals aufs Handy gesehen.

An der Wache angekommen, führt mich der Polizist hinein, als sei ich ein Schwerverbrecher. Tim taucht hinter uns auf und grummelt irgendetwas. Wahrscheinlich beschwert er sich über mich. Oder fragt sich, warum ich überhaupt sein Freund bin.

„Du musst zu Lydia", sage ich, als er uns weiter folgt. „Sie …"

„Sie ist hier." Ihre Stimme klingt zornig, aber auch so verdammt gebrochen, dass mir eiskalt wird. Ich drehe mich um und sehe in ihr Gesicht. Es ist unversehrt. Nur an ihrem Kopf hat sie eine kleine Wunde und ihr blondes Haar ist an einigen Stellen rötlich gefärbt. Und eine kleine Wunde ziert ihre schmalen Lippen. Meine Wut kehrt schlagartig zurück.

„Geht es dir …?" Ich gehe auf sie zu, doch sie schiebt mich energisch von sich.

„Warum hast du das getan?", fragt sie. „Da können wir dich nicht so einfach wieder rausholen, Sev." Der Polizist räuspert sich.

„Ich weiß", sage ich resigniert und beiße mir auf die Unterlippe. „Was hat er dir angetan?"

„Er hat es nur versucht. Es kamen zwei Frauen und dann hat er zugeschlagen."

Ich nicke beinahe beruhigt. Als würde es das besser machen. Ein Räuspern lässt mich zusammenzucken. Es ist diesmal nicht der Beamte, der uns die ganze Zeit mit Argusaugen beobachtet hat, das erkenne ich sofort. *Verdammt.*

„Hey Dad", sage ich gepresst, während ich mich zu ihm drehe. Er schüttelt den Kopf und sieht mich an, als wäre ich die größte Enttäuschung seines Lebens. *Das kann ja heiter werden.*

Es dauert keine Stunde, bis mich die Polizisten wieder entlassen, weil weder dieser Kerl noch die Staatsanwaltschaft Anklage erheben will. Jedenfalls nicht zu diesem Zeitpunkt. Erst muss geklärt sein, wie schwer ich den Mann verletzt habe. *Wer hätte das gedacht.*

Als ich mit Tim und Lydia vor der Tür des Präsidiums stehe, zieht die Scham durch mich hindurch. Nicht etwa, weil ich diesen Kerl verprügelt habe. Nein. Vor allem, weil sie genau wissen, dass mich immer irgendwer aus der Klemme holt.

KAPITEL 11

LYDIA

H ey Leute, bisher war die Nacht nicht gerade das Gelbe vom Ei, aber vielleicht lässt sich noch etwas daraus machen?" Ich versuche, die angeschlagene Stimmung krampfhaft ein bisschen aufzuhellen. Vor allem aber will ich keinesfalls allein nach Hause fahren. Jens zu erzählen, was mir passiert ist, und mir erklären zu lassen, wie unvernünftig es für eine Frau ist, sich allein und hilflos in dunklen Ecken herumzu-treiben … *oh nein. Bitte nicht. Nicht jetzt. Nee. Gar nicht!*

Sev sieht allerdings nicht so aus, als ließe sich mit ihm noch irgendetwas anfangen. Ich weiß, er hat ein schlechtes Gewis-sen. Mir gegenüber, weil ich seinetwegen keine Anzeige gegen den Kerl erstattet habe. Und ich weiß, er hasst es noch mehr, blöd dazustehen. Vor allem vor seinem Vater. Und dass der alte Klemm seinen Sohn jetzt mal wieder bei den Kollegen raus-haut, oh Mann, ich fürchte, eine Pulle Absinth reicht nicht, um

Sevs Gemütszustand aufzuhellen. Wobei ich auch einen guten Schluck vertragen könnte. Die Szene im Parkhaus surrt immer wieder durch meinen Kopf. Allein sein wäre jetzt nicht gut.

„Also? Zu dir oder zu mir?" Ich schaue Tim mit einem neckischen Augenaufschlag an. Er schaut verwirrt. Mit dieser Aufforderung hat der Gute wohl nicht gerechnet. Nicht von mir. Und vor allem nicht von mir, nachdem so etwas vorgefallen ist. Aber irgendwie – ich kann es nicht erklären – war das alles so absurd. Ein Kerl, der mich vergewaltigen will und dann *Fresse* sagt, wie Kowalski in einem Hinterhofkrimi.

In Tims Gehirn rattert es offensichtlich, doch bevor er irgendetwas sagen kann, schiebe ich ein „Also gut, dann zu dir, Tim" nach.

Sehr zu seiner Beruhigung. Er hat seine Fassung wiedergefunden und zeigt uns den Weg zu seinem Wagen.

„Steigt ein", sagt er, um dann plötzlich innezuhalten. „Was ist mit deinem Auto, Lyd?", will er wissen.

„Das steht noch im MTZ und da kann es auch bleiben. Keine zehn Pferde bringen mich heute Nacht dorthin", antworte ich knapp, aber bestimmt.

„Und was machen wir mit deiner Karre, Herr Boxweltmeister. Willst du die auf dem Weg zu mir mitnehmen? Damit du wie der Lonesome Rider allzeit bereit bist, deinen nächsten Rachefeldzug zu starten?" Die Retourkutsche für die unzähligen Mobby Dicks, die er in den letzten zwölf Monaten aus Sevs Mund einstecken musste, tut ihm sichtlich gut.

„Wäre vielleicht nicht verkehrt. Ich muss morgen, äh, also später, ziemlich früh los. Setz mich und Lyd doch einfach in Bornheim ab und wir treffen uns dann bei dir!" Begeistert ist Tim nicht, aber er nickt.

„Na gut."

Als wir zehn Minuten später in Sevs Wagen sitzen, kann ich nicht mehr an mich halten. „Was hast du dir dabei gedacht, Sev? Den Typ krankenhausreif zu prügeln?"

„Keine Ahnung. Ich habe rot gesehen. Weil ich dachte, er hat dich … du weißt schon."

„Vergewaltigt, Sev?"

„Ja. Die Frau am Telefon hat nicht gerade aussagekräftige Angaben gemacht."

„Ach, Sev. Ich habe dir die Nummer nicht geschickt, damit du als schwarzer Rächer auftrittst, sondern weil wir herauskriegen müssen, was er von mir wollte."

„Das wissen wir doch."

„Nein. Wissen wir nicht. Das war keine Vergewaltigung. Ich glaube sogar, er ist eine Weile hinter mir hergefahren. Dann war ich fast zwei Stunden im Kino. So lange hat er da in seinem Auto gesessen und auf mich gewartet. Däumchen gedreht oder sich Pornos reingezogen? Um sich aufzuheizen? Das passt doch alles nicht. Tim muss gleich, wenn wir bei ihm sind, nachsehen, was er über den Typ herausbekommt."

Ich mache eine Pause. Hole tief Luft. Und dann lasse ich alles raus, was sich in den letzten vier Stunden in mich hineingefressen hat. „Was bist du für ein Mensch, Sev? Erst lässt du mich bei Eric hängen, dann fährst du wie ein völlig Bekloppter zu dem Typ und prügelst ihn ins Krankenhaus. Und schließlich präsentierst du mir Jules noch als deine neue Liebschaft. Was geht in deinem scheiß Schädel vor? Herr Egomane Klemm, der Rächer der Enterbten schlägt zurück. Weil das Universum gerade keine Zeit hat, oder was?"

Ich muss lachen. Scheint so, als wären die letzten Stunden doch nicht ganz spurlos an meinem Nervenkostüm vorbeigegangen. Sev sagt nichts. Und ich hasse diesen Idioten dafür aus tiefstem Herzen. Würde er doch nur einmal diese Egoscheiße zur Seite legen und ganz normal sein …

Zwanzig Minuten später sitzen Sev und ich bei Tim auf der Couch. Jeder einen Wodka vor sich, schweigen wir uns einen Moment lang an. Tim hat sich hinter seine Bildschirme verzogen und sucht nach Infos über diesen Typ. Mir fallen die Augen zu. Plötzlich vibriert ein Handy auf dem Couchtisch. Sev schreckt auf.

„Oh nein, bitte nicht. Eine Standpauke von Jules ist das Letzte, was ich jetzt brauchen kann." Er greift zu seinem Telefon und sein Gesicht wird aschfahl, als er auf das Display schaut.

„Fuck. Ein neues Rätsel." Er hält das Handy hoch. „Und wenn es genauso ist wie das letzte Mal … dann segnet bald jemand das Zeitliche. Verdammt", entfährt es ihm. Seine Stimme überschlägt sich fast.

„Und das heißt?", will Tim wissen.

„Wir müssen das so schnell wie möglich lösen", stammelt Sev mit einem Blick auf die Uhr. Tim und ich beugen uns vor, um das Rätsel lesen zu können.

```
Die Saison, um die es diesmal geht, ganz klar,
hat einen Platz in der Geschichte, wohl wahr.
Ein halbes Jahrhundert
von allen bewundert,
was wurde gefeiert in diesem Jahr?

Benjamin Köhler - Aufstiegsheld,
kam in der Liga nur selten aufs Feld.
War stets nur am Zaudern
und ging dann nach Lautern.
```

Wie viele Einsätze hat man für ihn gezählt?
Die Eintracht zu sehen war für viele
das höchste der Fußballgefühle.
Erste Liga, juchhe,
was bist du so schee.
Wie viele sahen das erste der Spiele?

Für einen Ex-Eintracht-Trainer war die Runde
zeitig zu Ende, welch frohe Kunde.
Sein Stern war verblasst,
in Wolfsburg geschasst.
Wann schlug für Felix die letzte Stunde?

Rode und Inui waren stets im Gewühl,
ihnen war kein Weg auf dem Rasen zu viel.
Der blonde Marathon-Mann
und der Kleine aus Japan.
Wie oft startete mit ihnen das Spiel?

Und auch die anderen Kameraden
hatten zum Schluss stramme Waden.
Zu wissen, wie viel
Minuten alle gespielt,
könnte jetzt weiß Gott nicht schaden.

„Ach du Scheiße, was soll das denn? Ist das dieses saudumme Spiel?" Mein Blutdruck ist deutlich über 180. Schon zweimal hat diese App Severin richtig in Schwierigkeiten gebracht und jetzt schon wieder?

„Severin Klemm. Was heißt das: Wir müssen das Rätsel lösen, sonst stirbt noch jemand? Bist du jetzt wahnsinnig geworden?"

„Ich habe keinen blassen Schimmer, was dahintersteckt. Das Ergebnis des Rätsels war beim letzten Mal der GPS-Code von der Stelle, an der dieser Typ auf der 661 gestorben ist. Ergo wird es hier wahrscheinlich auch um ein Menschenleben gehen."

„Und hast es natürlich brav der Polizei erzählt. Damit die etwas unternehmen kann?" Ich habe Sevs Kopf mit beiden Händen gepackt und schaue ihn an. „Hast du?"

„Nein, Lyd. Habe ich nicht. Das hätte mir doch eh keiner geglaubt. S aus F bekommt Limericks, bei denen Leute sterben."

„Vielleicht deine bezaubernde Freundin?" Meine Stimme klingt jetzt etwas zu schnippisch, fürchte ich.

„Bezaubernd ist sie. Aber auch bei der Polizei und deshalb höchst misstrauisch, was Kerle wie mich betrifft." Sev beweist mal wieder, dass er antizipatorisch betrachtet eine absolute Niete ist. Dass ich über seine Liaison mit ... was? ... Jules ... nicht glücklich bin, ist völlig an ihm vorbeigegangen.

„Hallo, ihr beiden. Erde an Raumschiff", mischt sich Tim ein. „Wenn Sev recht hat, sollten wir vielleicht nicht so viel über seine neue Flamme plaudern, sondern das Rätsel lösen. Was meint ihr?"

Sevs neue Flamme ... *ich könnte kotzen.*

„Wie viel Zeit haben wir denn? Ein, zwei Tage?", will Tim wissen.

„Ich fürchte, wenn uns wieder 90 Minuten bleiben, ist das viel. Aber genau weiß ich es nicht. Beim ersten Mal lagen zwischen der SMS und der Meldung von dem Toten auf der Autobahn eineinhalb Stunden."

„Dann los", befiehlt Tim und klappt seinen Laptop auf. „Google hat schon ganz andere Sachen geschafft." Er liest vor:

„Die Saison, um die es diesmal geht, ganz klar,
hat einen Platz in der Geschichte, wohl wahr.
Ein halbes Jahrhundert
von allen bewundert,
was wurde gefeiert in diesem Jahr."

„Beim ersten Rätsel ging es um die Saison 1950/51. Jetzt um eine Saison, die in die Geschichte eingegangen ist." Sev kratzt sich am Kopf. „Vielleicht der Fußballskandal damals mit ... Scheiße, wie hieß der noch? ... Canellas? War eine riesen Schmiergeldaffäre."

„Ja, und Canellas hat das an seinem 50. Geburtstag rausgehauen. Und später hat er dann in dem Mogadischu-Flieger gesessen ..." Tim macht ein sehr schlaues Gesicht und blickt auf die nächste Zeile. „Von allen bewundert ... wohl eher nicht." Er schüttelt den Kopf.

„Wenn wir in dem Tempo weitermachen, wird das nichts." Sevs Lebensgeister sind offenbar wieder erwacht. Er überfliegt die Zeilen, stockt einen Moment. „Nein, nein, nein, das muss später sein. Köhler gab es in den 70er Jahren noch nicht. Tim, schau nach, bis wann Benjamin Köhler bei der Eintracht gespielt hat. Der zweite Reim sagt nämlich, dass er nach der Saison nach Lautern gegangen ist."

„Benjamin Köhler. Da ist er. Wechselte im Sommer 2013 in die Pfalz."

„Die 50. Bundesligasaison war seine letzte für Frankfurt."

„Bingo. Das ist es. Die 50. Saison. Lyd, schreib auf: 50". Sevs Stimme gluckst vor Freude und ich bekomme so langsam eine Ahnung, warum er für diese App Kopf und Kragen riskiert hat. *Der Typ ist ein Zocker.* Ich erschrecke bei dem Gedanken.

„Zweite Frage: Wie viele Einsätze hat Köhler in seinem letzten Jahr in Frankfurt gehabt?"

„Äh … warte … hier: Sieben. Insgesamt. In der Bundesliga nur sechs. Einmal hat er im Pokal gekickt. Und nun?"

„Die sieben nehmen wir. Er stand sieben Mal auf dem Feld." Sev wirft erneut einen Blick auf seine Uhr. Fleht fast: „Wir dürfen uns durch solche Kleinigkeiten nicht aufhalten lassen, Tim. Wir brauchen die Zuschauerzahl des ersten Spiels der Eintracht."

„Warte. Okay. Hier haben wir es. Erstes Spiel gegen Leverkusen. Zuschauer? Gerade mal 27.950. Ganz schön wenig, oder?"

Sev zeigt uns an, ruhig zu sein. Dann liest er vor:

„Für einen Ex-Eintracht-Trainer war die Runde

zeitig zu Ende, welch frohe Kunde.

Sein Stern war verblasst,

in Wolfsburg geschasst.

Wann schlug für Felix die letzte Stunde?"

„Wann hat der VFL den Quälix vom Hof gejagt?" Sev reibt sich unruhig die Hände. So, als könne er die Suche im Internet damit beschleunigen. Kann er aber nicht und so dauert es eine gefühlte Ewigkeit, bis Tim „Acht!" in die erwartungsfrohe Stille brüllt. „Nach acht Spielen, nur einem Sieg und gerade mal zwei Toren war Schluss für ihn. Das hat er verdient", jubelt Tim.

Sev fuchtelt mit beiden Zeigefingern vor seiner eigenen Nase herum. „Also: 50° 6' 27.950" 8. Da waren es nur noch zwei Zahlen." Er klingt fast euphorisch und ich wundere mich, wie schnell seine Laune komplett gekippt ist. Aufgeregt schnappe ich mir Sevs Handy und lese die nächsten Zeilen. „Rode und Inui? Wie oft waren die in der Startelf? Kann ja höchstens 34 Mal gewesen sein, oder?" Ich blicke zu Sev. „Hast du 'ne Ahnung?"

„Ja, aber es könnte auch sein, dass beide Startelfeinsätze addiert werden müssen. Dann wäre 68 das Maximum. Tim, findest du etwas darüber?" Aufgeregt wischt Sev mit dem Zeigefinger auf seinem Handy herum. So, als könne er die Zahl mit Wischern zusammenbringen.

Es dauert eine endlos lange Weile. Tims Maus saust unter seiner Hand hin und her. „Gleich, gleich, gleich", murmelt er. Und dann: „43. Die Antwort lautet 43. Rode und Inui waren 43 Mal in der Startelf."

Sev ist schon beim letzten Limerick:

```
Und auch die anderen Kameraden
hatten zum Schluss stramme Waden.
Zu wissen, wie viel
Minuten alle gespielt,
könnte jetzt weiß Gott nicht schaden.
```

„Der ganze Kader? Wer soll das denn wissen?" Sev lässt sich wie ein nasser Sack in den Sessel fallen. „Das ist einfach nur ein übler Scherz. Wer auch immer mir das schickt, will gar nicht, dass ich das Rätsel löse."

„Könnte es sein, dass deine alten Freunde aus der Türkei dir übel mitspielen?" Ich schaue Sev fragend an. Warte auf ein Zeichen in seinem Gesicht. Ein Zucken, das mir verrät, dass ich recht habe.

Er schiebt sich aus dem Sessel heraus und kommt mir mit dem Gesicht ganz nahe. „Nein. Fräulein Heller", raunt er. Ich kann seinen Atem spüren, so nahe ist er jetzt vor mir. „Das sind nicht die App-Typen. Wenn es die wären, hättet ihr mich tot auf der Autobahn gefunden." Mir läuft es eiskalt den Rücken herunter.

„Das mit dem Kader 2012/13 ist echt knifflig. Es gibt zwar ein Archiv, aber die Einsatzminuten aller Spieler – das ist harter Tobak." Tim lässt seine Finger über die Tastatur gleiten.

„Wie spät ist es?", will ich wissen.

„Kurz vor drei. Wieso?", fragt Sev.

„Weil ich vielleicht jemanden kenne, der uns die letzte Frage beantworten kann. Der weiß alles über die Eintracht."

„Dein Vater, oder was? 2012 war der doch schon lange nicht mehr dabei."

„Nein, Tim. Den meine ich ausnahmsweise mal nicht. Ich denke an Tom."

„Den Museumsdirektor? Ist der nicht eher für die uralten Geschichten zuständig?", will Tim wissen.

„Vertue dich mal nicht. Thomas hat die gesamte Eintracht-Geschichte eingesogen wie andere ihren Gin Tonic. Wenn einer weiß, wie lange alle Spieler damals auf dem Platz standen, dann er", bin ich sicher und wähle seine Nummer. Es klingelt. Viermal, dann springt die Mailbox an. „Scheiße, der pennt. Ich hatte gehofft, dass er mal wieder über irgendwelchen Eintracht-Erinnerungen brütet." Ich beiße mir schmerzhaft auf die Lippe und denke angestrengt nach. *Wenn er wirklich der Einzige ist, der das Rätsel doch noch lösen kann, aber sein Telefon nicht hört ...* „Dann muss ich zu ihm fahren und ihn aus dem Bett klingeln", rufe ich laut und ernte zustimmende Blicke von Sev und Tim.

„Der wird sich freuen, wenn du um die Zeit bei ihm aufkreuzt und mit ihm Scharade spielst", grinst Sev und macht mich mit seinem süffisanten Kommentar nur noch überzeugter.

„Tim, kannst du mich fahren?"

„Äh ... ja. Wenn du meinst." Tim schaut suchend zu Sev.

„Wir können auch ohne seinen Segen los", reiße ich Tim am Arm und bin an der Tür, bevor Sev etwas gegen meinen Plan sagen kann.

„Setz dich in dein Auto und warte auf unseren Anruf. Wir geben dir die letzte Zahl durch. Dann kannst du wen auch immer retten", rufe ich ihm zu. Dass es wirklich um Leben und Tod gehen soll, kann ich noch immer nicht glauben. Sev neigt schon manchmal zu Übertreibungen. Auf der anderen Seite: *Einen Toten gab es ja tatsächlich schon ...*

Als wir 15 Minuten später in Bornheim bei Thomas vor dem Haus stehen, rutscht mir mein Herz doch ziemlich in die Hose. Ich bin mir nicht mehr so sicher, ob mein Plan wirklich so gut war. Ich klingele. Einmal. Zweimal, Dreimal. Sturm. Aber es dauert eine kleine Ewigkeit, bis oben im ersten Stock Licht angeht und sich ein Fenster öffnet.

„Habt ihr sie noch alle! Was soll'n der Scheiß", brüllt Tom in die kühle Nacht.

Ist wohl nicht das erste Mal, dass er mit Klingelstreichen aus dem Bett geholt wird. „Wer als Eintrachtler in Bornheim wohnt, lebt nun mal nicht ganz ungefährlich", hat er mal in einer Präsidiumssitzung erzählt. Da hatten Witzbolde seinen Gartenzaun in den FSV-Farben schwarz und blau angemalt.

„Tom. Hallo. Hier. Ich bin's. Also besser: wir. Tim und Lydia."

Der Herr Museumsdirektor lässt seinen Blick nach unten gleiten. „Wer?", fragt er verwirrt.

„Tim und Lydia von der Eintracht."

„Lydia? Was wollt ihr denn? Mir die Kündigung durchs Klofenster werfen wie damals im September 1988 dem Wolfgang Kraus?" Trotz unseres nächtlichen Überfalls hat er weder seinen Humor noch sein Gedächtnis verloren. Immerhin.

„Nein. Tom. Keine Kündigung. Im Gegenteil. Du musst uns helfen, ein Rätsel zu lösen."

Jetzt ist er vollends von der Rolle. „Ein Rätsel? Um diese Zeit. Hast du 'nen Knall?"

„Es geht um Leben und Tod."

„Soso – na dann." Wir hören ihn die Treppe herunterkommen. Dann öffnet sich die Haustür.

„Ihr habt fünf Minuten!", sagt er knapp und immer noch ziemlich verschlafen. Er deutet in Richtung der Küche und holt ein paar Gläser aus dem Schrank. „Wasser?", will er wissen.

„Nein, danke", lehne ich ab und schiebe ihm den Zettel rüber, auf dem Tim vorhin das Rätsel ausgedruckt hat. „Ich habe nicht genug Zeit, dir alles zu erklären. Das hole ich morgen nach. Versprochen. Jetzt musst du uns bitte nur helfen, den letzten Teil dieses bescheuerten Rätsels zu lösen. Wenn Sev recht hat, können wir mit der Lösung den Tod eines Menschen verhindern."

Tom bleibt unerwartet gelassen. Gut, er ist keiner, der schnell aus der Fassung zu bringen ist, aber ein Rätsel zu lösen, um einen Mord zu verhindern, das würde wahrscheinlich andere Kerle ganz zittrig werden lassen. Tom liest. Gibt ein kurzes „ehem" von sich, schaut an die Decke, liest weiter und legt dann den Zettel zurück auf den Tisch.

„Beim Köhler gibt es zwei Antworten. Das wisst ihr hoffentlich. Er hat sechsmal in der Bundesliga und einmal im Pokal gekickt."

„Wissen wir", antworte ich und deute mit dem Finger auf den letzten Block.

„Weißt du, wie viele Minuten der ganze Kader gespielt hat?" ich schaue ihn flehend an. „Du bist unsere letzte Rettung."

Seine Augen strahlen plötzlich.

„Normalerweise muss man das im Archiv umständlich suchen und addieren, weil es keine Gesamtzahl gibt. Aber ich kann euch die Zahl sagen", klingt seine Stimme triumphierend: „34.496. Hättet ihr nicht gedacht, dass ich das aus dem Hut zaubern kann, was?"

Hätten wir eindeutig nicht. Und genau deshalb treibt mich meine Neugierde. „Wie machst du das?", will ich wissen. „Bist du eins dieser Gedächtnis-Genies?"

„Nein. Leider nicht. Obwohl ich nicht unzufrieden mit meinem Kopf bin. Die Zahl weiß ich so genau, weil mich vor zwei Tagen genau danach jemand gefragt hat."

„Nach genau dieser Zahl?" Tims Stimme überschlägt sich beinahe. „Wer?"

„Keine Ahnung. Kam im Büro per Mail rein. Kann ich euch morgen raussuchen." Plötzlich stockt er. Man kann in seinem Gesicht lesen, wie sich aus einzelnen Gedankenfetzen ein Bild ergibt. „Bin, äh, ich jetzt, äh, in einen Mord verwickelt?", will er stotternd wissen und ich beruhige ihn.

„Ganz im Gegenteil, Tom. Könnte sein, dass du einen verhindert hast. Danke. Hast was gut bei mir."

Damit sausen Tim und ich auch schon zur Haustür und sind in Windeseile am Auto. Tim hat Sev die fehlende Zahl sofort geschickt.

50° 6' 27.950" N 8° 43' 34.496" E. Mit dem Hinweis „Die zweite Zahl könnte auch eine 7 sein".

Ich wähle seine Nummer. Er geht sofort ran.

„Was sollen wir tun, Severin? Tom hat bestätigt, dass Köhler sechs oder sieben Spiele gemacht hat. Was also sollen wir tun?"

„Vielleicht eine Münze werfen?" Das Lachen bleibt selbst ihm im Hals stecken. „Also gut. Passt auf. Ihr gebt die Sieben in euer Navi ein. Ich nehme die Sechs und einer von uns darf dann Jackpot rufen", hat er seinen Humor schnell wiedergefunden. Er legt auf.

Tim fummelt bereits an seinem Navi herum. Es dauert keine fünf Sekunden, dann leuchtet eine Karte auf. „Das ist an der Eissporthalle", krächzt Tim und deutet mit dem Finger auf den kleinen aufleuchtenden Punkt. „Am Ratsweg. Unter der Autobahn, glaube ich."

„Na dann. Gib Gas!", fordere ich und werde prompt in meinen Sitz gepresst. Tim ist mit quietschenden Reifen losgebrettert. 03.33 leuchtet als Ankunftszeit auf.

„Das sind nicht mal fünf Minuten", murmele ich.

„Schaff ich in dreieinhalb", zischt Tim und rast die Saalburgallee mit über 100 Sachen hinunter Richtung Festplatz. Zwei Minuten später krachen wir mit Karacho vom Ratsweg in die Straße am Riederbruch und rechts ab Richtung Gewerbegebiet. Unter der Autobahn tritt Tim brutal in die Eisen. Ein grelles Quietschen, dann ist Stille.

Wir reißen die Autotüren auf.

„Hallo? Ist da wer?" Keine Antwort. Meine Augen gewöhnen sich langsam an die Finsternis. Mutig gehe ich ein paar Schritte auf die Böschung hinauf zur 661 zu. Zücke mein Handy und mache die Taschenlampe an. „Hallo?", rufe ich noch einmal, aber wieder bekomme ich keine Antwort. „Bist du sicher, dass wir hier an der richtigen Stelle sind?", will ich wissen.

„Aber so was von", antwortet er kurz. „Aber ich fürchte, es ist doch die 6."

„Und wenn hier irgendwo ein Mensch herumliegt – vielleicht schwerverletzt – und kann uns nicht antworten? Vielleicht hat er einen Knebel im Mund. Der erste Mord war auch auf der Autobahn. Das passt doch."

„Lydia. Hier ist es totenstill. Wenn hier jemand wäre, würden wir das mitbekommen. Lass uns Sev anrufen."

Ich weiß, er hat recht. Aber ich habe Angst, dass wir etwas übersehen und vergebens zu der anderen Adresse fahren. Tim scheint meine Gedanken lesen zu können.

„Mach dir keine Gedanken, Lyd. Wir haben das Rätsel bekommen, um jemanden zu finden. Und hier ist niemand."

Wir beenden unsere Suche und laufen zurück zu Tims Auto. Ich wähle Sevs Nummer.

„Severin", brülle ich aufgeregt in das Telefon. „Hier ist niemand!"

Und ich weiß, die Jagd beginnt von Neuem. Diesmal von zwei Seiten aus. „Es ist die Offenbacher Schleuse. Mein Gott", stöhnt Sev am anderen Ende. „Ich bin schon auf der Gerbermühlenstraße. Ihr könnt von der Nordseite aus über die Franziusstraße kommen. Gib Gas, Tim!"

Das lässt sich mein Fahrer nicht zweimal sagen. „Wenn das keine Nacht ist, um Leben zu retten", grölt er aus dem offenen Fenster und ich bin froh, dass sich um die Zeit niemand mehr hier am Ostpark herumtreibt. Auch keine Streife, die etwas dagegen haben könnte, dass zwei Leute mit Tempo 110 durch die Stadt rasen.

03.47 Uhr sagt mir mein Handy. Ich erschrecke. Inzwischen sind mehr als 70 Minuten vergangen. *Wir schaffen das nicht. Es hat alles viel zu lange gedauert*, schießt es mir durch den Kopf. Bei dem Mann auf der 661 war es das Gleiche.

„Tim. Was machen wir, wenn wir zu spät kommen?"

„Keine Ahnung. Dann haben wir es versucht. Immerhin. Wenn es nicht reicht, reicht es eben nicht. Wir bringen ja schließlich niemanden um."

Ich weiß, dass er recht hat. Aber ich finde den Gedanken furchtbar. „Kind, wenn du einem anderen Menschen helfen kannst, musst du das tun", hat Papa immer gesagt. Jedenfalls so lange, bis bei der Eintracht Schluss war. Danach war es auch mit seiner Hilfsbereitschaft vorbei. Aber nicht für mich. Und die Vorstellung, zu spät zu kommen, lässt mir jetzt kalte Schauer über den Rücken laufen.

Plötzlich fällt mir ein, dass Sev vielleicht ganz allein dort ist und irgendeinem skrupellosen Mörder direkt in die Hände läuft.

„Wer wird zuerst da sein?", frage ich Tim.

„Sev. Er hatte ja genügend Vorsprung. War doch klar, dass der nicht darauf wartet, ob wir jemanden finden. Er hat die Daten mit der 6 eingegeben und ist losgebraust. Mit Vollgas. Dann braucht er von meiner Wohnung aus maximal 10 Minuten. Hoffentlich macht er da allein keinen Scheiß!" Er parkt seinen Wagen direkt an der Treppe zur Schleuse. Wir warten keine Sekunde. Über die Treppen hinauf auf den Stahlsteg. Unter uns brodelt das Wasser über die eisernen Röhren. Weit vor uns leuchtet eine Laterne. Ich spüre kalten Schweiß auf meiner Stirn.

KAPITEL 12

SEVERIN

Severin?"

„Ja?", schreie ich die Freisprechanlage meines Autos an. Angst klettert meine Kehle hinauf. *Was habe ich mir nur dabei gedacht, Lydia zusammen mit Tim an einen vermeintlichen Tatort zu schicken, an dem der Mord vielleicht noch nicht einmal passiert ist?*

„Hier ist niemand", ertönt Lydias aufgeregte Stimme. Erleichterung und Panik steigen gleichzeitig in mir hoch.

Die Schleuse also. Verdammt. Mein Blick wandert zur Uhr. Wie lange habe ich Zeit? Wie lange, bis jemand stirbt?

„Bitte sei vorsichtig!", höre ich noch Lydias Stimme, bevor ich abbiege und die schmale Straße zur Schleuse entlangfahre. Kurzerhand reiße ich den Lenker herum und presche auf den Fußweg hinter dem Sportplatz. Direkt vor der Fußgängerrampe zur Brücke über den Main bleibt mein Mustang stehen.

Mein Herz rast. Meine Haut brennt und jeder Muskel in mir bebt. Und doch steige ich aus und renne hinauf. Ich höre das Wasser. Spüre den Wind und den Schwindel, als ich oben ankomme und das Eisengestell betrete.

Rechts unter mir steht das Wasser tief. Zumindest ist es das, was ich erkennen kann. Es ist so verdammt dunkel. *Müsste es hier nicht beleuchtet sein?*

Ich blinzle immer wieder. Versuche, in der Dunkelheit zu sehen. Versuche, irgendetwas zu erkennen, aber diese Finsternis frisst alles auf und sie frisst sich in meine Seele.

Ein schwappendes Geräusch zieht meine Aufmerksamkeit auf sich. Ich gehe weiter. Schritt für Schritt über die stählerne Brücke. Zücke mein Handy und leuchte mir den Weg, bis ich an einer Treppe ankomme, die von einem kleinen eisernen Tor flankiert wird. Ich runzle die Stirn, steige darüber und sehe mich von der kleinen Plattform aus um. Und dann blendet mich ein Licht. Mein Puls stolpert und der Schwindel kehrt zurück, während ich einen Schritt zurückgehe. Der Scheinwerfer ist genau auf mich gerichtet. Doch dann schwenkt er ab. Ein ohrenbetäubendes Geräusch ertönt und ich beginne zu begreifen, dass das Wasser steigt. Meine Augen wandern zu der kleinen Leiter im Becken, die nun beleuchtet wird. Ganz kurz erkenne ich einen Mann, bevor das Licht ausgeht und das Geräusch mir deutlich macht, was hier gerade passiert.

Ohne weiter nachzudenken, laufe ich los. Sprinte die Treppe hinunter und springe die letzten Stufen hinab. Mein Puls rast, während ich über das geschlossene Schleusentor zur Leiter renne, um nach dem Hals des Mannes zu fassen. Er lebt. Also schlage ich ihm leicht ins Gesicht. Er kommt nur langsam zu sich. Während das Wasser so gar nicht langsam steigt.

„Was …", wispert er und seine Augen werden innerhalb von Sekunden panisch. „Was –" Er versucht sich loszureißen. Ein Klirren und ich begreife, dass er festgebunden ist.

So schnell ich kann, klettere ich zu ihm und greife nach seinen Händen. *Fuck. Handschellen.*

„Wo ist der Schlüssel?", schreie ich den Mann an, der immer noch an den Handschellen zerrt, als könne er sie selbst lösen.

„Ich …"

„Wo ist der Schlüssel?" Die Frage ist irrsinnig. Woher soll er das wissen? Aber wie zum Teufel soll ich die Handschellen mit meinen bloßen Händen aufbrechen? Das Wasser erreicht meine Schuhe. Ich muss mich beruhigen. Ruhig atmen. Die Panik wegdrücken.

Das Licht geht wieder an und lässt mich beinahe abstürzen, als ich zusammenzucke.

„Jemand hat mich hier festgemacht", sagt der Mann und nun erkenne ich seine weit aufgerissenen Augen und die Wunde an seinem Kopf.

„Wo ist der Schlüssel?", frage ich wieder. Aber der Kerl ist vollkommen abwesend.

Als das Wasser meine Waden streicht, sehe ich hinab. *Warum die Sieben?* Warum hat dieser kranke Spinner dieses Mal eine Frage benutzt, die zwei Antworten hatte? Wollte er, dass wir uns trennen? Dass wir zu spät kommen? Oder bedeutet die Zahl etwas?

Ich sehe mich um. Suche nach der Sieben. Suche wie ein Verrückter, weil es hier nichts gibt, womit ich diese Scheiße aufbekommen könnte.

„Sev!", schreit Lydias Stimme plötzlich von oben. Ihr Blick richtet sich voller Angst auf mich.

„Ich muss die Sieben finden!", schreie ich ihr zu, während ich immer noch über dem Mann hänge. Tim und sie sehen sich irritiert und suchend um. Aber auch sie sehen nichts, was mit dieser Zahl zu tun haben könnte. *Was, wenn es doch einfach nur ein Spiel war? Was, wenn ich diesen Mann gar nicht retten kann? Wenn ich ihn nur hätte retten können, wenn ich die Polizei gerufen hätte?*

„Sucht nach Werkzeug!", schreie ich und deute auf das kleine Häuschen.

Lydia rennt sofort los, während Tim wie erstarrt dasteht und mich ansieht.

„Tim!", knurre ich so laut ich kann. „Mir passiert nichts!" Er nickt wie in Trance und folgt ihr dann. Das Wasser steigt bis zu meiner Hüfte.

„Hilfe!", beginnt der Mann laut zu schreien. Immer und immer wieder.

„Sei still!", fluche ich, während er sich die Arme wund reißt. Er wird panisch. Wie ein Tier in einem Käfig. Das Wasser steigt und steigt.

„Sev!", schreit Lydia von der anderen Seite des Beckens und hält ein Brecheisen hoch.

Ich presse die Lippen zusammen, lasse dann die Leiter los und versuche auf die andere Seite zu schwimmen. Zehn Meter, vielleicht zwölf. Das muss zu packen sein, aber das sprudelnde Wasser zieht mich immer wieder hinab. Das Licht geht aus und die Dunkelheit erdrückt mich. Reißt mich weiter in Finsternis. Ich spucke das dreckige Wasser aus und schwimme weiter.

Als ich endlich ankomme und Lydia das Brecheisen fallen lässt, bekomme ich es nicht zu fassen. Es versinkt im pechschwarzen Wasser. Ich tauche unter. Tauche diesem metallenen, schweren Ding hinterher, aber es ist zu dunkel. So dunkel, dass ich kaum noch begreife, wo ich bin. Alles um mich herum verschwimmt. Oben und unten verschwimmt. Ich muss mich entscheiden. Für eine Richtung. Und als ich gerade losschwimmen will, erkenne ich unter mir ein leichtes Licht. *Oder ist das etwa über mir?* Mein Verstand wird von Nebel und Schwindel festgehalten und doch entscheide ich mich, dem Licht entgegenzuschwimmen und tauche auf.

Über mir kniet Lydia. Die Taschenlampe ihres Handys schmerzt in meinen Augen. Ich kann ihr Gesicht nicht erkennen. Aber es ist, als würde ich ihre Erleichterung spüren.

Das Wasser steigt weiter und reißt mich erneut nach unten. Ich schwimme los. Schwimme mit heftigen Schlägen zurück zu dem Mann, dem das Wasser nun bis zum Halse steht.

„Nein!", schreie ich und beginne nun auch wie ein Irrer an seinen Handschellen und den Eisenstäben der Leiter herumzureißen. *Was soll ich tun?*

Ich muss ihm die Hände brechen. Das ist das Einzige, was ich noch tun kann. Ich sehe hinauf. Sehe auf die Leitersprossen und beginne sie zu zählen. Sieben. An der siebten Strebe. Da kommt mir eine Idee.

Ich tauche unter und klettere unter Wasser hinab. Immer tiefer und tiefer. Mein Kopf platzt beinahe, aber ich konzentriere mich, nicht loszulassen. Nicht den Halt zu verlieren, bis ich unten angekommen bin. Ich bin taub und blind. Meine Lunge brennt wie Feuer und immer wieder schlucke ich dieses widerliche Wasser. Es ist, als könnte ich den Tod in ihm riechen. *Konzentrier dich!*, bläue ich mir selbst ein und greife nach der zweiten Stange. *Zwei. Drei. Vier.* Ich will auftauchen. Einfach loslassen und hochschwimmen. Alles in mir brennt. Ich brauche Luft. *Fünf. Sechs.* Ich zögere kurz, bevor ich nach der siebten Sprosse greife und sie abtaste, bis ich ein dünnes Seil zu fassen bekomme. Vorsichtig hangele ich mich an dem Seil ab, bis ich den Schlüssel zwischen meinen Fingern spüre. Die tosenden Geräusche hier unter Wasser benebeln mich, lassen mich eine Angst spüren, die ich so nicht kenne. Ich reiße an dem Faden. Reiße so fest ich kann, während ich den winzigen Schlüssel fest umklammert halte. Und dann reißt es. Ich bin so erschrocken, dass ich beinahe Luft hole. Und dann klettere ich weiter. Weiter, bis ich seine Füße zu fassen bekomme. Kurz tauche ich auf und hole Luft. Das Wasser steigt Zentimeter um Zentimeter. Sein Mund ist bereits vollkommen mit der Brühe bedeckt. Er reckt seinen Kopf in die Höhe, aber er wird keine Minute mehr haben.

Ich tauche wieder ab, halte mich an der Leiter, während ich nach den Handschellen an seinen Füßen suche. Das Loch suche. *Verdammt.* Ich muss meinen Puls beruhigen. Aufhören zu zittern.

Ganz langsam schiebe ich das Metall zur Seite, nehme den Schlüssel und versuche das Loch zu treffen, ohne ihn zu verlieren. Ein lautes Dröhnen von der Wasseroberfläche lässt mich zucken. Der Schlüssel rutscht mir aus der Hand. Aber ich packe sofort wieder zu und bekomme ihn zu greifen. So schnell ich kann, schiebe ich ihn in das Loch und die Handschellen springen auf. Jetzt nur noch seine Hände.

Ich tauche wieder auf, hole Luft und starre auf den Haarschopf des Mannes.

Eilig ertaste ich seine Hände unter Wasser, suche das Schlüsselloch und stecke den Schlüssel hinein. Erleichterung macht sich in mir breit, aber sie springen nicht auf. *Nein. Nein. Nein. Was habe ich übersehen?* Ich drehe immer und immer wieder. Aber nichts öffnet sich. Es passiert einfach rein gar nichts.

Ich tauche wieder auf. Die Panik nimmt mir die Luft. Über mir erscheint Lydia. Sie ist über das Schleusentor herüber gekommen. Ihr Atem geht schnell, aber trotzdem zieht sie ihre Jacke aus und klettert zu mir.

„Los!", schreit sie mich an, weil ich sie einfach nur völlig perplex anschaue, während ihr ganzer Körper von der Kälte des Wassers bebt. Sie holt tief Luft, taucht dann unter und beatmet den Mann. Ich bin immer noch wie erstarrt, bis ich es endlich begreife und wieder abtauche. Wieder die Leitersprossen hinab, bis ich unten bin und sieben zähle. Es gibt keinen weiteren Schlüssel. *Es muss.* Etwas in mir zwingt mich wieder hinauf. Ich zähle weiter. Beginne wieder bei eins und suche die siebte Strebe erneut ab. Als ich den Schlüssel zu fassen bekomme, schreie ich vor Erleichterung und verliere viel zu viel Luft. Aber sie reicht, um wieder aufzutauchen und Lydia den Schlüssel entgegenzustrecken. Sie nickt und sieht hinab, holt wieder Luft und gibt sie dem Mann, während ich hinabtauche und den Schlüssel in die Handschellen stecke. Es ist, als würde ich in dieser ohrenbetäubenden Taubheit das Knacken hören. Ich packe den Mann und versuche an die Oberfläche zu kommen. Halte mich an der Leiter und suche nach Lydia. Als sie neben mir auftaucht und die Treppe hinaufklettert, entspannt sich mein Körper ein wenig.

Sie streckt ihre Hand aus. Tim kommt zu ihr und sie wuchten und zerren den Kerl gemeinsam aus dem Wasser, während ich von unten mit Leibeskräften schiebe und schließlich selbst neben ihm auf den Boden falle.

Lydia reagiert sofort und drückt auf seinem Brustkorb herum, bis er Wasser spuckt und sich hustend zur Seite dreht.

Verdammt. Mein gesamter Körper ist taub. Und doch spüre ich alles. Jeden Fleck meiner unterkühlten Haut. Lydia lässt sich neben mich sinken und streicht mir eine Strähne aus dem Gesicht.

„Geht es dir gut?"

„Ich denke, ich brauche eine Mund-zu-Mund-Beatmung", lache ich heiser und matt, woraufhin sie nur den Kopf schüttelt und wieder aufsteht.

„Wer sind Sie?", fragt sie den Mann, während Tim mit der Polizei telefoniert.

„Harald", krächzt er, als würde uns diese Information irgendetwas bringen.

„Warum habt ihr das gemacht? Warum seid ihr überhaupt hier?"

„Ein Danke hätte gereicht", knurre ich und richte mich unter Schmerzen auf. Mir ist so verdammt kalt, dass ich mich kaum bewegen kann. Das Adrenalin verlässt meinen Körper und macht mich mit jeder Sekunde schwächer.

Als ich vor ihm stehe und einen weißen laminierten Zettel aus seiner Brusttasche ragen sehe, packe ich ihn. Er hat das Wasser unbeschadet überlebt. Das hier sollte also gefunden werden.

Mit raschelndem Atem lese ich.

§ 211 StGB
Mord
(1) Der Mörder wird mit lebenslanger Freiheitsstrafe bestraft.
(2) Mörder ist, wer
aus Mordlust, zur Befriedigung des Geschlechtstriebs, aus Habgier oder sonst aus niedrigen Beweggründen,
heimtückisch oder grausam oder mit gemeingefährlichen Mitteln oder
um eine andere Straftat zu ermöglichen oder zu verdecken,
einen Menschen tötet.

§ 23 StGB (2) Der Versuch kann milder bestraft werden als die vollendete Tat.

Und weiter unten lese ich noch:

*Doch manch einer, der mit seiner Tat aus niederen Beweggründen
das Leben eines Menschen in Gefahr bringt und den Tod in Kauf
nimmt, wird anders bestraft.*

Blinzelnd versuche ich zu begreifen, was das hier bedeuten soll.
Warum sollte Mord oder versuchter Mord anders bestraft werden?

„Was ist das?", erkundigt sich Lydia und greift nach dem Zettel. Dann summt mein Handy. Ich ziehe es aus meiner nassen
Jeans und entsperre es.

Ich bin nicht in der Lage zu atmen, als ich die SMS lese.

```
1:1
Bereit für die Verlängerung?
```

Sofort drehe ich mich um und suche die Schleuse und die Häuser nach Leben ab. Nach jemandem, der uns beobachtet. Nach
demjenigen, der dieses Spiel mit uns spielt. Nur warum? Und
warum spielen sie es mit mir?

„Alles gut?", fragt Tim und tritt neben mich. Ich gehe in die
Hocke und zeige ihm die Nachricht.

Wahrscheinlich bin ich an all dem schuld. Wahrscheinlich
haben sie es doch auf mich abgesehen, weil ich diese beschissenen App-Betreiber finden wollte.

Ich fahre mir durch die nassen Haare, während ich durch das
Gestrüpp Blaulicht erkenne. Jetzt geht es also los. Gerade aus
dem Gewahrsam entlassen, werden mich Jules und mein Dad
hier erneut in einem riesigen Schlamassel wiederfinden. Und
ich kann ihnen nicht einmal widersprechen, wenn sie mir eine
Standpauke halten. Wir hätten das hier nicht allein machen
dürfen.

Die Polizisten beginnen den Tatort abzusperren, während Sanitäter uns Decken bringen und versuchen, uns wieder aufzuwärmen.

Erst nach einer ganzen Weile taucht Jules bei mir am Krankenwagen auf und mustert mich.

„Geht es dir gut?", fragt sie vorsichtig und als ich nicke, wird ihr Gesicht zu einer harten Maske.

„Was hast du dir dabei gedacht?"

„Ehrlich gesagt, habe ich nicht sehr viel gedacht", gebe ich zurück und trinke den Kaffee, den mir einer der Sanitäter gebracht hat.

„Und warum vertraust du mir nicht?"

Ich hebe meine Brauen. „Das hat nichts damit zu tun, Jules", wehre ich ab und ziehe die Decke enger um mich.

„Du hättest sterben können, verdammt", knurrt sie und setzt sich dann zu mir. „Du musst mir alles erzählen."

Ich nicke. Ich hätte aus dem letzten Mal lernen müssen. Wissen müssen, dass es dumm ist, die Polizei nicht einzubinden. Ja, ich hätte mich einmal im Leben richtig verhalten müssen. Aber das habe ich nicht. Weil Severin Klemm immer alles allein schaffen will. Aber das hier ist eine Nummer zu groß. Und die SMS verrät mir, dass das erst der Anfang war.

„Du musst noch eine Aussage auf der Wache machen und dann …" Ich spüre ihre Unsicherheit. Spüre, dass sie mir beistehen will, aber gleichzeitig nichts lieber will, als von mir wegzukommen. Mein Blick wandert zu Lydia, deren Kopfwunde gerade erneut verarztet wird.

„Ich würde mich freuen, wenn du noch vorbeikommst", sage ich dann matt und verziehe meinen Mund zu einem freudlosen Lächeln.

KAPITEL 13

SEVERIN

Wer sollte für Mord eine andere Strafe erhalten? Diese Frage schleicht noch durch meinen Kopf, als bereits die Sonne aufgeht. Ich habe jegliches Gefühl für Tag und Nacht verloren. Ich habe sicher sechzehn Stunden geschlafen, nachdem ich bis spät in der Nacht gehofft hatte, Jules würde noch kommen. Irgendjemand, damit ich nicht allein sein muss. Ist sie aber nicht. Niemand ist gekommen.

Und so sitze ich jetzt seit Stunden allein auf meiner Couch, grübele und starre in den trüben Morgenhimmel.

Es ist, als würde die Antwort direkt vor mir liegen. Wie ein riesiges Leuchtschild. Und als wäre ich zu blöd, es zu begreifen, biege ich immer wieder ab und suche nach einer anderen Lösung.

1:1. Warum ein Spielstand? Weil es hier doch wieder nur um diese App geht?

Ich schüttle den Kopf und entscheide mich, aufzustehen, mich zu waschen und zu Jules zu fahren. Sie muss mir helfen. Und ich muss ihr von dem Zettel erzählen, den ich Lydia an der Schleuse wieder weggenommen und eingesteckt habe.

Als ich am Präsidium angekommen bin, erinnere ich mich kaum, wie ich hierherkam. Ich bin immer noch unendlich müde. Trotzdem steige ich aus und marschiere hinein.

Ich entdecke Jules in einem der Konferenzräume. Sie sitzt mit geschlossenen Augen auf einem Stuhl. Die Kaffeetasse in ihrer Hand hat ordentlich Schräglage. Das gibt gleich ein Unglück.

„Kann ich Ihnen helfen?", hält mich ein Polizist in Zivil auf, bevor ich den Raum betreten kann.

„Ich will zu meiner Freundin", antworte ich, als wäre es das Normalste der Welt, und deute auf Jules. „Ich mach mir Sorgen", füge ich dann noch schnell hinzu und setze eine betroffene Miene auf. Er verzieht den Mund, lässt mich aber eintreten.

„Jules", flüstere ich, als ich die Tür hinter mir geschlossen habe, und nehme ihr den Kaffee aus der Hand.

Erschrocken öffnet sie ihre Augen und blinzelt ein paar Mal, bevor sie mich erkennt.

„Sev ... Was machst du hier?", fragt sie und streckt sich.

„Ich ..." *Ja, wie fange ich an? Ich habe dir an der Schleuse versprochen, nichts mehr allein zu machen, während ich einen Zettel in meiner Hosentasche hatte, den ich unterschlagen habe.*

Ich entscheide mich, dass keine Worte nötig sind, und lege den Zettel auf ihren Schoß. Sie schaut mich fragend an, entfaltet ihn und liest.

„Und da ist noch etwas", sage ich und hole mein Handy heraus. Zeige ihr die Rätsel und auch die anderen Nachrichten.

Sie schweigt eine ganze Weile. Dann steht sie auf und winkt mir zu, damit ich ihr folge. Als wir in ihrem Büro ankommen, packt sie etwas aus ihrer Schreibtischschublade. Ein eingeschweißtes Stück Papier.

„Sieht sich verdammt ähnlich, nicht wahr?"

Ich nicke und lese die Zeilen darauf.

§ 212
Totschlag
(1) Wer einen Menschen tötet, ohne Mörder zu sein, wird als Totschläger mit Freiheitsstrafe nicht unter fünf Jahren bestraft.
(2) In besonders schweren Fällen ist auf lebenslange Freiheitsstrafe zu erkennen.
Ein anderer darf lediglich nicht unter drei Jahren bestraft werden.

„Welches Gesetz erlaubt es, jemanden zu töten und so bestraft zu werden?", frage ich nachdenklich und werfe noch einen Blick auf meinen Zettel.

Jules seufzt und öffnet dann ihren Laptop.

„Ich bin die Gesetze durchgegangen. Natürlich nicht alle. Aber da der erste Mann ein angeblicher Vergewaltiger war, vor allem dieses Gesetz."

Sie deutet auf eine der Zeilen.

„Auf Freiheitsstrafe nicht unter drei Jahren ist zu erkennen, wenn der Täter sonst ein Werkzeug oder Mittel bei sich führt, um den Widerstand einer anderen Person durch Gewalt oder Drohung mit Gewalt zu verhindern oder zu überwinden ...", lese ich leise.

„Ich bin noch einmal die Aussage dieser Vera durchgegangen. Hier kann es eigentlich nur um K.o.-Tropfen, also Nötigung in dem einen Fall und Totschlag im anderen Fall, gehen. Zumindest, wenn man den Toten mit Vera vergleichen will. Der

Typ hatte einen ordentlichen Drogencocktail intus", flüstert sie, denn ganz eindeutig darf sie mir das alles gar nicht erzählen.

„Drogen?"

„Mehr als genug, aber genau so viel, dass er nicht daran gestorben wäre."

Ich fahre mir nachdenklich durch meine Haare. „Und der andere? Wisst ihr schon, wer er ist? Hat er etwas erzählt?"

„Er wohnte in demselben Komplex wie das erste Opfer. Und jetzt wird es spannend …" Sie macht eine Pause, um in der Akte nach einem bestimmten Eintrag zu suchen. „Wenige Meter entfernt von dem Hochhaus im Heisenrath in Goldstein gab es vor drei Jahren eine Explosion, bei der ein kleines Mädchen von herumfliegenden Teilen tödlich verletzt wurde. Die Kleine hat im Familienzentrum am Kiesberg gespielt. Das ist direkt gegenüber. Beide Männer wurden festgenommen und wanderten in U-Haft, weil Zeugen behaupteten, die Zwei hätten dort in einem leerstehenden Hinterhaus in der Straße An der Schwarzbachmühle eine Drogenküche betrieben, die erst einen Brand, dann die Explosion ausgelöst hat. Es gab aber keine verwertbaren Spuren, so dass beide nach 14 Tagen wieder auf freien Fuß kamen."

Sie gibt etwas in ihren Laptop ein und deutet dann auf den Text:

§ 222
Fahrlässige Tötung
Wer durch Fahrlässigkeit den Tod eines Menschen verursacht, wird mit Freiheitsstrafe bis zu fünf Jahren oder mit Geldstrafe bestraft.

Sie schaut mich an. „Was, wenn das mit der Vergewaltigung an Vera nur ein Zufall war? Über den zweiten Mann, den du gestern gerettet hast … Harald Steuber … gibt es außer der Sache von damals nichts. Keine Anzeige. Nicht einmal eine Anzeige gegen Unbekannt, die auf seine Beschreibung passt."

Sie leckt sich über ihre Lippen. „Dann gibt es da noch etwas. Das erste Opfer. Manuel Sauer. Von der Autobahn. Er war an dem Tag überhaupt nicht im Stadion. Jedenfalls sagt das ein Freund von ihm."

„Also hat Vera gelogen?", frage ich irritiert.

„Es sieht so aus. Nur warum, verstehe ich nicht. Ich finde auch keine Verbindung zwischen ihr und der Familie des toten Mädchens. Und ich finde keine Verbindung zu dir oder dieser App und den zwei Opfern. Außer … Vera. Sie ist die einzige Verbindung, weil du sie im Stadion getroffen und mit ihr gesprochen hast."

„Also ist es wirklich ausgeschlossen, dass Vera das Mädchen gekannt hat. Oder ihre Familie und … ja und was? Was wollte sie mit der Aussage über den angeblichen Übergriff erreichen? Dass er verhaftet wird?"

„Haltlos", winkt Jules ab. „Sie hätte wissen müssen, dass wir die Videos und den Einlass überprüfen könnten und auch sein Alibi und er hat eins. Der Freund sagt, sie haben sich in einer Bar das Spiel angesehen und das bestätigen auch noch weitere Personen aus der Bar. Also brauchen wir die Videos gar nicht erst prüfen."

„Warum hat sie es dann behauptet?"

„Ich habe keine Ahnung", schnauft Jules resigniert und lässt sich in ihren Stuhl fallen. „Alles, was ich weiß, ist, dass es nicht vorbei ist. Und das weiß ich auch nur, weil der Mörder mit dir kommuniziert." Sie schließt müde ihre Augen.

„Tim ist dabei, herauszufinden, von wo diese Nachrichten kommen."

„Aha", sagt sie genervt und verzieht den Mund. „Warum lässt du das nicht uns machen, Sev?"

„Weil ihr mir zu legal seid", lache ich und recke meinen Nacken. Das nächtliche Bad im eiskalten Main hat doch Spuren hinterlassen.

Sie schaut mich sorgenvoll an. „So richtig fit siehst du nicht gerade aus."

„Dito", gebe ich zurück. „Und danke, dass du … gegen das Gesetz verstößt und mich einweihst."

„Ich kann nicht zur Ruhe kommen. Ich muss diese Vera noch einmal verhören."

„Das sollte vielleicht Lydia machen."

„Was?" Jules schüttelt den Kopf. „Ihr seid keine Polizisten, Sev. Und das letzte Mal, als ihr Kommissar Klemm und Heller gespielt habt, ist sie fast gestorben."

„Vera vertraut ihr", entgegne ich nachdrücklich. Jules seufzt wieder. „Der Staatsanwalt reißt mir den Kopf ab."

„Vielleicht nicht. Ich kenne den ganz gut", entgegne ich mit einem Grinsen.

„Aber dann will ich in der Nähe sein. Und Lydia wird verkabelt. Und …"

„In Ordnung", raune ich und beuge mich über den Tisch, um ihr einen Kuss zu geben. Sie zögert kurz. So, als würde etwas zwischen uns stehen. Und ich weiß auch genau, was es ist. Lyd. Aber Lydia und ich sind nur Freunde. Nur aussprechen kann ich das nicht.

„Ich muss jetzt zu meinen Eltern. Sonntagsessen. Vielleicht kann ich ja dem Herrn Staatsanwalt schon mal einen zarten Hinweis darauf geben, was sich ohne sein Wissen gerade tut."

„Untersteh dich", gibt Jules knapp zurück. Ein Teil in mir zögert und will sie einladen. Aber ein viel größerer entscheidet sich dagegen, steht auf und winkt ihr zum Abschied zu wie ein dummer Idiot.

Zum richtigen Arschloch werde ich aber erst im Auto, als ich Lydia schreibe, ob sie dazukommen will. Sie hatte auch eine harte Nacht am Freitag und ich habe seit der Rettungsaktion in der Schleuse nichts mehr von ihr gehört. Wahrscheinlich hat sie ihr Handy einfach ausgemacht und sich verkrochen. Aber heute spielt die Eintracht in Freiburg, also muss sie nicht ins Stadion.

Wir treffen uns dort, ist ihre Antwort. Um 12 Uhr. Ehrlich gesagt, habe ich nicht damit gerechnet, dass sie wirklich kommt.

Als ich zwei Stunden später am Holzhausenpark diese Riesenkarre endlich in die viel zu klein geratene Lücke rangiert habe und über die Straße gehe, sehe ich mich nach ihr um. Ich bin ein bisschen zu früh. Gut so, dann kann ich mich dem hohen Gericht zunächst allein stellen.

„Severin Benjamin Klemm!", ertönt die zornige, aber gleichzeitig warme Stimme meiner Mom, als sie die Tür öffnet und mich kurz darauf in die Arme schließt und ihren Kopf an meine Brust legt. Sie ist zwar angefressen, dass ich so lange nicht da war. Aber sie ist eben eine Mutter.

„Es wird aber auch Zeit."

„Hey Mom", bringe ich mit Mühe heraus, weil sie mir die Luft abschnürt. Gott sei Dank rennt bereits Leonard auf mich zu. Sie lässt los, er stürzt sich in meine Arme. Ich werfe ihn ein paar Mal hoch, bevor ich ihn absetze und unseren supercoolen Check mit ihm mache.

„Du bist ganz schön groß geworden."

„Und du wirst immer kleiner."

Ich grinse, sehe dann hinauf, direkt in Nastis Augen. Sie schenkt mir ein Lächeln, das früher nie für mich gedacht war. Für Dad, ja, manchmal auch für Mom und vor allem für Richard. Aber nie für mich. Jetzt ist das anders.

„Na, kleiner Bruder. Ich habe gehört, dass du jetzt ein Volksheld bist."

„Superman!", wirft Leonard ein. „Nein! Aquaman!"

„Diese Vorherrschaft von DC macht mir Angst, Nasti", lache ich. „Jemand sollte dem Kleinen mal Marvel nahebringen."

„Das könntest du ja machen, wenn du mehr Zeit mit ihm verbringen würdest", sagt sie spitz und lächelt wissend.

„Wo ist Dad?", frage ich dann mit einem prüfenden Blick.

„In seinem Büro", zischt Mom. „Wie immer. Obwohl das doch der Familientag ist."

Sie wirft sich das Geschirrhandtuch über die Schulter, als hätte sie den Kampf aufgegeben. Das wird sie allerdings nie. Ich kenne sie.

„Ich habe übrigens ein Blumenbouquet bestellt und an Mics Grab bringen lassen", sagt sie dann und streicht mir liebevoll über die Wange. „Hels Lieblingsfarben."

„Danke Mom", raune ich und küsse ihre Stirn, bevor ich zu Dad ins Büro gehe.

Er sieht nicht einmal hoch, winkt mir aber zu und deutet mir, die Tür zu schließen.

Es dauert ein paar Minuten, bevor er sich von seiner Akte löst, nach hinten lehnt und mich ansieht.

„Geht es dir gut, mein Sohn?"

„Si claro", antworte ich belustigt.

„Severin", ermahnt er mich.

„Ich weiß es nicht", gebe ich ehrlich zu und beiße mir auf die Lippe. „Vielleicht gibt es Dinge auf der Welt, die zu groß für Severin Klemm sind."

„Die gibt es mit Sicherheit. Allein eine bessere Note als eine vier in Mathe zu bekommen, war damals schon ein Berg, den du nie erklimmen konntest."

Mein Blick verschärft sich. „Echt, Dad? Du vergleichst das hier mit meiner Unfähigkeit, Mathe zu begreifen?"

„Du hast Mathe immer begriffen. Du bist um einiges cleverer, als ich es selbst bin. Aber du hast dir schon immer ausgesucht, in was du deine Energie steckst und in was nicht", brummt er und legt nachdenklich seine Finger vor seine Lippen. „Die Frage, die sich mir stellt, ist, warum du entschieden hast, deine Energie in diese mords … mäßige Scheiße zu stecken." *Wow.* Dass er Wortspiele mochte, war mir klar. Aber Kraftausdrücke – das ist mir neu.

„Ich denke, da habe ich nicht selbst gewählt." Ich verkneife mir einen Kommentar und zucke mit den Schultern.

„Bitte pass auf, Severin. Auch, was deine Liaison mit Fräulein Lacker betrifft."

„Meinst du, sie wird mir gefährlich?", lache ich und spiele an einer kleinen Justitia-Statue herum, die vorne am Schreibtisch meines Vaters steht.

„Nein, ich denke, dass du ihr gefährlich wirst. Wir wissen beide, dass dein Herz für eine andere schlägt."

„Wie bitte?" Ich verschlucke mich beinahe an meiner eigenen Spucke. „Mein Herz schlägt für niemanden. Mein Herz ist aus Eis und umgeben von Titan."

„Mit Sicherheit", gibt Dad unbeeindruckt zurück. Ein Klingeln an der Tür lässt uns kurz innehalten.

„Lydia, wie schön!", ruft Mom durch das ganze Haus und Dad und ich sehen uns sekundenlang einfach nur an. Er wissend, ich ertappt. Dabei hat er unrecht.

„Kann ich dir sonst irgendwie helfen, bevor du wieder mein Büro durchsuchst?"

„Ich habe jetzt eine Quelle bei der Polizei, Dad", gebe ich mit einem schiefen Grinsen zurück. Er schüttelt nur den Kopf und erhebt sich.

„Dann lassen wir deine Mutter mal nicht zu lange warten. Sie macht mir sowieso schon die Hölle heiß."

„Aye aye, Sir."

Als wir am Esstisch ankommen, öffnet Mom gerade eine Flasche Wein, Leonard spielt irgendein Spiel und Nasti und Lydia reden miteinander, als hätten sie sich viel zu erzählen.

„Für mich auch", sage ich und deute auf die Flasche.

„Jesus Christ, what is wrong with you?", flucht sie auf Englisch und holt dann ein Weinglas aus dem Schrank.

„Bitte", füge ich schnell hinzu.

Wenn Mom anfängt auf Englisch zu reden, ist sie wirklich sauer.

„You could have told me Lydia is coming, too", zischt sie dann, als wäre Englisch eine Geheimsprache.

„Mom, Lydia sitzt genau dort. Und glaub mir, sie versteht Englisch."

„Es tut mir so leid", sagt Lydia beschämt und will aufstehen, doch meine Mom legt ihr liebevoll eine Hand auf die Schulter.

„Ich freue mich sehr, dass du da bist, Honey. Ich kann nur meinen Sohn ab und zu nicht leiden. Ich hätte dann den Wein besorgt, den du so gerne magst."

Ich lache in mich hinein. Lydia mochte diesen Wein nicht besonders gern, sie wollte sich damals wahrscheinlich einfach zulaufen lassen, um diese Familie zu ertragen.

„Wie geht es dir denn? Ich habe gehört, dass du auch in diese Schleuse gesprungen bist?" Mom wirkt beeindruckt. *Natürlich.*

Mir wirft sie eher einen zornigen Blick à la „Wenn ich dich in die Finger kriege" zu. Mütter und ihre Söhne eben. Sie wird wahrscheinlich nie aufhören, sich Sorgen zu machen. Als ich aus der Türkei wiederkam, waren ihre Augen rot geschwollen und eine Mischung aus Angst und Zorn stand in ihnen. Dann hat sie ausgeholt und mir mit der flachen Hand ins Gesicht geschlagen.

Das Essen verläuft ungewöhnlich entspannt, außer ein paar Spitzen meiner Eltern gegeneinander. Aber eigentlich ist das nur ein Zeichen ihrer Liebe füreinander. Zumindest hatte ich schon als kleiner Junge das Gefühl, dass es so ist.

Als wir fertig sind und Lydia auf die Terrasse geht, um eine zu rauchen, folge ich ihr und schließe die Tür hinter mir.

„Du musst etwas tun."

„Das ist wirklich eine schöne Art, ein Gespräch zu beginnen, Severin", knurrt sie und zündet sich die Kippe an.

„Du hast recht", gebe ich zu und trete näher. „Geht es dir gut?"

„Erst hast du mich bei Eric wie eine dumme Göre aussehen lassen, dann hat mich ein Kerl … angegriffen und schließlich haben wir zusammen nach einer wilden Jagd durch die halbe Stadt einen Mann gerettet. Aber das Ganze ist ja schon zwei Tage her. Also sollte es mir wohl gut gehen, oder?"

„Ich habe nicht danach gefragt, wie es dir gehen sollte."

Sie atmet schwer. „Ich fühle mich falsch. Schwach und falsch. Ich habe einfach nur dagestanden und wollte es über mich ergehen lassen, verstehst du? Nur überleben, habe ich gedacht. Dabei hatte ich vor Jahren einen Selbstverteidigungskurs. Und was mache ich? Stehe da wie eine verdammte Marionette. Ich habe nicht einmal wirklich etwas gefühlt. Nur darüber nachgedacht, wie ich irgendwie mit heiler Haut davonkommen kann. Kannst du dir das vorstellen?"

„Es war wahrscheinlich das Beste, was du tun konntest", flüstere ich und versuche mit all meiner Kraft den Hass zu unterdrücken, den ich empfinde.

Sie nickt und nimmt einen kräftigen Zug.

Am liebsten würde ich meine Faust gegen die beschissene Wand rasen lassen.

Lydias Augen verharren kurz irgendwo in der Ferne. Dann dreht sie sich um und drückt ihre Zigarette im Aschenbecher aus.

„Also, was soll ich tun?" Ihre Stimme klingt kalt.

„Du musst mit Vera reden. Die Polizei hat herausgefunden, dass der Mann, der sie angeblich fast vergewaltigt hat, überhaupt nicht im Stadion war."

„Was?" Lydia sieht mich fassungslos an. „Sie hat das … das erfunden?" Wut flackert in ihren Augen. „Und die Wunde? Die hat sie sich selbst zugefügt? Oder war es ein anderer?" Sie keucht, so entsetzt ist sie. „Oh man. Ich bin so blöd. Ich wusste, da stimmt etwas nicht. Da hat einiges an ihrer Geschichte nicht zusammengepasst."

„Deshalb musst du mit ihr reden. Dir vertraut sie und … Jules möchte, dass du verkabelt bist, damit sie eingreifen kann, falls Vera gefährlich ist."

„Sie ist nicht gefährlich", murmelt Lyd abwesend.

„Das weißt du nicht."

„Ist ja gut. Ich mach's."

Ich nicke und sehe ihr schweigend zu, wie sie sich eine zweite Zigarette anzündet und dreimal tief inhaliert, bevor sie ihr Handy nimmt und Vera eine Nachricht schickt.

Mom hat bereits den Sonntagsbraten auf den Tisch gestellt und lächelt uns breit an, als wir zurückkommen.

„Weiß man schon etwas über den Fall mit diesem Kerl, den Severin gerettet hat?", fragt Nasti irgendwann an Papa gerichtet und schiebt Leonard dabei einen halben Kloß in den Mund.

„Er erinnert sich an nichts", gibt Dad knapp zurück und trinkt von seinem Whiskey.

„An gar nichts?" hake ich ein und straffe meine Haltung, weil Mom mir in den Rücken schnipst.

„Nein. Wir konnten nur eine Verbindung zu dem Opfer von der Autobahn finden. Sie wohnen in einem Häuserkomplex und sind zusammen in einem Fanclub."

„Beide sind in einem Fanclub der Eintracht?" Ich verenge meinen Blick.

„Nur dieser Manuel war wirklich Mitglied. Harald, den ihr gestern gerettet habt, war wohl nur ab und zu dabei, um Freikarten für Spiele zu bekommen."

Ich verziehe den Mund und versuche irgendeinen Zusammenhang zu finden.

„Wir haben ihn auch zu einem Vorfall von vor ein paar Jahren befragt. Es gab einen Brand in einer Hütte, mit anschließender Explosion und einem kleinen Mädchen, das dabei ums Leben kam. Er hat sich sehr reumütig gezeigt, weil das Feuer und die Explosion wirklich in dem Hinterhaus ausgebrochen waren, das sein Kumpel als Treffpunkt für den Fanclub angemietet hatte. Aber eine Drogenküche, wie die Familie des Kindes damals behauptete, hat es nie gegeben, sagt er. Und er ist jeden Monat einmal am Grab des Mädchens. Das haben Zeugen bestätigt. Ein wirklich seltsamer Fall."

„Aber das Mädchen ist an den Kopfverletzungen gestorben und nicht ertrunken", raune ich mehr zu mir selbst.

„Wenn sich jemand hätte rächen wollen. Hätte er ihn dann nicht …"

„Verbrannt?", fragt mein Vater mit erhobenen Brauen. Ich nicke.

„Vielleicht. Aber elementar ist es dennoch", gibt er zurück.

Ich nicke abermals und esse weiter. Warum sollte er ertrinken? Und warum gibt derjenige, der ihn töten wollte, mir die Chance, ihn zu retten? Beide Morde hätten verhindert werden können. Von mir. Warum? Will der Mörder sie nicht töten? Oder ist das seine Art der Buße. Seine Art der Rechtfertigung vor sich selbst?

Eine andere Frage schleicht sich hinterrücks in meinen Verstand und meine Seele. *Hätte ich ihn auch gerettet, wenn sicher gewesen wäre, dass er ein kleines Mädchen getötet hat? Aber wer verdient den Tod? Kann ich das überhaupt entscheiden?* Und dieser Typ hat niemanden getötet. Bei all dem geht es auch nicht um Harald, sondern um die echten Monster. Da ist dieser Teil in mir, der ein Monster nicht hätte retten wollen. Kurz erschrecke ich mich vor mir selbst. Ich habe mich immer für einen Gegner der Todesstrafe gehalten. Und der bin ich auch. Und dennoch weiß ich genau, dass ich gezögert hätte.

Lydias Handy brummt mitten in den Nachttisch hinein, und sofort wende ich ihr meinen Blick zu. Sie liest kurz und nickt mir dann zu.

„Wir müssen gehen. Wir haben einen Termin", sage ich und erhebe mich. „Es tut mir leid", füge ich noch hinzu, als ich Moms entsetzten Blick sehe. Das macht es auch nicht besser. Sie ist enttäuscht. Aber Vera könnte jederzeit untertauchen. Das hier ist unsere Chance.

Ich nehme mein eigenes Handy und schreibe Jules, dass alles bereit ist, bevor ich mich verabschiede und mit Lydia mein Elternhaus verlasse.

KAPITEL 14

LYDIA

Glaubst du wirklich, es ist okay, was wir da vorhaben?" Ich schaue Severin lange an. Er hat sich auf seine Motorhaube gesetzt und sieht mir beim Rauchen zu. Er hat darauf bestanden, dass ich einfach im Auto rauche, aber ich brauchte noch einen Moment, bevor wir bei Vera ankommen.

„Isch abe keine Auto", äfft er diesen Typ aus dem Werbespot von vor hundert Jahren nach. Ihm böse zu sein ist wirklich schwierig. Und jetzt stehen wir eben auf der Mainzer Landstraße und ich rauche eine Zigarette. Um mich zu beruhigen. Zu Vera zu fahren, um sie auszuhorchen, gefällt mir gar nicht. Das schmeckt sehr nach Verrat. Sie hat sich mir schließlich anvertraut. Und das soll ich jetzt ausnutzen? Nein. Sie hat mir eine Lüge aufgetischt. Und ich werde sie zur Rede stellen.

„Was verspricht sich eigentlich die Lacker von diesem Gespräch?", will ich wissen. „Und wie ist sie auf mich gekommen?"

„Nun, das war eher ich", antwortet Severin mit einem schmalen Grinsen. „Ich habe ihr gesagt, dass Vera dir vertraut und du bestimmt mehr erfährst als die Polizei bei einem Verhör."

„Danke, Sev. Herzlichen Dank. Ich kann mir wirklich am Sonntagnachmittag nichts Besseres vorstellen, als den Spitzel für … für deine Freundin zu spielen", herrsche ich ihn an.

„Ach so. Du hast gar kein Interesse herauszufinden, was mit dieser komischen Vera nicht stimmt. Lieber ein Kästchen Bier bereitstellen und alles vorbereiten für einen gemütlichen Abend mit Jens und der Eintracht." Sev klingt ordentlich angefressen, aber ich verstehe es nicht so ganz. *Und was bitteschön wollte er so aus heiterem Himmel mit Jens?*

Ich streiche mir nervös eine Locke aus der Stirn.

„Nein, Sev. Natürlich will ich wissen, was mit Vera wirklich ist", antworte ich und hänge nach einer kurzen Pause hintendran: „Und Jens ist eh mal wieder unterwegs. Habe ihn Freitag das letzte Mal gesehen."

„Wow. Geile Beziehung. So ganz nach meinem Geschmack."

Ich stutze, aber tatsächlich kann ich nicht erkennen, ob das seine Meinung oder wieder nur Sarkasmus ist.

„Verstehst du nicht, dass ich kein gutes Gefühl bei der Aktion habe?", übergehe ich schnell den Moment. „Es kommt mir irgendwie schmutzig vor. Unehrlich. Und auch wenn Vera selbst gelogen hat. Ich muss mich deshalb sicher nicht auf so ein Niveau herablassen."

„Sieh es doch so: Wenn nichts dabei herauskommt, ist alles gut. Und wenn Vera irgendetwas zu verbergen hat, ist es im Zweifel überlebensnotwendig, wenn du es schnellstmöglich herausbekommst." Die Logik überzeugt mich.

Und als ich kurze Zeit später von Jules verkabelt werde und noch eine Weile Sevs und ihr seltsames Blickduell verfolge, um schließlich an Veras Wohnungstür zu klingeln, komme ich mir überhaupt nicht vor wie ein Stasi-Spitzel. Eher wie Sherlock Holmes, der einen seiner Tricks anwendet, um den Täter zu entlarven.

„Du?" Vera ist erstaunt, mich vor ihrer Haustür stehen zu sehen. Kein Wunder. Ich habe sie in meiner Nachricht nicht nach einem Treffen gebeten, sondern nur gefragt, was sie macht, um herauszufinden, ob sie zu Hause ist.

„Ich hätte vielleicht besser anrufen sollen", entschuldige ich meinen unangemeldeten Besuch, wie mit Sev und der Lacker abgesprochen. „Ich war gerade in der Gegend und dachte: Schau doch mal bei der Vera vorbei", lüge ich, ohne rot zu werden. „Aber wenn es nicht passt …?" Das hat mir Sev eingebläut.

„Biete ihr einfach an, ein anderes Mal zu kommen. Dann lässt sie dich auf jeden Fall herein", hat er mir geraten. Ein uralter Trick. Aber er scheint zu funktionieren.

„Ich wollte eigentlich gerade eine Sendung schauen, aber … wenn du schon mal da bist. Komm rein. Trinkst du einen Kaffee mit mir?", will sie wissen und führt mich in das Wohnzimmer.

Plötzlich ist mir doch wieder ganz elend. Mit der linken Hand ertaste ich das kleine Mikrofon direkt unterhalb des V-Ausschnitts meines Pullovers. Vielleicht sollte ich auf die Toilette gehen und das Ding einfach wegreißen.

„Kann ich mal für kleine Mädchen?", rufe ich Vera in die Küche nach. Ich brauche ein bisschen Bedenkzeit.

„Gleich da vorne", zeigt sie mit ihrer Linken auf eine Tür.

Ich husche hinein und hebe den Klodeckel geräuschvoll an. Sie soll nicht merken, dass ich mich nur kurz im Spiegel anschauen wollte. Um sicherzugehen, dass ich das wirklich will. Einen anderen Menschen austricksen. Auch wenn Vera mit ihren merkwürdigen Gemütsschwankungen sicher niemals eine

Freundin werden könnte, sie so derb zu hintergehen, hat sie wohl trotzdem nicht verdient. „Was nun, Lydia Heller?", flüstere ich ganz leise meinem Spiegelbild zu.

Wenig später sitzen wir an ihrem Wohnzimmertisch. Jeder eine Kaffeetasse in der Hand. Das blöde Abhörteil immer noch an seinem Platz.

„Nun mal raus mit der Sprache, Lydia. Du hast am Sonntagnachmittag sicher Besseres zu tun, als mich zu besuchen. Warum also bist du hier?" Ihre Stimme klingt klar und offen. Und ich bereue schon wieder, dass ich hergekommen bin. *Lydia Heller, worauf hast du dich nur eingelassen?* Ich denke fieberhaft nach und entscheide mich schließlich für den Angriff. Ist bekanntlich ja die beste Verteidigung und könnte auch helfen, wenn es gar nichts zu verteidigen gibt.

„Der Tote von der 661. Der mit den blonden Haaren und den fehlenden Fingern. Du hast ihn bei der Polizei identifiziert …"

„Sie haben mir sein Foto hingehalten und ich habe ihn darauf wiedererkannt", faucht sie angewidert. „Identifizierung war nicht nötig, haben die gesagt. Das müssten ohnehin seine Verwandten machen."

„Ich weiß", sage ich gedehnt. „Und ich weiß auch, dass der Typ gegen die Bayern gar nicht im Stadion war. Er hat mit einem Freund das Spiel in einer Kneipe angeguckt."

Veras Miene gerät für einen Moment außer Kontrolle. „Woher willst du das denn wissen?", krächzt sie erschrocken.

„Von Hauptkommissarin Lacker. Sie hat es mir gesagt."

„Aha", hat sich Vera schnell wieder gefangen. „Seid ihr etwa befreundet?", klingt sie wieder selbstbewusst, aber immer noch angefressen.

„Nein. Vera. Sie hat es nicht mir erzählt. Severin und sie sind ein Paar. Ihm hat sie es erzählt. Und er mir. Und ich habe gedacht, es wäre nicht schlecht, wenn du wüsstest, dass deine Geschichte aufgeflogen ist."

In mir krümmt sich alles. *Severin und sie sind ein Paar*, klingt es in meinem Kopf nach.

Vera bringt mich mit einem Heulkrampf von den Bildern in meinem Kopf ab. Die ganze Wahrheit bricht aus ihr heraus.

„Am Samstag, das war nur erfunden. Aber dieses Arschloch hat mich vor fast fünf Jahren, am 21. Februar 2015, eine Woche nach Fastnacht, nach dem Spiel in Mainz am Bierstand angebaggert und mir dann angeboten, mich mit seinen Kumpanen nach Hause zu fahren. Irgendwas hat er mir ins Bier getan, nehme ich an. Ich konnte mich an fast nichts mehr erinnern. Nur daran, dass ihm zwei Finger gefehlt haben. Und an sein fieses Lächeln, als er über mich hergefallen ist. *Nachspielzeit* haben die anderen gebrüllt. Das wusste ich noch. Ansonsten Filmriss."

Ich beiße mir auf die Zunge. *Wie soll ich jetzt reagieren?* Veras Geschichte klingt wirklich schrecklich. Aber sie hat mich belogen. Sie hat dafür gesorgt, dass ich meinen Chefs eine falsche Geschichte aufgetischt habe. Vielleicht wollte sie nur auf sich aufmerksam machen. Darauf, wie viele Frauen sexuell attackiert werden und nichts passiert. Aber das war nicht richtig.

„Und dann?", presse ich hervor, ohne zu zornig zu klingen.

„Stunden später hat mich die Polizei auf der Sportanlage an der Seckbacher Landstraße bewusstlos aufgefunden. Ein älterer Herr war mit seinem Hund unterwegs und hat die Streife gerufen."

Ich brauche einen Moment, bis ich eins und eins zusammengezählt habe.

„Das ist ziemlich genau die Stelle, an der der Kerl tot aufgefunden wurde. Abgefüllt mit Drogen, so wie es aussieht."

„Ja, Lydia. Ich weiß doch. Aber ich war es nicht. Ich habe mit den Mädels und dir zusammengesessen, als das passiert ist."

Vera wird wieder von einem Heulkrampf geschüttelt. Ich tätschele gedankenverloren ihren Rücken. Die einzige Geste, die ich ihr gerade entgegenbringen kann. Denn eigentlich würde ich ihr lieber rechts und links eine runterhauen, um sie aufzuwecken. Sie hat sich selbst unglaubwürdig gemacht. Das hat ihr bei dieser Geschichte eher Nachteile eingebracht.

„Alles wird gut!", versuche ich es mit etwas Nettem. Ich konnte andere nie gut weinen sehen.

„Sie werden denken, du hast jemanden beauftragt, den Kerl umzubringen."

„Kann schon sein, dass die das denken, aber es stimmt eben verdammt noch mal nicht. Ja. Ich werde nie begreifen, warum die Verdachtsmomente nicht ausgereicht haben, ihn einzubuchten. Nur, weil er behauptet hat, wir hätten doch alle irgendein Zeugs genommen und ich hätte ja eindeutig mit ihm poppen wollen. Das haben seine Freunde auch behauptet und damit war für die Bullen das Thema durch. Sie haben nicht mal einen Bericht angefertigt."

„Und jetzt, Jahre später, inszenierst du erst die Nummer auf dem Klo und dann stirbt der Kerl keine 50 Meter neben der Stelle, wo sie dich gefunden haben. Vera, wem willst du denn erklären, dass du damit nichts zu tun hast? Selbst mir fällt es ziemlich schwer, dir zu glauben."

Ich fühle mein Herz pochen. Alles in mir sagt, dass sie es gewesen sein muss. Meinem Kopf fehlt ein Gegenargument. Etwas, das sie entlasten kann. Aber mir fällt nichts ein.

„Das ist doch alles Quatsch. Ich weiß nicht mehr, warum ich diese Geschichte erfunden habe. Vielleicht tickt es bei mir da oben seit der Vergewaltigung nicht mehr richtig. Aber ich konnte am Samstag gar nicht wissen, dass dieses Arschloch vier Tage danach tot auf der Autobahn gefunden wird. Und außerdem: Glaubst du denn wirklich, wenn ich meinen Vergewaltiger ins Jenseits befördern will, mache ich mich mit einer Schwachsinnsnummer wie am Samstag verdächtig? Oder lasse ich ihn genau dort über die Klinge springen, wo sie über mich hergefallen sind? Damit auch der dümmste Polizist auf mich als Täterin kommen wird? Für wie blöd hältst du mich eigentlich, Lydia?"

Rumms. Das saß.

„Kein Mensch wäre so blöd. Kein Mensch", höre ich mich kraftlos sagen. Ich begreife: Da ist es doch, das unschlagbare Argument. *Kein Mensch wäre so blöd.* Oder jemand würde das alles genau so inszenieren, damit er besonders unverdächtig wirkt. Mittlerweile würde ich es Vera zutrauen. Ich würde ihr fast alles zutrauen. Denn wenn ich ehrlich bin, kenne ich diese Frau nicht. Plötzlich fällt mir das Mikrofon wieder ein. Und die Lacker, die alles mitangehört hat.

„Vera. Du musst zur Polizei gehen, bevor sie dich holen kommen. Das ist deine einzige Chance. Du musst ihnen genau das erklären, was du mir erklärt hast. Und vielleicht glauben sie dir", rede ich wild drauflos.

Einen Moment lang zögert sie noch. Dann steht sie auf. „Ja. Ist gut, Lydia. Wahrscheinlich hast du recht. Lass uns fahren."

Die Worte sind für mich eine Art Befreiung. Dann muss die Lacker die Aufzeichnung von unserem Gespräch nicht nutzen und ich bin kein Spitzel. Auch wenn sie die Aufnahme sowieso nicht nutzen darf. *Alles wird gut.* Mit einem hastigen Zug ent-

ferne ich das Kabel von dem kleinen Sender in meinem Hosen-
bund. *Auftrag erfüllt. Feierabend!*, jubele ich innerlich.

Veras Handy klingelt. „Hey Klaus. Ich kann jetzt nicht. Ich
rufe dich später zurück", meldet sie sich und als ich die Stimme
am anderen Ende der Leitung höre, gefrieren meine Sinne zu
Eis. Ich starre Vera an und sie schaut irritiert zurück. „Was ist,
Lydia?", will sie wissen. „Stimmt was nicht?"

„Die Stimme. Ich kenne den Mann, der dich angerufen hat.
Er hat mir im Parkhaus aufgelauert und mich ziemlich rüde
angepackt. Was hast du mit diesem Arschloch zu schaffen,
Vera?" Ich würde seine Stimme niemals vergessen. Egal, wie
leise sie ist.

„Das kann nicht sein, Lydia. Das ist mein Bruder. Klaus.
Mein großer Bruder."

KAPITEL 15

LYDIA

D anke, Tim, dass du mich mitnimmst. Ich habe die halbe Nacht nicht geschlafen und fühle mich nur platt. Da bin ich heute Morgen lieber mit der Bahn gefahren."

Tim nickt nur. Und ich weiß: Auch wenn er und Sev jetzt ganz dicke Freunde sind, wird der Bursche immer auch zu mir halten. *Und im Zweifel für mich da sein*, denke ich und schaue ihn an. „Oder, Tim?" Ich schüttele meinen Kopf. *Lydia Heller. Geht's noch? Wie kannst du laut eine Frage stellen, deren Anfang du nur leise gedacht hast? Langsam, aber sicher drehst du doch durch.*

Der arme Tim. Ich scheine ihn zu verwirren. „Oder was, Lydia?", will er wissen.

„Ach nichts. Alles gut."

Wir biegen aus dem Stadion-Areal auf die Mörfelder Landstraße Richtung Flughafen. War klar. Ich hätte Tim auch hundert Mal sagen können, „Setz mich am Bahnhof ab", er würde nicken und schnurstracks nach Kronberg fahren. Bis vor meine Haustür und dann wahrscheinlich noch mit einem Grinsen so etwas wie „Endstation. Alle aussteigen" zum Besten geben. Ein echter Freund eben.

Bei diesem Gedanken fällt mir Sev ein. Seit er diesen Klaus zusammengeschlagen hat, bin ich ziemlich durcheinander. Auf meiner einen Schulter sitzt das kleine Mädchen, das gerne beschützt wird und sich nach dem Ritter in glänzender Rüstung sehnt, der alles für sie tut. Und auf der anderen Seite die erwachsene Frau, die keinen Bock auf diese Machtdemonstrationen hat. Ganz abgesehen davon, dass es ziemlich dumm war, derart auszuflippen. Das hätte ihn ganz schnell in den Knast bringen können. Und zwar für geraume Zeit. „Wenn der Typ auf seinem rechten Auge nicht mehr die volle Sehkraft zurückerhält und der Richter davon ausgeht, dass du das absichtlich gemacht hast, warten drei bis zehn Jahre auf dich", hat Severins Vater erklärt. Und auch, dass die Staatsanwaltschaft in einem leichteren Fall von Körperverletzung nicht zwingend Anklage erheben muss, wenn das Opfer das nicht will. Betonung auf *leichter*.

Plötzlich weiß ich genau, was ich tun muss.

„Tim. Lass uns nach Höchst in die Klinik fahren. Gucken, wie es ihm geht."

Tim schaut ungerührt auf die Fahrbahn. Ein leichtes Zucken um seinen Mund zeigt mir, dass sein Hirn die Optionen durchgeht. Dann zieht er von der mittleren Spur nach rechts.

„Genau hier ist mir der Typ zum ersten Mal aufgefallen, Tim. Also: Sein Licht war so verblödet eingestellt, dass ich für einen Moment nichts mehr gesehen habe. Und dann ist er auch noch mit mir Richtung MTZ von der A66 abgefahren. Ich dachte noch: Blödmann! Überhol mich doch, aber der ist stur hinter mir geblieben."

„Mhhhm", brummt Tim nur. Jetzt in der Klinik vorbeizufahren, um dem Kerl einen Besuch abzustatten, erscheint ihm offenbar nicht die ideale Beschäftigungstherapie für mich zu sein. „Glaubst du nicht, er könnte ziemlich die Nerven verlieren, wenn wir da jetzt auftauchen?", will er wissen.

„Wenn Sev dabei wäre, ziemlich sicher. Aber so. Es ist eine Woche her. Ich bin sicher, wenn er mich sieht, hat er wahrscheinlich die Hosen gestrichen voll und will vielleicht nur erfahren, ob ich ihn angezeigt habe."

„Klingt überzeugend. Noch dazu weiß er nicht, dass wir wissen, wer er ist." Tims Skepsis ist verflogen.

Wenig später erfahren wir, dass Klaus Lichtenthaler nicht mehr auf der Intensivstation liegt, sondern in der Augenklinik behandelt wird. Der Gedanke daran, dass Sevs Faust bei diesem Typ etwas dauerhaft zerstört haben könnte, lässt mich schaudern. Eine ordentliche Tracht Prügel hat er verdient und liebend gerne würde ich ihm einen Tritt zwischen die Beine verpassen. Aber auf einem Auge blind … Das würde für Severin Gefängnis bedeuten. Und das darf nicht passieren.

„Hier. Das muss das Zimmer sein." Tim deutet auf das Türschild. 209.

Ich nicke und überlege einen Moment, ob es besser wäre, wenn ich erst einmal allein hineingehe. „Könnte sein, dass er denkt, er soll die nächste Tracht Prügel bekommen, wenn wir da gleich beide vor seinem Bett stehen, oder?"

„Soll er doch. Hast du dich mal im Spiegel angeguckt. Du hast da inzwischen einen halben Regenbogen unter dem Auge. Also: Wenn dem ein bisschen die Düse geht, geschieht es ihm nur recht. Arsche geleck."

Ich muss grinsen. Obwohl mir eigentlich nicht danach zumute ist. *Arsche geleck* sagt Tim immer nur bei Menschen, die ihm im höchsten Maße zuwider sind. Er fühlt sich dann schlecht und mildert seine tief empfundene Abscheu mit seiner eigenen Fassung von „Der kann mich mal" ab.

Ich deute auf die kleine Sitzecke und öffne die Tür einen Spalt. Lichtenthaler liegt allein in dem Zimmer. Das Bett daneben ist leer. *Gut so*, denke ich und bezweifle im gleichen Moment meine Entscheidung, diesem widerlichen Kerl allein gegenüberstehen zu wollen. Er liest. Irgendein Comic-Heftchen. *Vielleicht doch nur leichte Körperverletzung?*, schießt es mir durch den Kopf. Er schaut hoch. Ich erschrecke. Sev muss eine unglaubliche Wut gehabt haben. Der Kopf von Klaus Lichtenthaler ist auf der rechten Seite immer noch komplett eingewickelt mit Verbandsmaterial, den Teil der Nase, den man sehen kann, ist deutlich angeschwollen. Ein tiefer Cut über der linken Augenbraue vervollständigt das Bild eines Amateurboxers nach zwölf Runden gegen George Foreman. Für einen Wimpernschlag empfinde ich Mitleid. Dann ist die Szene im Parkhaus wieder da. Drängt sich mit Macht nach vorne. So sehr, dass ich instinktiv einen Schritt zurückgehe.

„Ja?", fragt er und erkennt offenbar in diesem Moment, wer da vor ihm steht. Sein langgezogenes *Sie?* spricht Bände. Mit meinem Besuch hat er offenkundig nicht gerechnet. Der Überraschungsmoment ist nicht nur im Fußball Gold wert.

„Was wollen Sie?", bringt er in einer Mischung aus Angst und Zorn hervor. „Wollten Sie sich mal anschauen, ob Ihr Freund oder Mann oder was weiß ich was ganze Arbeit geleistet hat?"

„Nein, wollte ich nicht … und ich hoffe sogar, Ihrem Auge geht es besser", antworte ich mit gespielter Gelassenheit. *Nur nicht wieder diese Macht über mich zulassen. Nur nicht wieder diese unglaubliche Ohnmacht ertragen müssen. Diese Hilflosigkeit, dieses Flehen um Gnade. Diese Unterwürfigkeit. Weil schon die Androhung von körperlicher Gewalt, von Schmerzen, von Tod deine komplette Identität ausknipst. Nichts von deiner Stärke, von deinen Überzeugungen, von dem, was dich ausmacht, übrig lässt. Du zu einem winselnden Wurm mutierst, der am Ende nur noch darüber nachdenken kann, was er falsch gemacht hat.*

„Das Auge. Ach ja. Es wird wohl wieder, sagen die Ärzte. Jedenfalls zu 90 Prozent."

Heißt: Es gibt noch immer eine zehnprozentige Chance auf mindestens drei Jahre Knast für Sev, schießt es mir durch den Kopf. Panik ergreift Besitz von mir. Auch wenn ich verachte, was Severin getan hat. Er hat es für mich getan. Und dafür darf er nicht ins Gefängnis wandern.

Lichtenthaler hat andere Probleme. „Wollen Sie mich jetzt doch noch anzeigen?", fragt er ohne Umschweife.

„Weiß nicht. Sagen Sie mir erst einmal: Warum ich?"

Er schweigt. Seine Hand zittert. Er hält das Comic-Heft kampfhaft fest, aber es wackelt merkwürdig hin und her.

„Warum ich?", wiederhole ich scharf.

„Keine Ahnung. Sie waren da."

Ich spüre, wie mir die Magensäure die Sprache verschlägt. Ich schlucke, denke einen Moment nach, wäge meine Möglichkeiten ab und entscheide mich, mein Ass aus dem Ärmel zu holen. „Sie sind der Bruder von Vera Lichtenthaler. Ich habe Ihre Schwester nach dem Bayern-Spiel auf der Toilette gefunden. Wollen Sie mir allen Ernstes erzählen, ich sei einfach da gewesen?" Meine Stimme hat sich beinahe überschlagen.

Seine Augen weiten sich. Damit hat er offenbar ganz und gar nicht gerechnet. Und Vera hat ihn nicht gewarnt. Dabei habe ich ihr doch gesagt, dass ich seine Stimme erkannt habe. Hält die mich für so blöd, dass ich nicht hierherfahre, um mit ihm zu reden? Oder ist er einfach ein meisterhafter Schauspieler?

„Sie kennen Vera?"

„Ja klar, und Sie wissen das genau. Also, was spielen Sie mir hier für eine Komödie vor?"

„Ich spiele doch gar keine Komödie."

„Wissen Sie was. Das ist mir zu blöd. Keine 500 Meter von hier ist das Höchster Revier. Da gehe ich jetzt hin. Und ich werde den Beamten nichts von versuchter Vergewaltigung sagen. Da wissen wir doch, wie es ausgeht. Ich werde aussagen, dass Sie mich tätlich angegriffen und geschlagen haben. Genau das haben übrigens auch die beiden Frauen gesehen. Sie haben mir ins Gesicht geschlagen."

Dieser Trumpf sticht. Der sichtbare Teil seines Gesichts wird aschfahl. *Wow. Lydia. Ins Schwarze getroffen. Schätze mal, der Bursche hat nicht zum ersten Mal zugelangt,* werde ich plötzlich so etwas wie selbstsicher. Ein gutes Gefühl.

Ich gehe zwei Schritte auf sein Bett zu. Schaue ihm direkt ins Auge. Kalt. Mitleidlos.

„Also. Warum?"

Er zögert noch immer. Ich drehe mich abrupt um. Gehe auf die Tür zu, als er endlich klein beigibt.

„Es tut mir leid. Ich sollte Ihnen doch einfach nur ein bisschen Angst machen. Da kamen plötzlich die Frauen aus diesem Kaufhaus und ich habe Panik bekommen. Ich wollte doch nur noch weg. Ich wollte Ihnen auch nicht weh tun, sondern nur noch weg."

„Ein bisschen Angst machen?" Jetzt reicht ein Stichwort, um einen wahren Wasserfall an Erklärungen auszulösen. Der Bursche hat offenbar wirklich keine Lust auf ein Verfahren.

„Vera wollte ja nur, dass Sie am eigenen Leib spüren, wie es ist, vergewaltigt zu werden. Sie hat gesagt: Droh ihr, befiehl ihr, sich auszuziehen."

„Hat sie gesagt. Ja? Und als ihr großer Bruder machen Sie das dann natürlich."

„Nein. Also nicht wirklich. Ich vergewaltige doch keine Frau."

Ich deute mit zornigen Augen auf mein rechtes Auge. „Aber schlagen ist okay, glauben Sie? Habe ich etwa gesagt: Ja, bitte. Schlagen Sie mich. Das ist Körperverletzung, Herr Lichtenthaler!" Meine Stimme überschlägt sich nun doch. In mir brodelt es. Mein Blut kocht. Ich spüre die Erniedrigung, die ich erlitten habe, und die Chance, das alles in nur einem Moment umzudrehen. Am liebsten würde ich auf ihn zustürmen und ihm meine Fäuste ins Gesicht rammen.

„Es tut mir wirklich leid", haucht er kaum hörbar. „Es tut mir so entsetzlich leid." Es klingt wie ein Winseln.

Und ich denke in diesem Moment: *Wie schaffen es Menschen, Mitleid zu erregen und gleichzeitig solche Monster zu sein. Wie schaffen sie es, nicht die Spur von Mitleid zu empfinden. Nicht zu hören, wenn jemand darum fleht, ihm nicht weh zu tun. Einfach weiter zu machen.*

„Abschaum!", sage ich leise. Dann lauter: „Du bist nur Abschaum. Übelriechender, schmutziger, bösartiger, dreckiger Abschaum!"

Er liegt vor mir. Gar nicht in der Lage, aus seinem Bett zu klettern. Aber er versucht es. Fleht mich an, ihm zu verzeihen. „Ich würde alles tun, wenn ich es nur rückgängig machen könnte. Aber Vera ist doch meine kleine Schwester. Ich hätte doch auf sie aufpassen müssen. Ich hätte doch nicht zulassen dürfen, dass sie mit diesen Typen fährt. Ich bin doch schuld an dem, was damals passiert ist. Wie hätte ich denn ihren Wunsch nicht erfüllen können? Wie denn nur? Ich bin doch schuld."

Er hat sich im Bett aufgebäumt und rutscht prompt heraus. Mit einem gewaltigen Schlag landet er neben seinem Bett auf dem Boden.

Keine zwei Sekunden später wird die Tür aufgerissen und ein Mann mit vor Angst und Zorn grimassenhaftem Gesicht erscheint im Türrahmen: *Sev.*

„Du Drecksau. Hast du immer noch nicht genug", schreit er und stürmt herein. Erst als er erkennt, dass der Kerl auf dem Boden liegt, will er abbremsen. Ich mache einen Schritt auf ihn zu und Sev knallt gegen meine rechte Schulter. Es schmerzt tierisch, aber Sev wird aus seiner Bahn geworfen, weil er versucht, mir aus dem Weg zu gehen, und hat Mühe, sich neben der Toilettentür zu fangen.

Lichtenthaler jammert am Boden, ich reibe meine schmerzende Schuler, Sev ist völlig verwirrt und in der Tür erscheint Tim. „Leute. Jetzt macht aber mal halblang", kommentiert er die Szene. Mit Erfolg. Jedenfalls bei den beiden Männern. Lichtenthaler lässt die Hände, die er schützend über seinen Kopf gehalten hat, nach unten sinken, Sev rückt den Sessel, den er nach meinem Bodycheck mitgerissen hat, gerade. Tim zerrt ihn aus dem Zimmer und nachdem ich Lichtenthaler zurück ins Bett geholfen habe, folge ich den beiden nach draußen. Ich nämlich bin noch lange nicht fertig.

„Severin Klemm. Was glaubst du eigentlich, wer du bist? Darth Vader persönlich. Der Racheengel. Luzifer oder der liebe Gott. Wenn du Pech hast, darfst du demnächst für mindestens drei Jahre in den Knast", deute ich auf den weißen Verband von Lichtenthaler, der ein kleines rotes Rinnsal freigibt. „Wenn das Auge kaputt ist, dann war es das für dich. Dann hilft dir auch dein Vater nicht mehr. Und ich will mit einem Schläger auch nichts zu tun haben. Auch wenn er wie Artus für mich gekämpft hat. Alter. Das ist fast 1.000 Jahre her und es weiß kein Mensch, ob es die Ritterrunde jemals gegeben hat. Heute gibt sie es auf jeden Fall nicht mehr und heute sitzen wir Frauen auch nicht mehr wie Guinevere strickend am Burghain und warten, bis die Helden von ihren Eroberungen zurückkehren. Nein. Hallo. Wir schreiben das Jahr 2019. Und zwar NACH Christi Geburt."

Ich muss Luft holen. Keine Ahnung, warum ich plötzlich so verdammt wütend auf Sev bin. Vielleicht, weil er sich selbst immer wieder in Schwierigkeiten bringt. Und es jetzt unter dem Deckmantel des Retters getarnt hat und ich mich schuldig an der ganzen Misere fühle. Ich weiß nur, dass in mir etwas explodiert. Wegen diesem Klaus. Wegen Vera. Und wegen Severin. Ich sehe sie der Reihe nach an, aber offenbar haben die zwei Herren nichts zu entgegnen. Also setze ich meinen Wutausbruch ungerührt fort: „Ich habe ebenso schnell wie du laufen und reden und Fahrrad fahren und schwimmen und alles andere gelernt. Und nur, weil ihr Kerle ein paar Zentimeter größer seid, habt ihr doch kein Recht, auf uns herunterzusehen. Nur, weil ihr einen Heizkörper allein tragen könnt, wird es uns doch nicht warm ums Herz. Nur, weil eure Köpfe im Boxkampf meistens außerhalb unserer Reichweite sind, könnt ihr doch nicht automatisch besser denken. Und nur, weil ihr diese völlig schwachsinnigen Machtspiele besser draufhabt ... ach, weißt du was, Severin Klemm – ich sag es mal mit Tims Worten: Arsche geleckt!"

Mit 30 Sekunden Pause habe ich nach dieser Ansprache gerechnet. Aber es werden gut und gerne zwei Minuten. Nur Tim steht im Türrahmen, grinst und hält den Daumen nach oben.

KAPITEL 16

SEVERIN

Ich starre Lydia eine halbe Ewigkeit fassungslos an.

„Hast du nichts dazu zu sagen, Severin Klemm? Eine Entschuldigung vielleicht?"

Ich bleibe stehen, lache auf, fahre mir durch die Haare und drehe mich um.

„Wofür soll ich mich bitte entschuldigen, Lydia Heller?"

„Das fragst du noch?" Ihr Gesicht ist immer noch rot vor Zorn. Und in diesem Moment entscheide ich, meine eigene Wut rauszulassen. Vor allem darüber, dass sie denkt, sie sei hier das Opfer und ich der Täter.

„Hast du dir auch nur eine Sekunde Gedanken darüber gemacht, dass sich diese beschissene Welt nicht nur um Lydia Heller dreht?"

Sie schaut mich an, als wäre ich vollständig wahnsinnig geworden. Ich gehe ein paar Schritte auf sie zu, bis ich so dicht vor ihr stehe, dass ich hinunterblicken muss.

„Das alles war längst vorbei, als ich ihn verprügelt habe. Du warst kein kleines Schäfchen in Not, Lyd. Du warst auch keine arme Guinevere, die gerettet werden musste vom großen King Arthur."

Ich schüttle wieder den Kopf und balle meine geschundenen Hände zu Fäusten.

„Gibt es in deinem beschränkten, männerverachtenden Köpfchen auch die winzige Möglichkeit, dass ich nicht zusehe, wie diese Welt zugrunde geht? Durch Kerle wie ihn?!" Ich deute demonstrativ auf das Krankenzimmer. „Hast du dir mal überlegt, dass mich allein die Vorstellung krank macht, eines Tages ein Kind, vielleicht sogar ein Mädchen in eine Welt zu setzen, in der Kerle wie der da rumrennen und ihre Macht demonstrieren? So sehr, dass sie damit Seelen und Körper zerstören?"

Ich pruste vor Hass und Zorn.

„Was, wenn ich nicht zusehen will, wie einer nach dem anderen ohne Strafe davonkommt? Was, wenn jemand wie dieser Wichser da drin es verdient hat, zu spüren, wie es sich anfühlt, machtlos zu sein? In die Enge getrieben zu werden? Angst um sein beschissenes, erbärmliches Leben zu haben? Was, wenn er genau das spüren muss, um es nie wieder zu tun?!"

Lydias Lippen beben. Ihr Blick ist weiterhin trotzig.

„Es ist nicht deine Entscheidung, Severin. Nicht deine Angelegenheit, wie und wann er bestraft wird und welche Rache auf seine Taten folgt."

„Es ist meine Entscheidung. Das, was du hier offensichtlich übersiehst, ist, dass es nicht deine ist! Ich habe mich entschieden. Ich trage die Folgen. Und dazu habe ich mich entschieden.

Bestimmt nicht, um dich zu retten. Du warst nämlich nicht in Gefahr."

Sie schweigt. Ich weiß genau, dass sie mich immer noch für den affektierten, dummen Kerl hält, der aus purer Wut zugeschlagen hat, weil er sich nicht im Griff hat. Aber dieses Mal nicht. Dieses Mal wusste ich genau, was ich tue.

„Selbstjustiz ist nicht die Lösung."

„Blindheit und das Abstempeln der ganzen Männerwelt auch nicht."

Ich drehe mich um und sehe kurz in Tims erschrockenes Gesicht, bevor ich mich wieder Lydia zuwende.

„Und eins noch, Prinzessin auf der Erbse." Ich trete wieder näher. Lyd zuckt kurz, als würde ich sie jemals anfassen. Ich schnaufe und sehe zu ihr hinab.

„Ich werde nie aufhören, Menschen zu beschützen. Vor allem dann nicht, wenn sie körperlich unterlegen sind. Da ist mir scheißegal, ob sie Brüste oder 'nen Schwanz haben. Für die Schwächeren einzustehen. Das ist es, was zählt."

„Ich bin aber nicht schwach!", faucht sie mit bebender, viel zu hoher Stimme.

„Bist du nicht", sage ich sanft und beuge mich ein wenig weiter hinab. „Du bist in so vielen Dingen stark. Du bist mir und tausend anderen Menschen in so vieler Hinsicht überlegen, Lydia. Aber in dieser einen Situation, da warst du die Schwächere. Und das wird dieser Bastard da drin nie wieder ausnutzen. Meinetwegen gehe ich dafür in den Knast."

„Verdient hättest du es", murmelt sie vor sich hin.

„Es ist immer dasselbe Spiel. Frauen wollen den großen Beschützer, aber niemals in ihrer feministischen Stärke weggedrängt werden. Nein. Lieber schicken sie ihren Helden in den

Kampf und verraten dann seinem Feind die einzige Stelle, an der er verwundbar ist. Aber natürlich nur, um zu helfen."

„Du vergleichst das hier mit Siegfried?" Sie schnalzt abschätzig mit der Zunge. „Das macht keinen Sinn."

„Denk drüber nach, Prinzessin. Vielleicht begreifst du ja, dass Frauen schon immer dachten, sie wüssten, was gut für uns Männer ist. Nur, dass sie damit jemanden verraten und verletzen, der alles für sie tun würde, nur weil sie ja ach so stark sein wollen – das übersehen sie."

Ich bin verletzt. Das zeigt alles an mir. Die feuchten Augen, das Beben meiner Stimme, meine angespannte Haltung. Und dann kommt es auch in Lydias Augen an.

Nicht einmal jetzt, da alles klar zu sein scheint, bin ich in der Lage, ihr zu sagen, wie sehr sie mich getroffen hat. Wie tief sie mich verletzt hat. Ich bin der Letzte, der ihre Stärke nicht sieht. Ich bin der Letzte, der denkt, die Frau sei das schwache Geschlecht. Der Letzte, der Lydia Heller unterschätzt. Im Gegenteil. Ich weiß, seit ich sie kenne, dass sie alles ist und noch mehr.

Aber alles, was sie in mir sieht, ist der dumme Schläger. Dass ich es nicht getan habe, weil sie Schutz braucht, sondern weil Männer wie er das Problem sind, hat sie dabei vollkommen übersehen. Ihm hätte diese dumme Ansprache gelten müssen. Ihm allein. Denn hier geht es nicht um Lydia. Wäre es Tim gewesen, hätte ich genauso gehandelt. Das ist für mich Freundschaft. Nicht einfach sehenden Auges wegschauen.

„Es geht nicht nur darum. Und es geht auch nicht darum, dass du jetzt verletzt bist, Severin. Du hörst mir auch so nicht zu."

Ich ziehe abschätzig meine Brauen hoch.

„Siehst du. Es ist genauso wie nach dem Bayern-Spiel, als ich dich ins Stadion geholt habe, weil das alles für mich nach deiner blöden App geklungen hat. Hast du versucht, irgendetwas herauszubekommen? Eine Verbindung zu finden?"

„Ich bin weg", sage ich, um nicht vollends auszurasten, klopfe im Vorbeigehen auf Tims Schulter und gehe. Ich bin es leid und das kann Lydia ruhig sehen. Natürlich sind die Dinge, die sie gesagt hat, wahr. Aber trotzdem ist das, was ich getan habe, meine Entscheidung.

„Rufe Hauptkommissarin Lacker an!", befehle ich meinem Auto, als ich hinter dem Steuer sitze und warte, bis der Name erscheint.

„Lacker", meldet sie sich mit kühler Stimme.

„Jules, haben die beiden Männer irgendeine Verbindung zur App? Gibt es da einen Zusammenhang?"

„Was soll das?", knurrt sie in den Hörer. Sie ist offensichtlich nicht allein.

„Waren sie Spieler?"

„Ja, aber fast jeder hat mittlerweile diese dumme App auf seinem Handy. Das sagt rein gar nichts aus."

Mein Finger bewegt sich in Richtung Auflegetaste, doch da strömen wieder Lyds Worte in meinen Kopf. Diese garstige kleine Frau benebelt meinen Verstand.

„Ich muss los, Jules. Vielen Dank und …" Ich versuche die richtigen Worte zu finden, während mir klar wird, dass ich mich eigentlich nie am Telefon verabschiede. Ich lege immer einfach auf. Vielleicht nicht meine netteste Angewohnheit.

„Bis heute Abend." Ich warte nicht auf ihre Erwiderung. Man muss sich ja nicht an einem Tag vollkommen ändern. Stattdessen gebe ich einen neuen Befehl durch: „Ruf Machete an!"

Aber meinen Informanten über die App kann ich wohl schlecht unter seinem Namen einspeichern. Ich kenne ihn nicht einmal. Da erschien mir der Deckname von Werner Stiller, dem Spion der Westdeutschen, ziemlich passend.

„Ist die Leitung sicher?"

„Nein", gebe ich zurück und warte dann auf seine Erwiderung. Nichts.

„Ich brauche Informationen über zwei Spieler", sage ich dann und höre nur noch das Knacken der Leitung. Perfekt. Auf der A66 angekommen, fahre ich sofort auf die Tankstelle, parke und nehme mein kleines Wegwerfhandy aus meinem Handschuhfach.

Harald Steuber
Manuel Sauer

Ein Klopfen lässt mich zusammenschrecken, als ich die beiden Namen abgeschickt habe.

„Verdammt!", entfährt es mir, während ich blinzelnd auf den Tankwart starre.

„Handys verboten, junger Mann."

Will der mich eigentlich verarschen? Ich sitze im Auto und bezweifle darüber hinaus auch noch, dass dieses alte Nokiateil irgendwelche Strahlen absorbieren kann, die die Tankstelle in die Luft jagen. Trotzdem nicke ich, starte den Motor und fahre weiter.

Als ich endlich zu Hause ankomme, bleibe ich einfach sitzen und starre stundenlang dieses dumme, alte Handy an. *Was, wenn Lyd recht hatte und es von Anfang an die App war?*

Ich wusste, dass die App aus zwei Ebenen besteht. Die Spieler, wie dieser Junge an der Uni und die vornehme Gesellschaft, die um viel Geld wettet, ob die Spieler die Aufgaben erfüllen.

Was, wenn sie das Spiel weiterentwickelt haben und die Aufgaben jetzt … na ja. Die Aufgabe ist, dass ein Spieler, also ich, jemanden vor dem Tod bewahrt? Auf was wetten sie dann? Ob ich es schaffe? Das ist krank.

Endlich vibriert das Handy.

2300

Mein Blick landet auf der digitalen Uhr meines Autos. Gerade einmal 19 Uhr. Das wird eine lange Nacht. Vor allem, wenn Jules zu mir kommt und ich ihr erklären muss, wo ich um 23 Uhr abends hin will.

Trotzdem gehe ich rauf und setze mich bewaffnet mit einem Bier auf die Couch.

„Severin?" Ich erschrecke so sehr, dass ich mir ein wenig Bier über meine Hose kippe, und starre Jules an.

„Hast du ernsthaft mit dem Bier in der Hand geschlafen, ohne es zu verschütten?", fragt sie beinahe angeekelt. Vor allem, als ich einen Schluck nehme und mich strecke. Ich will gerade etwas erwidern, als mir bewusst wird, was sie da gesagt hat. *Geschlafen. Fuck.*

„Wie viel Uhr ist es?"

„Kurz vor 11", gibt sie müde zurück und knöpft sich ihr Hemd auf.

„Ich muss los."

„Was? Wohin? Du solltest vielleicht einfach mal schlafen."

„Ich muss", ist meine wenig befriedigende Erklärung, weshalb Jules mich festhält.

„Wohin?"

„Ich treffe mich mit meinem Informanten."

„Severin!", sagt sie stöhnend und löst ihren Zopf. „Ich dachte, das haben wir hinter uns."

Ich schüttle den Kopf, befreie mich aus ihrem Griff und gehe zur Tür.

„Du vielleicht. Hinter mir liegt es noch längst nicht." Mit diesen Worten sprinte ich die Treppe hinunter und lasse die Tür krachend ins Schloss fallen.

Als mein Navi anspringt, und ich das Auto von innen betrachte, begreife ich sehr schnell, dass es am Bahnhof nicht sehr sicher sein wird. Aber vielleicht ist auch genau das die perfekte Möglichkeit, um das Protzding loszuwerden. Obwohl es mir in letzter Zeit wirklich ein treuer Weggefährte war.

Trotzdem fahre ich auf den Parkplatz vor dem Bahnhof und parke in der hintersten Ecke, bevor ich meinen Spiegel ausklappe und mir die Haare verwusche. Die Augenringe sind echt, da muss ich also nicht viel machen und mein dunkles T-Shirt, die dunkle Hose, die Stiefel und der schwarze Mantel wirken auch nicht gerade so, als wäre ich hier auf Detektivtour. Also steige ich aus und laufe zur Kaiserstraße. An einem Kiosk besorge ich mir noch eine kleine Wodkaflasche und nehme einen kräftigen Schluck, bevor ich in den Dönerladen schlendere und lallend ein *Hallo* an alle hinter der Theke und an die Gäste durch den Laden rufe.

Bloß nicht auffallen war noch nie meine Devise. So sehr auffallen, dass man niemals verdächtigt wird, hier geheime Dinge abzuziehen, liegt mir eher.

„Einen Dönerteller", gebe ich gespielt besoffen über die Theke und lasse einen 10 Euro Schein darauf segeln, bevor ich mich setze und mir zu dem Wodka noch ein Bier aus dem Kühl-schrank nehme.

Dann entdecke ich Machete in einer der Ecken sitzen. Er sieht zwar etwas besser aus als ich, spielt den angesoffenen Pen-ner aber mindestens genauso gut.

Ich setze mich an den Tisch neben ihm auf die andere Seite und meide seinen Blick, während neben mir zwei Jungen zu streiten beginnen.

Als der eine ein „Die fick ich noch" von sich gibt, muss ich mich wirklich zusammenreißen. *Was ist das mit mir?* Ist das mein dummer, aufmüpfiger Charakter oder habe ich mich, ähnlich wie Lyd es behauptet hat, zum Retter dieser Welt auser-koren, obwohl ich nur ein kleines Licht bin.

„Es ist nicht deine Schuld, dass die Welt ist, wie sie ist", summe ich leise das Lied der Ärzte. *„Es wär nur deine Schuld, wenn sie so bleibt."*

Genau so ist es. Und so lebe ich. Ob es Lydia Heller passt oder nicht. Aber hier und jetzt darf ich nicht auffallen, also ignoriere ich die Streitereien der beiden Halbstarken.

Als mir die Bedienung den Dönerteller bringt, und die bei-den Halbstarken nichts Besseres zu tun haben, als ihr auf den Arsch zu glotzen, atme ich ein paar Mal tief durch und warte. Warte, bis Machete mir das Thema nennt.

Endlich holt er sein Handy aus der Tasche, öffnet etwas und beginnt zu fluchen.

„Verstappen. Na super."

Ich werfe ihm einen Blick zu, während ich mir eine Pommes in den Mund schiebe, und denke nach. Rufe mir im Geist die heutigen Ergebnisse ab. Ganz kurz haben sie etwas im Radio gerade im Auto gesagt.

„Vettel-Fan, mh?", entgegne ich etwas Unverfängliches.

„Na ja, Ferrari-Fan passt eher", gibt er grummelnd zurück. „Schon Williams hat damals seine Reifen vom Schrottplatz geholt, um sie zu benutzen." Er lacht wie ein besoffener Kerl.

„Wirklich?", frage ich und stimme in sein Lachen ein.

„Ja, mit Sicherheit konnte nur so damals dieser Heinz-Harald Frentzen Schumacher in San Marino besiegen." Wieder lacht er und wischt dabei über sein Display, als würde er den Bericht lesen. *Perfekt. Der Name Harald.* Alles, was jetzt folgt, sind Infos zu meinem Geretteten.

„Wahrscheinlich", tue ich seine Aussage etwas desinteressiert ab, als die Jungs hinter mir zu lachen beginnen.

„Genau vor 15 Jahren, 94 ist er sein erstes Formel-1-Rennen gefahren. Auch in Brasilien. Damals stand aber Schumacher noch ganz oben und hat sich nicht von Verstappen vertreiben lassen."

94 geboren. Das ist mein Mann. Und da er weiß, wann er geboren ist, ist auch ziemlich klar, dass Machete ihn kennt. Ich wundere mich schon lange nicht mehr, dass sie genau ihn damals für die App eingestellt haben, um die Rätsel zu schreiben. Entweder recherchiert er gut oder er weiß einfach alles, was in der Geschichte des Sports passiert ist.

„Er war ziemlich schnell der Teamleader."

„Hör auf zu quatschen, alter Mann", nörgelt der Jüngling hinter mir. *Alter Mann?* Ich verschlucke mich fast am Fleisch. Machete ist sicher in meinem Alter.

„Ich will es hören", sage ich schulterzuckend und gebe meiner Stimme dabei einen leicht mitleidigen Unterton. Die Kiddies beginnen wieder zu lachen. „Und hat er lange durchgehalten? Neben Schumacher und Co?"

„Schon. Aber er war ein Zocker. Keiner, der gerne Aufgaben befolgt."

Eine Lüge. Zumindest, was den Fahrer betrifft. Ganz eindeutig. Ihm ist mittlerweile klar, dass niemand mehr über diesen Formel-1-Fahrer weiß. Also kann er jetzt seine Infos unterbringen.

Einer, der also wettet und nicht selbst Aufgaben erledigt.

„Also ist er nicht mehr aktiv?"

„Nein", lacht Machete und winkt ab. „Ich denke, er ist geflogen. Er hat's nicht gebracht. Armes Würstchen."

Also kein großes Tier. Was aber, wenn er nach seinem Rausschmiss aus der App-Family erst so richtig zeigen wollte, was er draufhat?

„Sie scheinen ein echter Formel-1-Fan zu sein", nuschle ich, während ich mir weitere fleischbepackte Gabeln in den Mund schiebe.

„Fan? Das ist mehr. In dem Jahr, als ich geboren bin, ist einer der Lieblingsfahrer meines Vaters gestorben. Manni, der Held vom Nürburgring. So hat mein Vater ihn immer genannt. Nach ihm wurde ich benannt."

„Wow", brumme ich sarkastisch. Spätestens jetzt würde dem Kerl wohl niemand mehr zuhören, der einfach seinen Dönerteller essen will. Also spiele ich das Spiel. Insgeheim weiß ich aber, dass es jetzt um Manuel geht. *Manni.*

„Aber es war dasselbe wie bei Frentzen. Der richtige Durchstart wollte ihm nicht gelingen. Er wär wahrscheinlich noch gekommen. Hat grad bei der Formel 1 angefangen. Und dann …" Er lässt seine Hand über den Tisch fahren und abstürzen. So gar nicht makaber, dieser Kerl.

Ich versuche die Infos aus seinen Worten zu ziehen. War dabei. Hatte aber keinen Erfolg. Aber er sollte durchstarten. Also haben die App-Betreiber etwas in ihm gesehen? Dann waren sie es wohl kaum, die ihn vollgepumpt mit Drogen auf die Autobahn geschickt haben.

Machete trinkt seine Cola aus und erhebt sich. *Nein. Das darf nicht alles sein.*

„Welche Fahrer mögen Sie am liebsten?", fragt er dann noch und lehnt sich auf meinen Tisch, als könne er sich nicht allein halten.

„Ich habe tatsächlich wenig Ahnung von der Formel 1", gebe ich zu. Und das als Sportjournalist.

„Schäm dich, Severin Klemm", höre ich meinen Vater, Nasti, meine Mutter und Lydia im Gleichtakt sagen.

„Ich habe vier", sagt Machete und grinst mich benebelt an.

„Vier ist eine gute Zahl. Merken Sie sich das." Er wendet sich den Jungs zu, die immer noch über ihn lachen. „Ihr solltet auch zu viert sein. Dann wärt ihr um einiges angsteinflößender." Mit diesen Worten geht er.

Vier also. Vier Männer. Fehlen noch zwei.

„Der Alte hat sich doch das Hirn weggesoffen", knurrt einer der beiden Jungs. Ich stehe ebenfalls auf, klopfe auf ihren Tisch und sehe ihnen nacheinander tief in die Augen.

„Ein echter Dummschwätzer", pflichte ich ihnen bei und gehe. Nur, damit sie nicht wirklich auf die Idee kommen, sich noch so zwei Halbstarke zu suchen, die ihre Gang vollständig machen. Was sie wahrscheinlich aber trotzdem irgendwann tun.

Als ich zurück an meinem Auto bin, staune ich nicht schlecht, dass nicht einmal eine Scheibe eingeschlagen wurde, und setze mich hinters Steuer.

Wo soll ich hin? Nach Hause auf keinen Fall. Da wartet eine zornige Jules.

Ich schüttle den Kopf. Lydia müsste ich nur recht geben und wahrscheinlich ist Dummbrot Jens bei ihr. Tim ist mit Sicherheit sauer auf mich. Er hat mich zwar angerufen, war aber nicht gerade begeistert, dass ich seine Worte und mein Versprechen, dass ich auf keinen Fall in dieses Krankenzimmer gehen werde, ignoriert habe.

Als ich die Optionen selbst zunichte gemacht habe, starte ich den Motor und fahre nach Niederrad.

Im Greifvogel brennt noch Licht. Trotzdem überlege ich eine halbe Ewigkeit, ob ich wirklich hineingehen sollte oder nicht einfach hier an Ort und Stelle in diesem dämlichen Auto schlafen sollte. Es ist schon nach Mitternacht.

„Snobbi?" Ich schrecke fürchterlich zusammen, als auf einmal Hel neben meinem Fenster auftaucht. Sie wirkt dürr und müde.

„Hel", sage ich und klettere aus meinem Auto.

„Nette Karre", lacht sie und zieht an ihrer Zigarette.

„Was machst du hier draußen?"

Sie zuckt mit den Schultern, schmeißt die Kippe auf den Boden und drückt sie mit ihrem Schuh aus.

„Nachdenken oder so", murmelt sie und verzieht den Mund zu einem kläglichen Lächeln.

„Darf ich dir dabei Gesellschaft leisten?" Ich hebe meinen Mundwinkel und entlocke ihr damit ein wärmeres Grinsen.

„Komm schon", sagt sie dann und zieht mich mit in den Greifvogel, der immer noch gut gefüllt ist. Und das, obwohl die Eintracht nicht gespielt hat.

Ohne Rücksicht zieht sie mich zu Gustav und Kev, die gerade irgendeine Spielform diskutieren.

„Snobbi!", sagt Kev als er mich sieht, räuspert sich aber sofort, als er seine eigene Freude bemerkt.

„Na, wer freut sich denn da, mich zu sehen?", lache ich und setze mich.

„Ich auf jeden Fall", ertönt Claudias Stimme hinter mir, kurz bevor sie mir ein Bier vor die Nase stellt.

Mein Blick wandert kurz zur Tür. Bilder blitzen vor mir auf. Bilder, wie Kaschrek hier hereinkam. Bilder von Kev, als sie ihn festnahmen. Als er erfuhr, dass Kat tot ist.

Eine Gänsehaut holt mich zurück in das Hier und Jetzt. Und doch ist da dieses eine Gesicht, das fehlt. *Mic.*

Mein Kiefer verkrampft sich und meine Kehle schnürt sich zu. Ich dachte damals, ich würde ihm helfen. Dachte, ich hätte alles wiedergutgemacht. Dachte, er könnte so leben. Aber so war es nicht. Hel hatte sich getrennt. Mic war nicht mehr er selbst und der Tod von Kat hat ihm das Herz gebrochen. Vielleicht haben Mic einfach zu viele Menschen das Herz gebrochen. Erst seine Eltern, dann ich, dann dieser Ordner, dann Kats Tod und dann Hel. Ja, vielleicht ist es manchmal besser, so ein eiskaltes Arschloch zu sein wie ich. Vor allem dann, wenn ich in Hels Augen sehe. Sie ist so sehr gebrochen, dass ich manchmal das Gefühl habe, es in ihren Augen, ja, in ihren Iriden sehen zu können. Die winzigen Risse, die all das hinterlassen hat. Aber vor allem die Tatsache, dass sie Mic verlassen hat, obwohl sie ihn geliebt hat. Ihn immer noch liebt.

Als mein Handy vibriert, nehme ich es aus der Tasche und schwöre mir, diesen dämlichen Namen zu ändern. Tim hat das nicht verdient.

„Arschloch Klemm am Apparat", melde ich mich, was sogar Kevin ein kleines Lachen entlockt.

„Ich habe die Nummer."

„Du hast was?", frage ich irritiert und erhebe mich.

„Wo bist du, Sev?"

„Hast du Angst, dass ich 'nen Alleingang mache?"

„Ja, habe ich."

Ich stöhne und verdrehe genervt die Augen. Eine Reaktion, die nicht zu meinem Innenleben passt. Denn insgeheim bin ich glücklich, einen Freund wie ihn zu haben.

„Greifvogel."

„Ich komme."

Und nur zwanzig Minuten später steht tatsächlich Tim mitten im Greifvogel und winkt wie ein kleines aufgeregtes Mädchen.

Na super.

„Ich muss was erledigen. Aber ich komme wieder", verspreche ich und folge Tim hinaus in die kühle Novemberluft.

„Ich habe die Nummer."

„Sagtest du bereits. Welche Nummer?"

„Die, von der die SMS kamen. Es war nicht leicht und ich musste einige Firewalls –"

„Tim!"

„Jaja", brummt der und holt einen Zettel aus seiner Hosentasche. „Die Nummer ist keine richtige Nummer. Die Nachrichten kamen von einem Server. Und …" Er stockt, weshalb ich ihm den Zettel aus der Hand reiße.

„Fuck!", schreie ich über die dunklen Straßen. „Fuck!"

Lydia hatte recht. Das alles hier hat mit diesen beschissenen App-Leuten zu tun. Und ich wollte es nicht wahrhaben. Ich kenne diese Adresse ganz genau.

„Was machen wir jetzt?"

„Na ja, wir können nicht in diesen Asia-Laden fahren und denen drohen, sie sollen uns in ihre geheime Zentrale im Keller lassen. Das weißt du nur von deinem Informanten."

Ich drehe mich um und zerzause mein Haar noch mehr. *Das ist unmöglich.* Warum sollten sie solche mörderischen Spiele spielen? Werden die etwa auch übertragen? Die Morde an den Männern? Aber wer filmt sie? Das alles ergibt keinen Sinn. Es kann nicht sein. Ich war so lange in der Scheißtürkei und war so nah dran. Das ist nicht ihre Handschrift. Oder hat sich etwas geändert?

„Kann sich da jemand reinhacken und ihre IP nutzen?"

„Natürlich kann das jemand machen, aber der Einzige, der mir da einfällt, der durch seine Aufdeckungsstory einen Grund dazu hätte, bist du. Und du kannst sowas nur, wenn ich dir helfe und …"

„Tim!" Ich schüttle zornig den Kopf. „Die App-Leute können das nicht sein."

„Warum? Weil Lili dir gesagt hat, sie wären es und du es ignoriert hast?" Seine Stimme klingt vorwurfsvoll. *Na super.*

„Nein, weil ich es bemerkt hätte."

„Sev, die App-Schweine schicken dir die Rätsel. Sie kommen von dieser IP-Adresse … Wann bemerkst du es denn?"

„Sie würden nicht so weit gehen. Sich niemals die Hände schmutzig machen."

„Und was, wenn doch …"

„Vier", unterbreche ich ihn. „Diese Kerle sind zu viert. Was, wenn einer von ihnen die anderen tötet, um Beweise zu vernichten?"

„Welche Kerle?", fragt Tim unruhig und sieht sich um, als würden sie hier irgendwo stehen.

„Der Tote und der, den ich gerettet habe."

Tim schweigt. Offenbar entscheidet er sich, nicht zu fragen, woher ich das weiß. „Und wer sind die anderen beiden?"

„Keine Ahnung", brumme ich. Ich hätte Machete nicht fragen können.

„Du solltest mit Jules reden." Tim kommt einen Schritt auf mich zu und legt mir seine Hand auf die Schulter. Und seltsamerweise weiche ich nicht vor ihm zurück.

„Ich sollte …" Ich schnaufe. „Ich habe keine Ahnung, was ich sollte. Ich weiß nur, dass …"

Ja, was zur Hölle weiß ich eigentlich? Nichts. Rein gar nichts. Und ich sollte auch nichts wissen, denn eigentlich habe ich der ganzen Geschichte abgeschworen. Wenn ich mich da wieder reinstürze, werden sie sicher nicht nur mein Leben bedrohen.

„Ich brauche eine Auszeit."

„Eine was?" Tim sieht mich fassungslos an. „Du kannst dir jetzt keine Auszeit nehmen."

„Doch. Genau das kann ich. Denn eigentlich darf ich gar nicht ermitteln. Und eigentlich habe ich auch keine neuen Infos. Eigentlich bin ich ein dummes kleines Arschloch, das nur um sich schlägt."

„Drehst du jetzt durch?"

Ich hebe meine Brauen und dann fange ich an zu lachen. So hysterisch und verrückt, dass Tim immer unsicherer wird.

„Wann hast du das letzte Mal geschlafen, Sev? Und hat dich der Arzt untersucht?"

„Ich bin nicht verrückt!", knurre ich und packe Tims Schultern. „Ich will einfach nur meine Ruhe von all dem." Als ich selbst bemerke, wie Tim zusammenzuckt, lasse ich los.

„Weißt du eigentlich, wie das war? Diese scheiß Türkei und danach … und das, was Lydia gesagt hat. Ich … ich will einfach nicht mehr."

„Und jetzt willst du aufgeben?"

„Ich will nicht aufgeben. Ich will nur …"

Hinter mir taucht Gustav auf und legt mir eine Hand auf die Schulter.

„Komm, mein Junge", raunt er mit seiner väterlichen Stimme.

„Und du, Freund von Sev. Du kommst auch mit."

Wir folgen ihm und sehen wie zwei Marionetten dabei zu, wie er Alkohol bestellt. *Das wird eine lange Nacht.*

KAPITEL 17

LYDIA

Schätzchen. Aufwachen. Hallo." Ich öffne ganz langsam ein Auge. Beide macht überhaupt keinen Sinn. Das habe ich vor einer halben Stunde schon mal getestet. Der Sturm, der sich daraufhin in meinem Mittelhirn zusammengebraut hat, war schlimmer als das Finale von Game of Thrones. Tonnenweise Blut hat sich dort oben versammelt. Kochendes, brodelndes Blut, versteht sich.

„Papa?", taste ich mit jetzt wieder zwei bis auf einen kleinen Strich geschlossenen Augen nach dem Schatten vor mir. Die Stimme aus dem Gegenlicht kam mir bekannt vor. Ansonsten bin ich noch ziemlich ratlos, wo ich eigentlich bin. Jens hätte niemals Schätzchen gesagt. Und Sev liebt es, Menschen in solchen grenzwertigen Situationen auf den Arm zu nehmen.

Also: Es muss Papa sein. Aber was mache ich bei ihm. Bin ich überhaupt bei ihm? Und wenn ja, warum? Und wenn nein: Wo bin ich dann?

„Papa?", frage ich noch einmal und versuche es erneut mit einem Auge. Langsam wird sein Gesicht vor mir schärfer und ich erkenne auch die Marionette hinter ihm am Fenster. „Gloodi", entfährt es mir. „Ja, wo warst du denn die ganzen Jahre? Hab dich so lange nicht gesehen."

Papa grinst. „Kaffee?", will er wissen. „Und vielleicht eine Dusche, um wieder klar zu werden?"

„Kaffee klingt gut. Für eine Dusche ist es noch zu früh. Ich könnte ertrinken", antworte ich und bin von mir selbst begeistert. So viel Schlagfertigkeit hätte mir Papa wohl nicht zugetraut.

„Schätzchen, ich glaube, du musst noch ein paar Umdrehungen aus deinem Körper bringen." Dabei macht er mit dem Zeigefinger eine kreisende Bewegung neben der Schläfe.

„Papa! Ich bin doch nicht irre", mucke ich auf.

Er lehnt sich nach vorne und schiebt seine flache Hand auf meine Stirn. „Das nicht. Aber entweder im Fieberwahn oder immer noch reichlich betrunken." Zwischen oder und immer hat er eine lange Pause gelassen.

„Betrunken? Ich trinke nicht, Papa", antworte ich ziemlich schroff. Jedenfalls für einen Menschen, der von der letzten Nacht nur wenig in Erinnerung behalten hat.

„Wieso bin ich eigentlich hier?", wechsele ich abrupt das Thema. Angetrieben von dem instinktiven Gefühl, dass ich das Thema Trunkenheit nicht zu meinem Fachgebiet machen sollte. Nicht jetzt.

„Du bist gestern Abend hier aufgetaucht. Dachte schon, du willst deine regelmäßigen Besuche ausdehnen, habe aber gleich an deinem Gesicht gesehen: Das ist kein Besuch. Das ist eine Flucht."

„Aha", murmele ich und versuche, die Bruchstücke meiner Erinnerung zusammenzufügen. *Severin fällt mir ein. Tim. Der Besuch im Krankenhaus. Veras Bruder.* „Und?"

„Nix und. Du hast dich für den Chardonnay entschieden und mir erklärt, wie durcheinander deine Welt gerade ist."

„Durcheinander", wiederhole ich ein wenig geistesabwesend.

„Ja. Jens ist ein Arschloch. Severin auch und irgendein Arschloch hat dich angegriffen. Keine Ahnung. Es waren auf jeden Fall ziemlich viele Arschlöcher auf einmal."

Bis auf Jens kann ich ihm folgen. Warum ich ihn gestern Abend überhaupt erwähnt habe, weiß ich nicht. „Was war mit Jens?", frage ich deshalb sicherheitshalber.

„Ach, Schatz. Das, was seit Jahren mit ihm ist. Er ist halt nicht der Richtige. Basta!"

Tief in meinem Herzen weiß ich natürlich, dass Papa recht hat. Aber erstens kennt er ihn viel zu wenig und zweitens geht ihn das nichts an.

„Ach. Hör auf. Ich bin schon groß", sage ich fast flehend. Nachdrücklich wäre besser gewesen.

„Der Kerl macht mit dir, was er will, und du merkst es nicht mal. Du hast einen Besseren verdient", schimpft Papa munter drauflos.

„So wie Mama oder was?", schieße ich übel zurück. Kaum zehn Minuten aus dem Wachkoma erwacht, reiße ich schon wieder die halbe Welt ein. „Tut mir leid, Papa. Das war nicht so gemeint. Es regt mich nur so auf, dass du dich immer in mein Leben einmischst."

„Ach, tue ich das?" Er ist hörbar angefressen. „Soweit ich mich erinnere, bist du hier gestern aufgekreuzt und hast mir drei Stunden lang dein Herz ausgeschüttet. Nicht umgekehrt. Also: Wer mischt sich hier in wessen Leben?"

„So war es doch gar nicht gemeint."

„Geh duschen. Trink deinen Kaffee und dann sieh zu, dass du noch rechtzeitig zu dieser Vera kommst." Er dreht seinen Rolli geschickt zur Seite und rollt langsam zur Tür.

„Vera? Termin? Hab ich was verpasst?"

„Sieht so aus, junge Frau. Du hast sie gestern Abend zwischen der ersten und zweiten Flasche angerufen und dich zum Frühstück eingeladen. Obwohl sie eigentlich gar nicht deine Freundin zu sein scheint. Jedenfalls nicht deine beste."

Ich frage mich, warum ich mich nur mit Männern umgebe, denen der Sarkasmus aus dem Hirn tropft. Aber dieser leichte Zorn in mir sorgt auch dafür, dass mir so langsam wieder eine ganze Menge dämmert. Veras Bruder hat behauptet, er habe mich in ihrem Auftrag angegriffen. Damit ich ihr endlich glaube und nachempfinden kann, was sie durchgemacht hat.

„Nein. Freundin kann man nicht sagen. Es ist die Frau, die ich auf der Toilette gefunden habe. Nachdem du mit Eric losgezogen bist. Du weißt doch. Ich war nachts noch mit Max hier wegen dieser Geschichte."

„Ja, und Max hat gesagt, lass das deinen Chef machen. Hast du aber nicht, oder Lydia?"

„Nein. Nicht so ganz. Aber das ist eine lange Geschichte."

„Die du jetzt beim Frühstück klären willst?"

„Die ich klären muss, Papa. Weil ich glaube, dass sonst noch ein Unglück geschieht."

„Lydia!" Er schaut mich mit weit aufgerissenen Augen an. „Ein Unglück? Und ich dachte, es geht um Sev und du hast einfach nur Liebeskummer."

„Ach Papa, das verstehst du jetzt nicht, und es würde zu lange dauern, es zu erklären. Ich werde jetzt zu dieser Vera fahren und wenn ich mich nicht in genau zwei Stunden bei dir melde, rufst du diese Nummer an", drücke ich ihm den Zettel mit Lackers Handynummer in die Hand. Seit der Geschichte im Greifvogel habe ich sie bei mir.

Als ich wegfahre, sieht mir Papa kopfschüttelnd nach. Ich kann ihn im Rückspiegel sehen. *Liebeskummer. Als ob ich wegen ein bisschen Ärger mit Sev nach Hause fahre, um mich in die Arme meines Vaters zu stürzen.*

Von Zeilsheim nach Liederbach ist es nur ein Katzensprung. 10 Minuten bleiben mir, um noch pünktlich anzukommen. „Das schaffe ich", nuschele ich vor mich hin und bin sehr dankbar, dass die Schranke an der Hunsrückstraße nicht geschlossen ist.

Um eine Minute nach zehn stehe ich vor ihrem Haus. Drücke energisch die Klingel. Sie reißt die Tür auf, noch bevor der letzte Glockenschlag verklungen ist.

„Hallo Lydia. Hör mich an!", begrüßt sie mich nervös.

„Schlecht geschlafen, Vera? Du siehst ziemlich zerzaust aus", blaffe ich zurück. Die Wut in mir ist bei ihrem Anblick emporgeschnellt und verdrängt sogar das neblige Gefühl in meinem Kopf. Das gute alte Adrenalin zeigt mal wieder seine Wirkung.

„Nicht wirklich", antwortet sie. „Nach deinem Anruf war ich natürlich verwirrt. Aber was ist mit dir. Du wirktest ein wenig ... fertig?"

„Tu mir einen Gefallen und hör endlich auf zu lügen. Du hast sicher schon vor meinem Anruf mit deinem Bruder gesprochen und wusstest doch längst, dass er mir die Wahrheit gesagt hat."

Sie schaut mich mit leeren Augen an.

„Ja. Das wusste ich", flüstert sie. „Aber ganz so, wie er es erzählt hat, war es nicht. Ich wollte doch nicht, dass er dich körperlich attackiert. Lydia, glaub mir bitte. Das wollte ich nicht."

„Aber ordentlich Angst sollte er mir schon einjagen, oder?"

„Ja. Damit du spürst, wie es mir und all den anderen Frauen geht, die von solch fiesen Kerlen angemacht werden. Damit du endlich nach den Videos suchst."

„Wie es dir und all den anderen Frauen geht? Vera, was redest du denn da? Auf der Toilette ist doch überhaupt nichts passiert, der Typ hat dich vor Jahren angegriffen! Der Kerl, der dich angeblich gepackt hat, war doch gar nicht im Stadion an diesem Samstag. Das weiß doch schon jeder. Und du hast es ja wohl auch bei der Polizei ausgesagt, oder etwa nicht? Die Videos hätten dir doch gar nichts gebracht."

Plötzlich überkommt mich das Gefühl, dass Vera ihre Aussage nach unserem Gespräch doch noch leicht geändert haben könnte. Sie hätte ja nicht ahnen können, dass Lacker alles mit anhört. Hat sie doch versucht, den Kopf aus der Schlinge zu ziehen und behauptet, sie hätte sich bei dem Foto einfach vertan? Wenn das so war, steckt sie jetzt erst recht in der Scheiße.

Aber dann hätte die Lacker sie sicher aufgrund des abgehörten Gesprächs erst mal in U-Haft gesteckt, arbeitet mein Kopf wieder auf Normalgeschwindigkeit.

„Also. Was hast du ausgesagt?" Ich packe sie an beiden Schultern und schüttele sie leicht. „Was?"

Sie reißt sich los und ihr Gesicht sieht plötzlich gar nicht mehr müde aus.

„Was geht es dich an?! Ja, mein Bruder hat ein bisschen übertrieben. Deswegen geht er dann wahrscheinlich in den Knast. Dafür kannst du ja sorgen. Aber bitte, Lydia, dir geht es doch gut!

Bis auf die kleine Schramme." Sie deutet auf meinen Kopf. Nur noch ein kleiner rötlicher Strich erinnert an die Nacht im MTZ.

Ihre kurze Ansprache macht mich sprachlos. „Was muss in einem Menschen vorgehen, dass er so dreistes Zeug redet?", erhebe ich meine Stimme. „Nur, weil du mich dazu bringen willst, die Überwachungsbänder herauszugeben ... wobei ... was wolltest du eigentlich damit? Beweisen, dass du ein nettes kleines Schauspiel zum Besten gegeben hast?" Ich schaue Vera fassungslos an. „Rede endlich!"

Sie dreht sich herum und lässt sich in einen der Sessel fallen.

„Ach, Lydia. Du hast doch keine Ahnung. In deinem Leben passt immer eins zum anderen. Du musstest dir noch nie Gedanken darüber machen, was morgen sein wird."

„Vera. Bitte. Komm mir nicht so. Ich habe keine Lust mehr auf irgendwelche Mitleidsnummern. Sag mir endlich, was du bei der Polizei ausgesagt hast."

„Ich habe Frau Hauptkommissar gefragt, woher sie eigentlich so genau weiß, dass dieses Arschloch nicht im Stadion war. Er selbst kann es ja wohl niemandem erzählt haben. Er war ja schließlich tot."

Veras Worte entbehrten nicht einer gewissen Logik. Der blonde Typ war auf der 661 gestorben, bevor Lacker erfahren hat, dass er angeblich Vera nach dem Bayern-Spiel belästigt hat. *Wie also konnte Lacker feststellen, dass er es gar nicht gewesen sein kann? Wie hat sie diesen Mann aufgetrieben, der behauptet hat, sie wären zusammen in einer Bar gewesen?*

Vera scheint genau zu wissen, was in diesem Moment in meinem Kopf vorgeht.

„Genau, meine Liebe. Da ist offenbar ein Alibi einfach mal so vom Himmel gefallen. Und schwups, schon haben wir eine

Verdächtige in einem Mordfall. So läuft es doch immer. Und bei Vergewaltigungen erst recht", ätzt sie los.

Ich schweige. Muss nachdenken. *Lacker ist allein schon wegen Sev nicht meine allerbeste Freundin. Aber wäre sie zu einer solchen Nummer fähig?* Ich erinnere mich an ihren Blick, als ich meine Füße auf Sevs Schoß liegen hatte.

Ich schüttele kurz den Kopf und wische diesen Gedanken schnell beiseite. „Nee, Vera. Du hast mir schon zu viele Märchen aufgetischt. Versuche nicht, mich gegen Jules Lacker aufzubringen, um deinen Kopf aus der Schlinge zu ziehen. Warum hast du wirklich deinen Bruder auf mich gehetzt?"

„Glaub mir, Lydia. Wirklich nur, weil ich wollte, dass du dir die Überwachungsbänder ansiehst. Grey hat gesagt, das ist die einzige Chance, den Kerl doch noch zu kriegen."

„Grey. Was hat deine Freundin damit zu tun? Und verdammt, Vera. Der Kerl war doch gar nicht da." Sie dreht sich immer wieder im Kreis. *Was zum Teufel will sie mit diesen dummen Videos?* Hat sie ihre Freundin also auch angelogen?

„Sie hat mir beigestanden, nachdem das damals passiert ist. Sie war die Notärztin, die an diesem Samstag freiwillig im Rot-Kreuz-Fahrzeug saß und mich als Erste untersucht hat."

„Die Männerhasserin?"

„Nein, Lydia, sie hasst die Männer nicht. Aber sie hat etwas dagegen, wenn Männer gegenüber Frauen Gewalt ausüben."

„Und deshalb hat sie dir gesagt, du sollst mich dazu bringen, die Überwachungsbänder anzuschauen. Natürlich. Ganz klar. Hörst du dir eigentlich zu, Vera?"

„Ich kann dir nicht mehr sagen: Alles, was wir wollten, war nachzuweisen, dass der Blonde mich zum zweiten Mal angemacht hat. Aber das ist ja jetzt auch egal."

„Egal? Das ist nicht egal. War er also doch im Stadion? Warum hast du denn gesagt, du hättest es nur erfunden?"

„Ja, egal. Du erinnerst dich. Er ist tot. Ich kann ihn nicht mehr zur Verantwortung ziehen."

Irgendwie hat das Gespräch einen Verlauf genommen, den ich mir so nicht vorgestellt habe. Sogar mein Zorn hat sich verflüchtigt. Zuviel Ungereimtes staut sich in meinem Kopf. *Ist es möglich, dass Lacker übersehen hat, dass das Alibi gefälscht war? Aber warum hat Vera dann letztens vor mir zugegeben, dass es nur ein Schwindel war?* Und Sevs Freundin ist mit Sicherheit kompetent genug, um herauszufinden, ob dieser Manuel an dem Tag im Stadion war. Wenn es für die Polizei überhaupt wichtig war.

Also muss ich wohl eher davon ausgehen, dass bei Vera im Oberstübchen einiges durcheinandergeraten ist. Oder vielleicht ist sie auch einfach nur eine pathologische Lügnerin.

„Was willst du jetzt tun?" Veras Stimme klingt brüchig.

„Erwartest du jetzt mein Urteil? Vera Lichtenthaler wird wegen Anstiftung zur Körperverletzung zu 6 Monaten auf Bewährung verurteilt. Ihr Bruder Klaus muss leider ein Jahr in den Knast. Willst du das von mir hören? Oder willst du, dass ich weder ihn noch dich anzeige?"

„Lass ihn in Ruhe. Er ist nur ein dummer Kerl, der sich vorwirft, damals nicht am richtigen Ort gewesen zu sein, um mich zu beschützen. Mehr nicht. Du hast ihn gesehen und du weißt, dass es stimmt, was ich sage. Also lass ihn da raus. Mich kannst du gerne anzeigen."

An ihrem Auge zeigen sich tatsächlich ein paar Lachfältchen. *Schnappt sie jetzt über?*, schießt es mir durch den Kopf.

„Du möchtest, dass ich dich anzeige und lächelst dabei. Vera, was ist nicht in Ordnung mit dir? Wie soll ich dir noch irgendwas glauben?"

Plötzlich wird ihre Stimme ganz sanft.

„Alles ist in bester Ordnung, Lydia. Wirst schon sehen. Alles."

Diese Frau bringt mich zur Weißglut. Ich greife nach meiner Tasche, stehe auf und deute mit einer Handbewegung an, dass sie sitzen bleiben soll.

„Ich find schon raus. Mach's gut, Vera", sage ich tonlos und ziehe die Tür hinter mir zu.

Mein Kopf brummt. Aber nicht von der letzten Nacht. Alles, was Vera mir erzählt hat, passt nicht in ein vernünftiges Bild. Ich nestele mein Telefon hervor und suche Lackers Nummer.

Es läutet nur zweimal, dann meldet sie sich knapp. „Hier ist Lydia. Entschuldigen Sie die Störung. Ich war gerade bei Vera Lichtenthaler und sie hat mir erzählt, dass sie bei ihrer Aussage etwas ganz anderes zu Protokoll gegeben hat als in unserem Gespräch. Ich verstehe das nicht. Wieso haben Sie mir das nicht erzählt?"

Die kleine Pause am anderen Ende zeigt mir, dass ich ins Schwarze getroffen habe.

„Lydia, das hat ermittlungstechnische Gründe. Ganz abgesehen davon, dass ich ja hier im Präsidium niemandem sagen konnte, dass wir Sie verkabelt haben. Außerdem sind wir hier sehr sicher, dass diese Lichtenthaler zwar als Racheengel durch die Welt zieht, aber nicht als Mörderin. Ihr Fall wurde damals von einer kompetenten Kollegin untersucht, aber es gab keinerlei Hinweise auf eine Straftat. Die Beteiligten kamen vom Spiel der Eintracht in Mainz, haben sich dort zufällig kennengelernt, hatten alle aus Frust über die 1:3-Niederlage einen ziemlich blöden Drogencocktail intus und die vier Männer, die dabei waren, haben alle gesagt, dass es ihre Freundin war, die die Drogen angeschleppt hat und eindeutig auf eine schnelle Nummer aus war. Das Verfahren wurde eingestellt. Und jetzt für den Mord hat sie ein Alibi. Fertig, Lydia. Es spielt keine Rolle mehr, was sie ausgesagt hat. Mal davon abgesehen, arbeite ich für die Mordkommission, mit dem angeblichen Übergriff im Stadion habe ich nichts mehr zu tun. Was den Mord betrifft, ist Vera raus."

„Und auch nicht, dass ihr Bruder der Typ ist, der mich geschlagen und dem Sev das Gesicht malträtiert hat?"

„Lydia, sorry, aber auch das ist nicht meine Baustelle. Da werden die Kollegen der zuständigen Polizeidienststelle sehr genau hinsehen und wenn der Typ einen bleibenden Schaden davonträgt, ist die Sache für Sev noch lange nicht ausgestanden. Da kann ich nichts machen und sein Vater auch nicht."

„Sie sagen das so, als sei Ihnen Sevs Zukunft völlig egal."

„Natürlich ist mir seine Zukunft nicht egal. Ich bin gerade nur … ziemlich mies auf ihn zu sprechen. Dieser Typ hat sich seit gestern nicht mehr gemeldet und geht nicht an sein Handy. Er hat noch etwas von dieser Scheiß-App gebrabbelt und von einem Informanten, den er unbedingt treffen will. Seitdem ist Funkstille."

Der letzte Satz klang sehr beunruhigt. Trotzdem zündele ich noch ein bisschen. „Und warum erzählen Sie ausgerechnet mir, dass Sie *Ihren* Freund aus den Augen verloren haben?"

„Lydia, sparen Sie sich das doch bitte. Ich erzähle es Ihnen, weil ich mir ernsthaft Sorgen mache und Sie vielleicht wissen, wo er stecken könnte."

Okay. Das klingt jetzt echt, befinde ich und denke nach. *Bei ihm zu Hause wird Lacker nachgesehen haben. Auch bei Tim, oder?*

„Haben Sie es bei Tim versucht? Als ich ihn zum letzten Mal gesehen habe, waren die beiden zusammen. Das war gestern Abend."

„Ja, natürlich habe ich das. Und auch bei seinen Eltern. Oberstaatsanwalt Klemm war not amused über meinen Anruf. Und jetzt fällt mir niemand mehr ein. Ihnen?"

„Vielleicht in der Redaktion. Ich weiß, dass er dort schon ein, zwei Mal geschlafen hat, wenn er hinter irgendeiner großen Sache her war. Hat er mir jedenfalls erzählt."

„Aber es ist schon nach elf."

„Egal. Ich fahre da hin und schaue nach. Wenn ich ihn aufstöbere, melde ich mich."

Ohne eine Antwort abzuwarten, lege ich auf und laufe zu meinem Auto. Zwanzig Minuten später schauen mich die beiden Sicherheitsleute an der Zufahrt zum Verlagsgebäude verdutzt an.

„Severin Klemm? Um diese Zeit. In der Redaktion? Kann ich mir nicht vorstellen, Fräulein", drückt der Typ ungerührt das kleine Fenster, das er geöffnet hat, um mit mir zu sprechen, wieder zu. Ich halte energisch dagegen.

„Ach bitte. Es ist schrecklich dringend. Könnten Sie mal schauen, ob der Schlüssel da ist?"

Der Mann hinter der Scheibe brummt und dreht sich zu einem Schrank. Dort zieht er einen Metallring hervor, auf dem lauter Schlüssel aufgereiht sind. „Klemm. Sport. Das ist die 345", grummelt er und schiebt mit dem Zeigefinger einen Schlüssel nach dem anderen zur Seite. „345. Hier ist er. Also: Kein Klemm da."

Ich bedanke mich brav und zünde mir eine Zigarette an. *Wo könnte er sein?* Und was ist das mit dem Informanten. Wenn es um die App geht, habe ich keine Ahnung. Ich wollte auch nicht mehr wissen, als unbedingt nötig. Aber vielleicht geht es ja auch um etwas anderes. Der Mann ist schließlich Sportreporter. *Der Greifvogel*, schießt es mir plötzlich durch den Kopf. Vielleicht sind Sev und Tim noch hingefahren und abgestürzt. Wenn Papa mich nicht geweckt hätte, würde ich wahrscheinlich auch noch schlafen. Wenn er sich mit Tim in der alten Fankneipe verabredet hat, um jemanden zu treffen, der ein bisschen Insiderwissen preisgeben will … *alles ist möglich.*

In diesem Moment klingelt mein Handy. „Heller", melde ich mich etwas schroff. Am anderen Ende ist Max. „Hab da mal ne Bitte, Ly. Nächste Woche ist doch das Länderspiel gegen Nordirland. Die Kollegen vom DFB kommen um 14 Uhr ins Stadion zur Vorbesprechung und der Staudi hat sich krankgemeldet. Könntest du dem Team die Räumlichkeiten zeigen und alles erklären." Seine knappe Ansage hört sich nicht so an, als hätte ich eine Wahl. Also verschiebe ich im Geiste schon mal die Stippvisite im Greifvogel und fahre direkt ins Stadion.

Erst um kurz vor sechs ist das Meeting mit dem DFB-Tross zu Ende und ich kann einen zweiten Anlauf unternehmen, Sev und Tim aufzuspüren.

Als ich 20 Minuten später die Tür zum Greifvogel langsam öffne, kommen mir viele der alten Bilder vom vergangenen Jahr in den Kopf. Ich zögere. Denke, dass es vielleicht doch keine so gute Idee war, Sev und Tim hier zu suchen. Da steht Claudia plötzlich vor mir. Sie mustert mich, als müsste sie erst zuordnen, wer ich bin. Muss sie aber nicht, sie weiß es genau, bin ich überzeugt. Und als sie auf eine kleine Tür am Ende des Tresens deutet, weiß ich, dass ich recht habe.

„Danke dir", sage ich und öffne die Tür einen Spalt.

„Wie lange sind die beiden schon hier?"

„Lang genug", grinst Claudia. „Könnte mein Büro langsam wieder für mich selbst gebrauchen. Weißt ja: die Steuer", zwinkert sie mir zu. „Also lass die Brüder mal lieber abtransportieren."

KAPITEL 18

SEVERIN

Severin Klemm!"

Oh nein. Bitte nicht. Ich drehe mich auf dem Sessel, um mein Gesicht in den alten Stoff zu drücken.

„Und von dir, Tim, habe ich wirklich Besseres erwartet."

Na super. Sie wird ganz eindeutig nicht einfach wieder gehen.

Brummend drehe ich mich zu ihr und öffne die Augen. Das Licht der Schreibtischlampe blendet fürchterlich.

„Wie viel Uhr ist es?"

„Es ist sechs."

„6 Uhr?" Tim fällt neben mir mit einem lauten Knall vom Stuhl.

„Warum weckst du uns so früh?"

„Früh?", empört Lydia sich und schüttelt zornig den Kopf. „Für Spätaufsteher: Es ist abends. Und deine Freundin ist kurz davor, eine Vermisstenmeldung rauszugeben."

Ich winke ihre Aussage mit einer Hand ab und erhebe mich dann unter Schmerzen.

„Habt ihr etwa die ganze Nacht gesoffen?"

„Du siehst auch nicht viel besser aus, Prinzessin", gebe ich von mir und greife mir eine Wasserflasche von Claudias Schreibtisch.

„Ich …" Lydia schnauft und scheint sich in ihrem Kopf die gemeinsten Beleidigungen zurechtzulegen, die ihr einfallen.

„Wir sind keine Kinder."

„Offensichtlich doch."

„Und was daran ist dein Problem? Oder deine Sache?"

Sie mustert mich. Mustert erst mein zerstörtes Haar, dann meine dunklen Augen und dann meinen Oberkörper.

„Gefällt dir, was du siehst?" Ich hebe einen Mundwinkel, wohingegen sie ihre Augen zu Schlitzen verengt.

„Du …"

„Ja? Was bin ich? Ein Unhold?" Ich lache.

„Nein", flüstert sie, als würde sie resignieren. „Du bist einfach nur du und meine Worte nicht länger wert."

„Dann wäre das ja geklärt", sage ich gespielt desinteressiert und greife nach meinem Handy, was voller klebrigem Bier auf dem Boden liegt.

„Dann sollte ich Miss Lacker wohl sagen, dass ich nicht verschwunden bin."

Ich werfe Lyd noch einen kurzen Blick zu. *Warum hat Jules Lydia gesagt, dass sie sich Sorgen macht? Warum ausgerechnet ihr?*

Als mein Handy anspringt, entdecke ich zuerst die unzähligen Anrufe von Jules. Mein Magen dreht sich um. Wo bin ich? In einem beschissenen Überwachungsstaat?

Doch dann entdecke ich eine SMS direkt darunter. *Fuck.*

„Fuck", stoße ich hervor und öffne das Rätsel. Vor 20 Minuten ist die SMS eingetroffen.

„Was?", giftet Lyd und wirft einen Blick auf die Nachricht, bevor sich ihr Mund langsam öffnet, sie ausholt und mich gegen den Hinterkopf schlägt.

„Genau deshalb ist es aktuell nicht förderlich, sich zu besaufen und den Tag durchzuschlafen."

„Ist ja gut", gebe ich zurück und überfliege das Rätsel.

```
Die Taschentücher - ungeschickt
wurden zum vierten Mal gezückt.
Doch am Ende der Ehrenrunde
gab es schließlich frohe Kunde.
Aufstieg - wieder mal geglückt.


Die zweite Zahl, die ist jetzt
aus zwei Antworten zusammengesetzt.
Wie viele DFB-Pokale stehen im Museum, oh Schreck.
Wie viele Auswechselsitze im Kindereck?
Pass auf, dass du dich nicht verschätzt.


Am vierten Spieltag im August
war's nicht gerad' die reine Lust.
Nur unentschieden wohl war
gegen die Fortuna.
Wie viele sahen's voller Frust?


Wobei das Team in diesem Jahr
sich die Punkte - das ist wohl wahr -
nicht so oft teilte,
lieber Siege anpeilte.
Wie viele Remis waren wohl da?
```

Der Mann im Tor war ohne Frage,
fast bei allen Spielen in der Lage,
Bälle abzuwehren,
Chancen zu klären.
Wie oft spielte er ganz genau – nicht vage.

Und alle zusammen – ein Team.
Was ham' sie am Ende geschrien.
Genug Punkte eingesackt,
den Aufstieg gepackt.
Wie lange konnten alle an einem Strang ziehen?

„Heilige Scheiße", gibt Tim neben mir zum Besten, nachdem er seine Brille geputzt und mit auf das Display geschaut hat.

„Wie viele Pokale und Sitze im Museum stehen?"

Er schließt angestrengt seine Augen, als würde er nachzählen. Ich verziehe die Nase.

„Dein Ernst, Tim? Hier geht es um ein Menschenleben." Ich schüttle den Kopf und werfe Lyd einen ernsten Blick zu.

„Regelst du das?"

Ihre Augen werden groß und wahrscheinlich liegt ihr etwas wie „Ach, ich kann als Frau also doch was" auf der Zunge. Aber sie schweigt und nickt, bevor sie ihren Autoschlüssel und ihr Handy zückt.

„Ich fahre zu Tom. Falls er wieder nicht an sein Telefon geht."

„Wir lösen den Rest und ... dann hole ich dich ab."

Sie runzelt die Stirn, hält mir aber keinen Vortrag über Restalkohol. *Gott sei Dank.*

„Claudia!", rufe ich dann und sofort erscheint sie in der Tür. Ihr Blick ist beinahe so vorwurfsvoll wie der von Lyd.

„Wir brauchen dich."

Ein Grinsen legt sich auf ihre Lippen und sie tritt zu uns, während Lydia geht.

LYDIA

Ich schaue in den Rückspiegel. „Liebe Frau Heller. Herr Klemm hat Sie, ohne zu zögern, ausgewählt, ein wichtige – um nicht zu sagen überlebenswichtige – Aufgabe zu lösen. Wie fühlen Sie sich dabei?", frage ich mich und blicke mich dabei sehr kritisch an. So wie das Reporter nun mal zu tun pflegen, um besonders wichtig auszusehen. Ich zögere einen Moment. Suche nach der richtigen, der ehrlichen Antwort. „Ja, wissen Sie, Severin Klemm ist schon eine besondere Persönlichkeit" – ich verziehe leicht den Mundwinkel und überlege, ob ich hier gerade ein Radio- oder ein Fernseh-Interview gebe. *Radio.* Also: Mundwinkel wieder nach oben. Sieht ja keiner. „Schon allein deshalb ist es eine Ehre, von ihm für diesen Spezialjob ausgewählt worden zu sein. Und er wiegt wahrlich schwer auf meinen Schultern …"

Ich muss lachen. *Nein, Severin. So leicht bekommst du mich nicht.* Vor allem, weil ich mir nicht sicher bin, ob du nur mal wieder das kleine Mädchen mit dieser Aufgabe aus der Gefahrenzone bringen wolltest, oder ob du weißt, dass Tom dir wohl keinen Gefallen tun würde.

„Mein Gott, Tom", fällt mir in dem Moment wieder ein, warum ich eigentlich wie eine Wahnsinnige die Kennedyallee entlang donnere. „Nimm doch mal den Fuß vom Gas. Vielleicht geht er ja doch ans Telefon ", befehle ich mir selbst. Dann lenke ich den Wagen an die Seite und packe mein Handy.

„Ja", kommt es ziemlich genervt, aber schon nach dem zweiten Klingeln. Klar. Es ist kurz nach sechs am Sonntag und Tom sitzt wahrscheinlich gerade vor einem Teller Spaghetti oder so.

„Tom? Ich bin's, Lydia", sage ich hektisch. „Gott sei Dank erwische ich dich."

„Lydia. Welchem Rätsel bist du denn diesmal auf der Spur?", antwortet er. *Wenn der wüsste.*

„Ja. Da liegst du gar nicht mal so verkehrt", druckse ich herum. „Es geht wirklich wieder um ein Rätsel, und ich brauche noch einmal deine Hilfe." Ich will ihm nicht zu viel Angst machen. In mir allerdings macht sich nach und nach immer mehr Panik breit.

Für ein paar Sekunden höre ich nichts. Ist er einfach sprachlos oder hat er sich eine Gabel voller Spaghetti in den Mund geschoben? Ich weiß es nicht.

„Lydia. Hast du mal auf die Uhr geguckt. Kurz nach sechs. Ich bin doch gerade erst nach Hause gekommen. Immerhin ist heute mal keine besondere Führung. Füße hochlegen ist angesagt. Und dann kommst du?"

„Ja. Ich weiß, aber ich brauche ja nur zwei Antworten. Dauert keine zwei Minuten", räume ich schuldbewusst ein und ziehe gnadenlos meinen Joker. „Nur durch deine schnelle Hilfe konnten wir einen Mann vor dem Ertrinken retten, Tom. Und jetzt geht es wieder um Leben und Tod."

„Dann erzähl mal. Was musst du wissen?" Ich balle die Hand zur Faust und flüstere ein leises *Yeeep! Guter Mann.* Er hat angebissen. Und es war ja nicht einmal eine Lüge. Er ist der Einzige, der jetzt helfen kann. Er oder eine Brechstange. Um die Museumstür im Stadion zu knacken.

„Tom. Pass auf. Für dich ist es wahrscheinlich ein Kinderspiel: Die Täter wollen wissen, wie viele DFB-Pokale im Museum stehen und wie viele Auswechselsitze im Kindereck."

„DFB-Pokale ist ja wohl klar: 5, aber die Sitze in der Kinderecke? Jetzt haben wir ein Problem. Die haben da nach dem Bayern-Spiel umgebaut und ich habe es mir noch nicht vor Ort angeschaut. 10 oder 12 hätte ich gesagt, aber herrjeh. Brauchst du es wieder ganz genau?"

„Ich fürchte ja, Tom. Ja. Sonst sind wir an der falschen Stelle. Wie bei Köhler und seinen Einsätzen. Da lag nur eine Zahl dazwischen. Das waren aber Luftlinie vier Kilometer."

„Und das heißt?" will Tom wissen, was er längst geahnt hat.

„Bitte, Tom. Lass mich nicht hängen."

„Na gut, Lydia. Weil du es bist. Ich setze mich ins Auto und fahre los. Aber 'ne knappe halbe Stunde werde ich brauchen. Ich weiß ja nicht, ob ihr damit nicht mehr Zeit verliert. Gut. Vielleicht schaffe ich es auch in 20 Minuten."

„Du bist der Größte. Ich komme hin. Danke." Mein Herz hüpft ganz aufgeregt. In 20 Minuten haben wir das Rätsel gelöst und können zu der Stelle fahren, die uns der GPS-Code angibt. Ein Kinderspiel.

Hastig wähle ich Sevs Nummer.

„Die erste Ziffer ist eine 5", poltere ich ohne Gruß los. „Die Sitze weiß Tom nicht, weil umgebaut wurde. Aber er kommt ins Museum. Kann höchstes 20 Minuten dauern, dann –"

„Alles gut, Lydia", versucht er mich zu beruhigen. Wir sind auch schon weiter. Wenn wir alle Zahlen haben, komme ich zum Stadion. Wenn ihr schneller seid mit der Antwort, rufst du mich an. Okay? Dann entscheide ich, wie wir's am besten machen."

„Ja doch, Sev. Du entscheidest dann. Klar. Was sonst."

Ich lege auf und ärgere mich über mich selbst. In diesem Fall hat er nämlich recht. Nur er kann sehen, wo wir hinmüssen. *Warum verhalte ich mich immer wie ein Pienzchen?*

Ich blicke auf die Uhr. Sechs Minuten sind vergangen, seit Tom aufgelegt hat. Bleiben noch 15, vielleicht 20. Trotzdem starte ich meinen Wagen und fahre los.

SEVERIN

„Saison 11/12 kann nicht die Lösung sein, Tim", sage ich und drücke mir auf der Stirn herum. Diese Kopfschmerzen bringen mich noch um den Verstand.

„Es ist aber die Saison", mault Tim wie ein beleidigtes Kind. Aber auch ihm scheint es nicht sonderlich gut zu gehen.

„Vorne war bisher immer eine 50, weil es hier in Frankfurt war. Wo bitte soll die 11 liegen? In Timbuktu?"

„Es war die 49. Saison", wirft Claudia ein.

„Perfekt", murmle ich, während ich bereits weiterlese.

Die nächste Zahl ist Lydias Aufgabe, also springe ich weiter.

```
Am vierten Spieltag im August
war's nicht gerad' die reine Lust.
Nur unentschieden wohl war
gegen die Fortuna.
Wie viele sahen's voller Frust?
```

„Eine Aufgabe für Google", ruft Tim neben mir und sucht in seinem Handy, während ich die nächsten Zeilen lese.

```
Wobei das Team in diesem Jahr
sich die Punkte - das ist wohl wahr -
nicht so oft teilte,
```

lieber Siege anpeilte.
Wie viele Remis waren wohl da?

„Wo ist Gustav, wenn man ihn mal braucht?"

„Wir brauchen ihn nicht", sagt Claudia und geht zielstrebig auf einen Aktenschrank zu, holt eine Akte heraus und blättert darin herum.

„Achtmal haben sie unentschieden gespielt."

„Warum besitzt du so etwas?", frage ich geistesabwesend und kritzle die Acht auf ein Papier.

„Willst du das jetzt wirklich diskutieren, Severin Benjamin Klemm?"

Ich schüttle den Kopf wie ein kleiner Schuljunge. Das passiert, wenn jemand meinen vollen Namen benutzt.

Der Mann im Tor war ohne Frage,
fast bei allen Spielen in der Lage,
Bälle abzuwehren,
Chancen zu klären.
Wie oft spielte er ganz genau – nicht vage.

Claudia zählt bereits und Tim sucht immer noch in seinem Handy. Es scheint ihm nicht gerade leicht zu fallen, überhaupt die Augen offen zu halten.

„31-Mal!", ruft Claudia kurz gefolgt von Tims „42.000."

So schnell ich kann, scrolle ich die Nachricht hinunter und lese die letzten Zeilen.

Und alle zusammen – ein Team.
Was ham' sie am Ende geschrien.
Genug Punkte eingesackt,

den Aufstieg gepackt.
Wie lange konnten alle an einem Strang ziehen?

„Wollen die jetzt ernsthaft wissen, wie viele Minuten die alle zusammen auf dem Platz standen? Geht's noch?", meckert Tim und lässt den Kopf in den Nacken fallen.

„Zählt das zusammen. Ich fahre zum Museum."

„Und ich?" Tim sieht mich so vorwurfsvoll und enttäuscht an, dass es mir beinahe das Herz bricht. Aber eben nur beinahe.

„Du bleibst hier. Du kannst wahrscheinlich nicht einmal gehen, Tim", brumme ich und verziehe den Mund.

„Ist gut", gibt er ein wenig beleidigt zurück. Aber das hier muss ich allein machen.

LYDIA

Genau 16 Minuten später sehe ich Toms Auto die breite Zufahrt zum Stadion reinkommen. *Wow. Er hat Gas gegeben ohne Ende.* Ich nicke anerkennend und springe aus meinem Auto heraus. Er hält direkt vor der Absperrung und rennt tatsächlich die knapp 50 Meter bis zum Museum. Mein Joker hat offenbar tiefen Eindruck bei ihm hinterlassen. Er lässt sich nicht mal die Zeit, mich zur Begrüßung in den Arm zu nehmen. Gemeinsam stürzen wir in das Museumsfoyer.

„Da hinten", zeigt er und rennt zum Lichtschalter. Ich stehe jetzt direkt vor der Kinderecke und zähle die Stühle. Ich zähle mit dem Finger ab wie ein Grundschulkind. Aus Angst, die falsche Zahl an Sev weiterzugeben. In diesem Moment klingelt mein Handy.

„Wir haben es. Irgendwo an der Startbahn West. Wahrscheinlich mitten im Wald. Wie weit seid ihr? Die Zeit läuft uns davon!", brüllt er verzweifelt.

„Neun!", sage ich nur. „Es ist die Neun!"

„Okay. Die Neun. Kannst du mir entgegenlaufen. Bin jetzt am Oberforsthaus."

Irgendwie fehlte an diesem Satz das Fragezeichen, aber Sev hat bereits aufgelegt.

„Tom. Du hast etwas gut bei mir. Aber jetzt muss ich los. Wir haben den Ort. Sev ist gleich hier. Danke. Wir sehen uns morgen", stottere ich. Eigentlich hätte er mehr verdient für diesen Einsatz. „Du bist mein Held", sage ich und drücke ihm einen dicken Kuss auf die Backe.

„Ja. Morgen. Toll. Und jetzt geht mal ein Leben retten", erwidert er gelassen und schiebt mich durch die Museumstür nach draußen.

KAPITEL 19

SEVERIN

Ich mustere Lydias Gestalt in meinem Scheinwerferlicht, als sie auf mich zugerannt kommt. Sie sieht anders aus als sonst. Ihre Haare sind offen und zerzaust. Ihr Mascara ist verschmiert und ihre Lippen noch leicht rosig von dem Lippenstift, der sicher vor 10 Stunden ihren Mund geschmückt hat. Und doch sieht sie hübscher aus als sonst. Echter.

„Wo müssen wir hin?"

„In den großen schwarzen Wald", flüstere ich gefährlich und deute auf das Navi, in das ich bereits die Koordinaten eingegeben habe. 49° 59' 42.000" N 8° 31' 34.439" E.

„Witzig", schnaubt sie und schnallt sich an, während ich den Motor aufheulen lasse und losfahre.

„Haben alle Spieler wirklich in einer Saison 34.439 Minuten gespielt?"

Lydia scheint im Kopf nachzurechnen. „34 mal 90 Minuten mal elf Spieler macht 33.660, plus Auswechselspieler, das dürfte hinkommen", murmelt sie kaum hörbar.

Ich schüttele ungläubig meinen Kopf. *Rechnen ohne Hilfe. Nicht meine Stärke.* Abgesehen davon, nehme ich kaum den Weg wahr, bis ich 15 Minuten später mein Auto auf einem Waldweg parke und Lydia ansehe. Ich weiß, dass sie nicht beschützt werden will. Vor allem nicht von mir. Und doch würde ich sie am liebsten knebeln und in meinen Kofferraum stecken. Was ich natürlich nicht mache.

Während sie die Koordinaten in ihr Handy übernimmt, steige ich aus und gehe um das Auto herum, um ihr die Tür zu öffnen. Als sie mir einen vorwurfsvollen Blick zuwirft, lasse ich sie los, und grinse breit, als die Tür gegen ihr Knie knallt und sie laut „Aua" schreit, wie ein kleines Kind.

„Was? Du willst ja nicht, dass dir ein Mann die Tür aufhält."

„Leck mich, Severin."

„Mit Vergnügen." Ich hebe einen Mundwinkel und werfe ihr einen lasziven Blick zu, woraufhin sie nur schnaubt und wütend in den Wald marschiert.

Die Dunkelheit umhüllt uns immer mehr und die Kälte beißt sich durch meine Jacke, hinein in meine Glieder.

„Wie sollen wir diese Stelle finden?", flüstert Lyd, als wolle sie die Wölfe nicht aufwecken.

„Es muss hier irgendwo sein." Ich schließe meine Augen und konzentriere mich auf ein Geräusch. Auf irgendetwas. Aber bis auf ein paar Käuzchen höre ich nichts. Kein Wimmern. Keine Hilfeschreie. *Nichts.*

„Wir müssen uns trennen."

„Wir müssen was?" Ich schüttle den Kopf wie ein Irrer.

„Du bist groß und stark, Lyd, das habe ich verstanden. Aber wir werden uns nicht trennen."

„Severin", sagt sie sanft und ich spüre eine Berührung an meinem Unterarm, die mich schaudern lässt. Jede Faser meines Körpers brennt und lässt Hitze durch meinen gefrorenen Körper ziehen.

„Wir müssen uns trennen. Uns läuft die Zeit davon. Die SMS ist um 17.40 Uhr verschickt worden. Jetzt ist es 18.54 Uhr. Uns bleiben wahrscheinlich nur sechzehn Minuten. Ich schreie, wenn etwas ist."

Mein Kiefer verkrampft sich und es kostet mich einige Mühe, Ja zu sagen. Und in dem Moment, als ich es ausgesprochen habe, lässt Lydia los und verschwindet mit leisen Geräuschen.

Reiß dich zusammen, Severin. Ich muss einen klaren Kopf behalten, wenn hier irgendwo jemand eventuell um sein Leben kämpft. Also gehe ich weiter und versuche, nicht über Äste zu stolpern. Der Boden ist von getrocknetem Laub bedeckt und lässt jeden meiner Schritte knistern.

Ich zücke mein Handy, mache die Taschenlampe an und beleuchte den Boden und die Bäume. Was, wenn dieses Mörder-Schwein sein Opfer an einen dieser Bäume gebunden hat? Mittlerweile traue ich ihm alles zu.

Aber hier ist nichts. Also werde ich schneller. Mein Puls rast und immer wieder schrecke ich zusammen wie ein kleines Mädchen.

Na super. Also existieren in meinem Kopf doch solche Gedanken. Ich korrigiere mich selbst in *kleiner Junge*. Wobei ich das beste Beispiel dafür bin, dass selbst große Jungs keinen Spaß daran haben, durch einen dunklen Wald zu irren. Schon gar nicht, wenn hier drin ein Sterbender um sein Leben kämpft und vielleicht sogar ein Mörder herumlungert.

Bei diesem Gedanken kehrt die Angst um Lyd zurück. Und sie nimmt mich so allumfassend ein, dass ich die Angst um mich selbst kaum noch spüre.

Fuck. Hier ist nichts. *Wie soll ich in diesem riesigen, dunklen Wald jemanden finden? Und wie soll ich Lydia wiederfinden?*

LYDIA

Ich hasse Dunkelheit. Und ich hasse es, mitten im Wald fernab von Wegen zu sein. Besonders bei Dunkelheit. Warum also um alles in der Welt bin ich hier? Warum habe ich darauf bestanden, dass wir uns trennen?

Ich rede mit mir. Mal wieder. Führe Selbstgespräche. Aber dieses Mal nur stumm. Und dabei habe ich immer die Nase gerümpft, wenn die Blondchen in den Horrorstreifen nicht aufhören konnten zu plappern. Wenigstens tue ich es nur in meinen Gedanken. Und trotzdem verwandelt sich Lydia Heller auch in eines dieser Mäuschen. Denn, ob laut oder stumm, der Effekt und die Absicht sind das Gleiche. Angst überspielen.

Spätestens jetzt bin ich sicher, die Idee, getrennt zu suchen, war gar nicht gut. Vielleicht hätte ich nicht ausgerechnet hier, mitten im Langener Forst oder was immer das um mich herum auch ist, die emanzipierte Frau heraushängen lassen müssen. Aber eine dieser patzigen Bemerkungen von Severin reicht ja meist schon, um mich in eine Furie zu verwandeln.

Ich bleibe stehen. Horche in die Dunkelheit hinein. Versuche, irgendetwas vor mir wahrzunehmen. Der letzte Vollmond ist nicht lange her. Vielleicht eine Woche. Aber was nutzt dir ein ordentlich fetter Mond am Himmel, wenn sich schwarze

Regenwolken immer wieder davor schieben. Plötzlich höre ich Äste knacken. Das muss Sev sein, der da rechts durch die Dunkelheit stapft. Vielleicht 70 Meter von mir entfernt. Wie lange ist das her, dass wir uns getrennt haben? Keine drei Minuten. Kann er sich schon so weit von mir entfernt haben? Oder … Oder ich laufe diesem Monster, das uns hierhergelockt hat, direkt in die Arme. Plötzlich fällt mir die Gestalt auf der Autobahn ein. *Der Mörder ist hier*, bin ich auf einmal sehr überzeugt. Er war bei dem Toten mit den fehlenden Fingern in der Nähe und wahrscheinlich auch an der Schleuse. Nur, dass wir ihn da nicht bemerkt haben.

Am liebsten würde ich losschreien. Sev warnen. Aber ich halte mir selbst die Hand vor den Mund. Beiße so kräftig in meinen Zeigefinger, dass mir Tränen in die Augen schießen. Ein unterdrückter Schrei. Mehr lasse ich nicht zu. *Was, wenn ich mit jedem Mucks Sev erst recht in Gefahr bringe? Wenn er aus Sorge um mich kopflos durch den Wald rennt … genau in die Arme dieses Verbrechers?*

Ich schließe die Augen, bis nur noch ein kleiner Schlitz das wenige Licht, das die Dunkelheit preisgibt, durchlässt. Da vorne, vielleicht 50 Meter vor mir, ist offenbar eine Lichtung. Für einen winzigen Moment hat die dichte Wolkendecke das Mondlicht durchgelassen und mir Sicht gewährt. Dort ist es heller, als um mich herum. Viel heller.

Bis dahin musst du dich durchschlagen. Koste es, was es wolle, hämmere ich mir in den Kopf. Und mein Kopf gibt die Befehle widerspruchslos weiter. Also bewege ich mich wieder in vorsichtigen Schritten, immer einen Fuß vor den anderen, vorwärts. Hebe meinen rechten Arm schützend vor meine Brust. Den anderen vor mein Gesicht. Nur nicht ungeschützt in ein Hindernis laufen und sich dabei verletzen.

Nach einer gefühlten Ewigkeit habe ich den Rand der Lichtung fast erreicht. *Nur noch ein paar Meter*, jubelt mein Herz. In dem Moment rutscht mein rechter Fuß weg. Ich gerate ins Schwanken und habe keine Chance, mich zu halten. So sehr ich auch wild um mich greife. Wuchtig knalle ich auf den Waldboden. „Scheiße", rutscht es mir heraus, als plötzlich ohrenbetäubender Lärm dafür sorgt, dass ich automatisch den Kopf einziehe. Dumpfes Brausen und Zischen überrollt mich beinahe. Dann sausen zwei Lichter vielleicht gefühlt 20 Meter über mich hinweg. Der Boden erzittert und ich werfe mich bäuchlings in den Dreck. Ich brauche einen Moment, um mich zu orientieren. Einen Moment, bis mir klar wird: Das, was da direkt über mir mit Tempo 300 entlanggebrettert ist, war ein Flugzeug. Ich versuche, mich zu beruhigen und mir wird langsam klar, dass uns das Rätsel direkt an das Ende der Startbahn West geführt haben muss. Nur, wozu? Hier ist weit und breit gar nichts.

Mein Herz schlägt wie wild. Ein Flugzeug, das so nahe über dir aufsteigt, ist schon bei Tag nur etwas für Hartgesottene. Bei Nacht treibt es dich in den Wahnsinn. Die Lautstärke potenziert deine Angst ins Unermessliche.

Ich zittere am ganzen Körper. Bin pitschnass. Es hat heute einige Male geregnet. Kein Wunder.

Trotzdem versuche ich, meinen Atem zu kontrollieren. Nur jetzt nicht hier herumjapsen und damit meinen Standort verraten. „Ruhig atmen", befehle ich mir selbst im Flüsterton.

Ich war früher in den Sommerferien oft im Zeltlager. Dort habe ich von den Gruppenleitern gelernt, dass man sich bei Gefahr allein im Wald am besten mit dem Rücken an einen Baum hinsetzt und mucksmäuschenstill ist. „Dann kann kein anderer dich erschrecken und die Angst wird automatisch kleiner", hat uns Uli immer erzählt, wenn wir auf Außenposten gegangen sind. Wobei ich eigentlich nie so recht verstanden habe, warum ein 13-jähriges Mädchen eine Stunde lang allein auf Außenposten sein musste. Aber das stand wohl auf einem anderen Tablett.

Wenige Schritte vor mir kann ich die schemenhaften Umrisse eines mächtigen Baumes ausmachen. „Da musst du hin. Das ist dein Außenposten", flüstere ich unhörbar und schiebe mich Stück für Stück nach vorne. Aufzustehen traue ich mich nicht. Wenn jemand hinter mir im Wald lauern sollte, wie der Typ an der A661, würde er meine Silhouette sofort wahrnehmen. Also besser schön am Boden bleiben. Und sich nur ganz langsam bewegen.

Am Baum angekommen, mache ich genau das, was ich im Zeltlager gelernt habe. Um mich herum ist Totenstille. Kein Laut. Kein Severin, der sich durch das Dickicht schlägt. Keine regungslose Gestalt, die sich vor dem Horizont abzeichnet. Nichts.

Ich halte die Luft an, um besser hören zu können, als plötzlich etwas neben mir raschelt. Ich reiße den Kopf herum und blicke in zwei tierische Augen. Deutlich unter mir. Was mich seltsamerweise beruhigt. Unter mir heißt: kleiner. Und kleiner wird wohl kaum darüber nachdenken, mich umzubringen. Wieder raschelt es und die Augen sind verschwunden.

„Warum ist dieser Sev nicht da, wenn man ihn braucht?", sinniere ich. Wohlwissend, dass ich ihn dazu aufgefordert habe. Ich denke angestrengt darüber nach, was ich jetzt tun kann. *Rufen? Sev rufen? Eher nicht. Das könnte für ihn oder für mich oder im blödesten Fall für uns beide nicht gut ausgehen. Also einfach hier sitzen bleiben und warten, bis die Sonne aufgeht? Oder wenigstens bis Sev irgendwann vorbeikommt?* Klingt auch nicht wirklich überzeugend. „Scheiße", rutscht es mir heraus. „Verdammte Scheiße. Ich möchte nach Hause."

Hilfe holen, kommt mir plötzlich der rettende Gedanke. Mit klammen Fingern ziehe ich mein Handy aus der Jeans. *Warum bin ich nicht früher auf den Gedanken gekommen?* Wahrscheinlich, weil ich mich so zu erkennen geben könnte. Soll ich es öffnen, damit jeder im Umkreis von 20 Metern sieht, wo ich bin? Ich zögere, entscheide mich dann aber dafür, das Risiko einzugehen. Die beste Option, die ich in diesem Moment habe.

Langsam schiebe ich den Deckel auf und bin dankbar für das Foto, das ich als Bildschirm gewählt habe. Es ist Attila, der Adler. Ich habe es nach dem Chelsea-Spiel aufgenommen und es ist sehr dunkel geworden. „Schwarzer Adler auf schwarzem Grund", hat Sev gelästert. Aber die Helligkeit reicht aus, um die Anzeige „kein Empfang" entziffern zu können. „Oh mein Gott. Nein." Wut kocht in mir hoch. Maßlose Wut. Zu viel habe ich in den vergangenen Stunden erlebt, um meine Fassung auch nur eine Sekunde länger bewahren zu können. Ich stolpere. Über etwas Warmes, Großes. Das Handy gleitet mir aus der Hand. Es knallt mit der Ecke auf eine Wurzel, hüpft einen halben Meter in die Höhe und bescheint das blutverschmierte Gesicht eines Mannes.

Die Nerven gehen mir durch. Ich schreie. Schreie meine Angst heraus. Als gäbe es kein Morgen mehr. Und ich kann nicht aufhören. Selbst als mich jemand von hinten heftig packt und mir rüde seine Hand auf den Mund presst.

SEVERIN

Ein Schrei. Ein lauter, panischer Schrei lässt mich erstarren. Und nur eine winzige Sekunde später renne ich los. *Lydia.* Sie schreit. *Sie* ... Ich kann keinen klaren Gedanken fassen, während ich über Äste und Steine stolpere, aber immer weiter renne.

Licht erhellt einen kleinen Platz etwas von mir entfernt.

Wieder ein Schrei.

Alles in mir gefriert zu Eis. *Nein. Nein. Nein.* Lydia darf nichts passiert sein. *Nein.* Es liegt einfach nicht im Bereich des Möglichen. Denn wenn ihr etwas zugestoßen ist, wenn ... *Dann weiß ich nicht, wie ich je weitermachen soll.*

„Lyd!", schreie ich durch den Wald. Mir ist längst egal, ob hier ein Mörder herumlungert. Wenn er sie auch nur anfasst, dann werde ich ihn umbringen. Ich werde dieses verdammte Monster zerfleischen und nie wieder aufhören.

Ich komme bei der Lichtung an und entdecke ein Handylicht im Gras liegen. Dahinter Lydia, die an einem Baum lehnt und fürchterlich schreit. So schnell ich kann, schleiche ich mich von hinten an und lege ihr meine Hand auf den Mund.

„Psscht", mache ich und streiche mit meinem Daumen über ihre Wange. „Ich bin es, Lyd."

„Severin!", stößt sie hervor, als ich meine Hand von ihrem Mund nehme, und dreht sich mir zu. Sie sieht mich an. Sekundenlang. Tränen platzen aus ihren Augen und dann lässt sie sich in meine Arme fallen und weint an meiner Brust. Ich bin völlig überfordert, weshalb ich ein paar Sekunden brauche, um sie zu packen und fester in meinen Arm zu ziehen. Ganz sanft streiche ich ihr über den Rücken und warte, bis sie so weit ist.

„Er ... er liegt genau dort", wispert sie irgendwann und hebt ihren Kopf. Ihr Gesicht sieht so ängstlich, kaputt und zerstört aus, dass ich mich vorbeuge und sie ganz sanft auf die Stirn küsse, bevor ich mich in die Richtung drehe, in die sie deutet. Ein Gesicht. Blut. Der Angreifer ist mit Sicherheit über alle Berge.

Ich löse mich von Lydia und stürme auf den Mann zu. Fühle seinen Puls und höre seinen flachen Atem.

„Er lebt, Lydia", sage ich fassungslos, und beginne bereits, ihn auf meinen Rücken zu hieven.

„Wir müssen Hilfe holen."

„Kein Empfang", gibt sie wie paralysiert von sich und steht nur langsam auf. Nähert sich uns nicht, als würde ihr der sterbende Mann fürchterliche Angst machen.

„Wir laufen jetzt los, so schnell es geht. Du bleibst bei mir!", befehle ich so ausdrücklich, dass ihr nicht einmal ein Widerwort auf der Zunge liegt. „Und du wählst den Notruf, sobald du Empfang bekommst."

Sie nickt und wir laufen los. Der Mann ist verdammt schwer, weshalb ich nur halb taub wahrnehme, wie Lydia kurze Zeit später mit der Notrufzentrale spricht, während sie immer wieder an Ästen hängenbleibt.

Das Gewicht des Mannes drückt mich hinunter. Aber ich eile weiter. Renne, bis ich stolpere und unsanft gegen einen Baum knalle.

„Verdammt!", knurre ich und greife nach meinem Fußgelenk.

„Hast du dich verletzt?"

„Nein", lüge ich und suche in der Dunkelheit nach dem Körper, um ihn wieder auf meinen Rücken zu hieven. Meine Hand landet an seinem Hals. *Kein Puls mehr.*

„Lebt er noch?" Lydias panische Stimme treibt mir eine unangenehme Gänsehaut auf meinen Körper.

„Ja", lüge ich wieder. Ich sollte den Mann hier liegen lassen. Wahrscheinlich hätte ich ihn sogar am Tatort liegen lassen müssen, denn retten konnte ich ihn nicht. Kann ich nicht. Aber das hier muss ich tun. Lydia hat Angst. Fürchterliche Angst. Und es reicht, dass sie diese Leiche auf der A661 gesehen hat. Auch, wenn sie nicht beschützt werden will. Das hier kann ich ihr erst erklären, wenn wir uns nicht mehr in der Dunkelheit des Waldes befinden. Also hieve ich ihn erneut auf meinen Rücken und laufe los. Renne, bis endlich Lichter erscheinen. Renne, bis wir die nassglänzende Straße erreichen, auf der bereits ein Polizeiwagen steht. Einige der Polizisten kommen uns mit Taschenlampen entgegen.

Ich lasse den Mann sanft zu Boden sinken, während Lydia neben mir auf die Knie fällt und ihn ansehen will. Aber ich gewähre ihr keinen Blick mehr auf ihn. Stattdessen packe ich sie und ziehe sie in meine Arme. Und erst da begreife ich, dass ich es nicht nur für Lydia getan habe. Ich selbst konnte ihn nicht einfach liegen lassen. Vielleicht, weil ein Teil in mir doch noch gehofft hat, ich könnte ihn retten.

„Ist er tot?", wimmert sie gegen meine Brust. Ich nicke nur. Wobei mein Kinn immer wieder sanft an ihren Kopf stößt und sie irgendwann mit einstimmt.

Ganz vorsichtig ziehe ich den Zettel hervor, den ich ihm unbemerkt aus seiner Hosentasche genommen habe, und halte ihn hinter Lydias Kopf in die Höhe.

§ 323c Unterlassene Hilfeleistung; Behinderung von hilfeleistenden Personen
(1) Wer bei Unglücksfällen oder gemeiner Gefahr oder Not nicht Hilfe leistet, obwohl dies erforderlich und ihm den Umständen nach zuzumuten, insbesondere ohne erhebliche eigene Gefahr und ohne Verletzung anderer wichtiger Pflichten möglich ist, wird mit Freiheitsstrafe bis zu einem Jahr oder mit Geldstrafe bestraft.
(2) Ebenso wird bestraft, wer in diesen Situationen eine Person behindert, die einem Dritten Hilfe leistet oder leisten will.
Oder fühlt es sich nicht viel eher wie Mord an?

Ich erstarre. Das hier ist krank. Wie kann jemand davon ausgehen, das hier sei nur eine dumme unterlassene Hilfeleistung?

„Entschuldigen Sie bitte", raunt ein Polizist neben uns. Ich stecke den Zettel so schnell und unbemerkt ich kann wieder ein und nehme Lydias Schultern, um ihr Gesicht zu prüfen. Zu prüfen, ob sie bereit ist.

„Was ist hier passiert?"

„Das ist ein Fall für die Mordkommission", sage ich und deute auf den Mann am Boden. „Rufen Sie Hauptkommissarin Lacker."

Der Polizist sieht mich an, als würde er mich am liebsten maßregeln, weil ich ihm Befehle gebe. Aber auch er weiß, dass er hier nichts ausrichten kann. Also geht er zurück zum Wagen und sagt etwas durch.

Nur wenige Sekunden später fährt der Krankenwagen vor. Auch die Sanitäter können nur noch den Tod des Mannes feststellen. Als sie mich untersuchen wollen, weigere ich mich und schiebe Lydia vor. „Untersuchen Sie sie."

Mit diesen Worten wird sie zum Wagen geführt und ich lasse mich auf den nassen Asphalt sinken. Setze mich und entlaste meinen Fuß.

Ich nehme mein Handy heraus und starre darauf. Mein Akku ist fast leer. Aber ich starre weiter. Warte, bis es endlich erscheint: 2 : 1

„Fick dich!", schreie ich durch die Nacht und schmeiße mein Handy weg. Es knallt auf die Straße und ich höre es noch splittern. Höre das, was eigentlich in mir selbst passiert.

Das hier ist kein dummes Spiel mehr. Das war es nie. Und doch fühle ich mich, als hätte ich verloren. Ein Leben konnte ich retten. Eines von dreien. Wie viel ist das schon wert? Warum war ich nicht besser? Warum habe ich das alles zugelassen?

Und warum habe ich wenigstens dieses Mal nicht sofort Jules Bescheid gesagt?

Ich hasse es, dass ich so bin. Dass ich unverbesserlich bin, so wie sie es alle sagen. Vielleicht dachte irgendetwas in mir, ich könne ihnen das Gegenteil beweisen. Kann ich aber nicht.

„Severin." Jules Stimme lässt mich aufatmen. Mein Körper entspannt sich ein wenig, als sie sich zu mir kniet und meine Schulter berührt.

„Geht es dir gut?"

Ich nicke mit zusammengepressten Lippen. Wahrscheinlich würde ich weinen. Aber es ist, als hätte ich keine Tränen übrig. Als hätten mich all die nicht vergossenen Tränen ausgetrocknet.

„Warum …?"

„Es tut mir leid", unterbreche ich sie, ziehe sie zu mir und küsse sie. Vielleicht, weil ich mir selbst beweisen will, dass das hier richtig ist. Oder einfach nur, um meinen eigenen Schmerz zu vergessen. Oder um Lydia zu vergessen. Wie auch immer. Es ist egoistisch und falsch. Und doch tue ich es.

„Ich muss euch mit ins Präsidium nehmen", sagt sie sanft. Fast schon zu sanft, dafür, dass ich schon wieder im Alleingang alles kaputt gemacht habe.

KAPITEL 20

LYDIA

Frau Heller. Sie haben offenbar keine Ahnung, auf was Sie sich da eingelassen haben?"

Ich hebe meinen Kopf. Hauptkommissarin Lacker sitzt auf der anderen Seite des Tisches. Neben ihr ein Kollege. Er war es auch, der mir die Frage gestellt hat.

„Mag sein, Herr äh…"

„Semmelkrug. Kommissar Semmelkrug. Abteilung Bandenkriminalität."

„Bandenkriminalität?"

„Ja, Frau Heller. Bei dem, was uns Ihr Freund Klemm über diese App und die Hintergründe erzählt hat, bleibt uns doch gar nichts anderes übrig, als in diese Richtung zu ermitteln."

Ich verstehe kein Wort. Was hat Sev erzählt? Hatte er nicht gesagt, er ginge nicht davon aus, dass das Ganze mit dieser dämlichen App zu tun hat? Was sage ich jetzt am besten, ohne ihn noch tiefer hineinzureißen? Er ist es schließlich, der diese furchtbaren Nachrichten erhält.

„Aber ich weiß doch gar nichts davon. Also. Nicht mehr als Sie, nehme ich an?"

„Ach und deshalb stürzen Sie sich nachts in das Waldgebiet am Ende der Startbahn West?", bohrt Semmelkrug nach. „Und bringen sich ganz nebenbei in größte Gefahr. Alles nur, weil Sie nächtliche Geländespiele amüsant finden, oder was?"

Ich finde, der Kerl übertreibt und schaue Lacker mit einem hilfesuchenden Blick an.

„Muss das jetzt sein. Ich habe wirklich ein paar anstrengende Tage hinter mir und möchte in mein Bett", murmele ich tonlos. „Stellen Sie Ihre Fragen doch bitte Severin. Er war schon einmal ganz nah dran an dieser Zocker-Mafia und hat sich ja wohl vor zwei Tagen erneut mit seinem Informanten getroffen. Vielleicht weiß er mehr, verdammte Scheiße. Machen Sie doch einfach mal Ihren Job."

Eigentlich wollte ich nicht aus der Haut fahren. Ich weiß doch genau, dass das meist das Gegenteil bewirkt. Und so ist es.

„Halten Sie mal lieber Ihre Zunge im Zaum, Fräulein Pressesprecherin, sonst dürfen Sie wegen Beamtenbeleidigung gerne den Rest der Nacht in die Zelle", brüllt mir dieser Semmelkrug plötzlich ins Gesicht. Er ist außer sich. Nur weil ich gesagt habe, er soll seinen Job machen?

„Nun mal ruhig Blut. Alle beide", geht Lacker dazwischen und deutet ihrem Kollegen an, dass es besser sein könnte, wenn sie die Unterhaltung mit mir zunächst allein führt.

Sein Gesicht spricht Bände. Gerne hätte er sich die kleine Blonde zur Brust genommen. Nach allen Regeln der Vernehmungskunst versteht sich. Aber daraus wird nun nichts mehr.

Er steht auf, schiebt den Stuhl mit einem Krachen gegen den Tisch und verschwindet.

Lacker hebt kurz beide Schultern und verzieht den Mund.

„War ein langer Tag. Auch für ihn. Außerdem ist er Bayern-Fan."

Ich nicke. „Kann schon sein, aber ich verstehe trotzdem nicht, was das jetzt soll. Ermittelt ihr, Tschuldigung, ermitteln Sie in zwei Richtungen?"

„Wir können ruhig beim *Du* bleiben", sagt Lacker. „Ich bin Jules".

„Lydia", entgegne ich knapp. Sie soll nicht denken, dass sie mich so leicht mit der Guter-Bulle-böser-Bulle-Nummer einwickeln kann.

Es entsteht eine kleine Pause. Sie hat den kühlen Ton sehr wohl bemerkt. Und trotzdem haben wir gerade wohl so etwas wie einen Waffenstillstand vereinbart.

„Tun wir. Ja, Lydia, du hast recht. Wir ermitteln in zwei Richtungen. Mindestens."

„Mindestens?"

„Ja. Weil die Lage so unklar ist. Da ist die Geschichte mit Sevs App und die Verbindung des Toten von der 661 mit dem Typen, den ihr aus dem Main gefischt habt. Die beiden waren schließlich in ein und demselben Fanclub."

„Und ich dachte, es ist ziemlich klar, dass diese App mit all dem etwas zu tun hat. Gab es da nicht erst den Studenten, der aus dem Fenster gefallen ist, als er das Spiel gespielt hat? Hat damit nicht alles angefangen?"

„Ja, genau. Nur dass der Junge, der gezockt hat, betrunken war, und deshalb zu Tode kam. Ein tragischer Unfall. Der Mann auf der 661 war vollgepumpt mit Drogen, und es gab keinen Hinweis auf Fremdverschulden. Ergo: Könnte das auch, wie bei dem Jungen, einfach nur dumm gelaufen sein. Aber der Bursche im Schleusenbecken war an die Leiter angekettet und dem Mann heute hat jemand fachmännisch die Pulsadern angeritzt. Gerade so tief, dass ihr ihn noch lebend finden konntet. Um ihn zu retten, hättet ihr eine Viertelstunde früher sein müssen. Nein, Lydia, das ist keine Zockerrunde, die aus dem Ruder gelaufen ist. Da spielt jemand mit uns ein ganz mörderisches Spiel."

Ich muss an den Schatten neben der 661 denken und an die furchtbaren Minuten an der Offenbacher Schleuse. Und wieder läuft es mir eiskalt den Rücken hinunter. Ich schließe die Augen, aber das ist keine gute Idee. Sofort taucht das Gesicht des Mannes im Wald auf. *Wenn wir nur die SMS früher bemerkt hätten. Dann hätten wir ihn vielleicht retten können …* Ein Weinkrampf schüttelt mich. Ich beiße mir auf die Lippe. Der Schmerz ist kaum auszuhalten und sofort fließt Blut und vermischt sich mit meinen Tränen. Ich kann das Eisen schmecken.

„Ich würde dir ja gerne helfen, Jules, aber ich weiß nicht wie?", bringe ich mit Mühe hervor. „Alles, was seit dem Bayern-Spiel passiert ist, sprengt mein Hirn. Können wir hier Schluss machen, bitte?"

Jules wiegt den Kopf leicht hin und her. Sie kämpft arg mit der Entscheidung. „Gut", presst sie schließlich hervor. „Wir müssen ohnehin noch in die Wohnung des Toten. Vielleicht finden wir da noch Hinweise. Bisher wissen wir nur, dass alle drei Männer sich kannten. Zwei davon lebten in Goldstein und waren seit Jahren beste Kumpels. Bei Harald haben wir ein Foto gefunden, das alle drei gemeinsam zeigt. Ist wohl bei einem Eintracht-Spiel von wem auch immer aufgenommen worden. Drei gutgelaunte Männer vor der Waldtribüne."

Sie trinkt ihren Kaffeebecher leer und führt mich aus dem Raum heraus. Draußen hockt Severin auf einer Bank. Den Fuß dick einbandagiert.

„Ich bräuchte mal einen Krankentransport?", grinst er frech, aber Jules winkt nur ab.

„Da hast du einiges zu tun, um die Laune der Hauptkommissarin wieder aufzubessern", flüstere ich.

„Kannst ja mal deine Freundin Lydia fragen, ob sie dich ins Bettchen bringen mag. Ich habe noch zu tun. See you", ruft Jules und ist schon um die Ecke verschwunden.

Severin sitzt da wie das berühmte Häuflein Elend. „Ich hab kein Glück bei den Fraun, Belami", textet er den alten Willi-Forst-Titel mal eben um. *Ich sag's ja.* Er kann einfach nicht ernst bleiben.

„Und nun, Monami?", will ich wissen.

„Nun kannst du schon mal den Wagen vorfahren." Er wirft mir seinen Schlüssel zu. „Mein Prachtstück haben die Kollegen von Jules mit hierher genommen. Deine Karre steht noch am Stadion." Er grinst irgendwo zwischen überheblich und leicht meschugge.

„Stimmt." Der Gedanke allein, jetzt noch einmal quer durch die Stadt zu müssen, um mein Auto zu holen, sorgt für weiche Knie bei mir. Abgesehen davon, dass Sev mit diesem Fuß ohnehin nicht fahren kann.

„Also gut, Severin Klemm, dann – um es mit Jules Worten zu sagen – bringe ich dich mal ins Bettchen. Kannst du irgendwie laufen?"

„Nö. Also nur, wenn du mich stützt", antwortet er, zieht mich ganz nah an sich heran und legt seinen Arm um meine Schulter. „So wird's gehen."

Es dauert tatsächlich geschlagene zehn Minuten, bis wir endlich aus dem Polizeipräsidium draußen sind. Sevs Arm auf meiner Schulter wiegt inzwischen mehrere Hundert Kilo. Die fünf Treppenstufen zum Mini-Parkplatz an der Adickesallee, wo sie Sevs Auto abgestellt haben, sind für mich ein unüberwindbares Hindernis. Ich gehe in die Knie und setze Sev ziemlich unsanft auf einer Bank ab.

„So viel bin ich von einem Herzinfarkt entfernt", pruste ich aus und deute mit Daumen und Zeigefinger an, dass nur noch ein paar Millimeter fehlen, bis ich einfach tot umfalle.

Severin aber lässt nicht los. Hält mich weiter fest umklammert.

„Schrei hier nicht so rum. Sonst kriegst du noch ein Knöllchen wegen Ruhestörung." Er streicht mir sanft meine Haare aus dem Gesicht und fächelt mir mit der flachen Hand Luft zu. Es sind nicht mehr als fünf Grad, aber mir läuft der Schweiß literweise übers Gesicht.

„Erinnere mich daran, beim nächsten nächtlichen Ausflug ins Grüne einen Rollator mitzunehmen", schwadroniert Severin immer noch wie ein bornierter Gockel.

„Sev. Hör auf. Mir musst du doch nichts vormachen. Ich weiß genau, wie es in dir drinnen aussieht. Wie gerne du ihn lebend aus dem Wald geholt hättest. Wie sehr dich diese ganze Scheiße belastet."

Sev schaut mich mit weit aufgerissenen Augen an. Mich? *Nein*. Er schaut durch mich hindurch ins Leere. Mit einer unsagbar tiefen Traurigkeit. Dann erkenne ich eine Träne. Winzig nur und so plötzlich aufgetaucht, dass er seine Hand nicht schnell genug nach oben reißen kann, um sie mit einem seiner blöden Sprüche wie „Ganz schön zugig hier" wegzuwischen.

Ich nehme seinen Kopf sanft in meine Hände und drücke ihn an meine Schulter. „Alles gut, Sev. Alles gut", flüstere ich fast zärtlich und schließe die Augen. Für einen Moment.

Als ich sie nach einer gefühlten Ewigkeit wieder öffne, sehe ich am Eingang des Präsidiums einen Menschen. Es ist Jules, die wie erstarrt zu uns hinunterschaut.

KAPITEL 21

SEVERIN

Das wird mir jetzt tatsächlich ein wenig zu sentimental", lache ich und stoße mich von Lyd ab. Ich erinnere mich nicht, wann sie mich das letzte Mal von sich aus in den Arm genommen hat. Wahrscheinlich nie. Und wie immer, wenn so etwas passiert, reagiert mein Körper mit Fluchtgedanken. *Ja. Das, was ich jetzt spüre, ist ein Weglaufdrang der besonderen Art.* Vielleicht nicht die richtige Situation. Jetzt, da ich wohl kaum weglaufen könnte.

„Ich komm klar", brumme ich und nehme mein Handy heraus, um Tim anzurufen. Na ja, nicht mein Handy, denn meins hat Jules einkassiert, auch wenn es wahrscheinlich so oder so kaputt ist. Das hier ist irgendein dummes Ersatzhandy. Natürlich ohne Tims Nummer. *Die Götter meinen es mal wieder richtig gut mit mir.*

„Lass das", zischt Lydia und schlägt auf meine Hand.

„Ich bringe dich jetzt zu deinen Eltern. Sollen die sich doch kümmern."

Ich lache laut auf und schüttle dabei den Kopf wie ein Irrer. „Vergiss es!"

„Ich vergesse nichts." Dieser Satz ist viel mehr als ein knapper Kommentar zu meinen Worten. Er wiegt viel schwerer und soll mir eindeutig sagen, dass sie mir wohl nicht verzeiht. Nicht, dass ich sie damals in die Scheiße mit hineingezogen habe, nicht, dass ich sie jetzt schon wieder in Gefahr gebracht habe. Aber vor allem nicht, dass ich jeden Moment, in dem wir uns näherkommen, sofort unterbinde.

Ich räuspere mich und ziehe sie dann zu mir zurück, als sie aufstehen und gehen will.

„Lyd …"

„Was, Severin? Was? Ich habe dich nur getröstet. Ich bin kein eitriger Ausschlag oder Gift. Ich bin mehr wert, als deine dummen Sprüche und …"

„Ich weiß", unterbreche ich sie. Sie schnaubt zornig. Ihr Blick wandert immer wieder zum Eingang des Präsidiums. Als ich mich umdrehe, erkenne ich auch den Grund. Jules steht da und beobachtet uns. Ich fühle mich beobachtet und kontrolliert. Vielleicht ziehe ich Lydia deshalb noch weiter zu mir. So nah, dass sie meinen Atem an ihrem Ohr spüren kann. Ich sehe es. Ein Schauder packt sie.

„Ich kann nicht."

„Was kannst du nicht?", giftet sie mit zittriger Stimme.

„Ich kann dich nicht noch näher an mich ranlassen, Lydia."

Sie schluckt hörbar, macht aber keine Anstalten, von mir abzulassen.

„Warum?", flüstert sie dann so leise, als hätte sie es nur denken wollen.

„Weil du mich tiefer berührst als jeder andere Mensch", raune ich so ehrlich, wie ich es lange nicht war. „So tief, dass es bis zu dem Abgrund in mir reicht. Und den muss ich verborgen halten."

„Du bist mehr als das, was du glaubst zu sein. Und dieser Abgrund in dir ist nicht …"

„Was? Gefährlich? Oh doch, Lydia. Das ist er. Du hast es gesehen." Ich lasse sie los. Und doch bleibt sie noch neben meinem Gesicht. Verharrt, und nun spüre auch ich ihren warmen Atem an meinem Ohr kitzeln.

„Und ich dachte, es ging bei deinem Ausraster nicht um mich", stößt sie hervor und weicht dann zurück.

„Ging es auch nicht", sage ich und hebe einen Mundwinkel. Aber natürlich ging es um sie. Natürlich hatte es mit ihr zu tun. *Alles* hat mit Lydia Heller zu tun. Und das wird mir jetzt schmerzlich bewusst.

Nachdem Lyd wieder gefahren ist und meine Mom mir tief besorgt, aber wutschnaubend eine Suppe gemacht hat, lege ich mich auf mein Bett und denke an all das, was vor einem Jahr passiert ist. Als ich ebenfalls verletzt hier war und Mom mich gepflegt hat. Das alles ist so lange her und trotzdem fühlt es sich an, als wäre ich erst gestern meine alten Eagle-Sachen durchgegangen. Jetzt bringe ich es nicht einmal übers Herz, meine Schranktür zu öffnen.

KAPITEL 22

SEVERIN

Die letzten Tage sind schneller verflogen, als ich dachte. Jeder Tag gleicht dem anderen auf eine seltsam beruhigende Art. Und obwohl ich keine neue Nachricht mehr erhalten habe, kann ich nicht glauben, dass es vorbei sein soll.

Mom hat ihr altes Hausrezept – Retterspitzumschläge – erfolgreich angewendet. Dazu gab es Arnikatropfen, Hühnersuppe und ganz viel ungewolltes Knuddeln. Ich konnte also zusehen, wie mein Knöchel abgeschwollen ist. Herumzuhumpeln wäre jetzt das Letzte, was ich gebrauchen kann. Wobei mein Knöchel nicht mein einziges Problem ist. Eine Million Gedanken schießen mir durch den Kopf. So vieles ist einfach noch immer unklar. Jules sagte mir auf der Wache, dass die drei Männer sich kannten. Warum findet also niemand einen Zusammenhang? Denn bei dieser Geschichte mit dem toten Mädchen war das letzte Opfer laut Jules nicht beteiligt.

Ich nehme mein Handy heraus und suche nach dem kleinen Icon der App, die mich so viel gekostet hat. *Haben sie etwas damit zu tun?* Ich schüttle den Kopf. *Es ist einfach nicht ihr Stil.* Und doch haben sie alle die App gespielt.

Das Spiel ist auf keinen Fall vorbei. Denn Machete sprach von der Zahl vier. *Also muss es hier um vier Männer gehen!* Als ich das begreife, packe ich mein Zeug zusammen und rufe Tim an. Mom ist unterwegs und Dad bei der Arbeit, deswegen lasse ich ihnen nur einen Zettel da und warte draußen auf Tim.

Als der ankommt, mustert er mich, als wäre ich von allen guten Geistern verlassen.

„Was hast du jetzt wieder vor?"

Ich grinse halbherzig und steige ein. „Du kleine Petze rennst doch sofort wieder zu Lydia", sage ich lachend und boxe ihm in die Schulter.

„Severin", fügt er ermahnend hinzu.

Ich seufze. „Ich muss in das Haus des Toten."

„Was?" Tim schüttelt fassungslos den Kopf. „Was?"

„Ich muss herausfinden, wer der vierte Mann ist."

„Das hat die Polizei sicher getan."

„Nein. Sie wissen nicht, dass es vier sind."

„Und du weißt es, weil?" Er verzieht die Brauen.

„Weil."

„Na, super. Und du hast es auch nicht für nötig gehalten, der Polizei zu sagen, dass es vier sind?"

„Nope. Ich habe den Zusammenhang ja selbst eben erst verstanden", gebe ich zurück und deute auf die Straße. „Im Stehen kommen wir da nicht an."

„Du bist unverantwortlich", nörgelt Tim, fährt aber los, während ich die Adresse in Ruppertshain eingebe, die ich in Jules Aufzeichnungen gesehen habe.

„Das ist 'ne verdammt beschissene Idee."

„Hast du eine bessere?"

Tim schüttelt nur den Kopf. „Mir fallen hunderte ein, Severin." Manchmal frage ich mich, warum er eigentlich immer noch mit mir befreundet ist. Aber vor allem, warum er mich trotzdem da hinfährt. Vielleicht schlummert in ihm ja doch ein kleiner Detektiv und er mag es, mit mir auf Verbrecherjagd zu gehen.

„Ich werde Lydia anrufen", raunt Tim dann irgendwann kaum hörbar. „Und du wirst mich nicht daran hindern."

„Mach, was du nicht lassen kannst", gebe ich zurück und mustere das kleine Haus, vor dem Tim anhält. An der Tür klebt ein Aufkleber der Polizei. Als ob mich das aufhalten könnte.

Trotzdem gehe ich um das Haus herum und suche nach einer Hintertür. Es ist das erste Mal seit Langem, dass ich mich frage, ob das hier wirklich eine gute Idee ist. Aber da ich mir sicher bin, dass es keine ist, wäre zumindest das geklärt. Ich muss herausfinden, was hier los ist. Was ich mit dieser Sache zu tun habe. Und vor allem, ob es noch ein Opfer geben wird. Wer dieser vierte Mann ist, von dem Machete mehr oder weniger verschlüsselt gesprochen hat.

„Sie kommt her", ruft Tim und kommt zu mir, um das Haus herum. Ich starre ihn fassungslos an.

„Willst du nicht noch ein bisschen lauter herumbrüllen?"

„Entschuldige, Herr Einbrecher", murmelt Tim und verdreht die Augen. Kaum zu fassen. Aber er will mir wohl ebenso wie mein mieses Bauchgefühl klarmachen, dass das hier die schlechteste Idee der Welt ist. Das letzte Mal, als ich in ein Haus eingebrochen bin, hat es gebrannt und ich bin nur knapp davongekommen. Aber das hier ist eine andere Geschichte.

„Geh aus dem Weg", sage ich und stoße Tim zur Seite. Ich bin sauer. Auch wenn ich es vor ihm nicht zugeben würde, aber es nervt, dass er sich nicht auf meiner Seite positioniert. Dass er nie eine Wahl trifft. Dass er mich anruft, wenn Lydia es nicht will, und sie, wenn ich es nicht will. Als wäre er unser ständiger Verkuppler. Nur, dass hier niemand verkuppelt werden will.

Ich gehe zur Tür, hole eine Karte aus meinem Portemonnaie und starre einen Moment belustigt darauf. Eine Mitgliedskarte einer Videothek. Die kann dann wohl ohne Bedenken vernichtet werden.

Ich schiebe die Karte zwischen Rahmen und Tür.

„Abgeschlossen", fluche ich, als ich auf etwas Hartes stoße.

„Ach, echt?" Tim schüttelt den Kopf. „Wir sind hier nicht in irgendeinem Film oder Buch, in dem dunkle Gestalten jede Tür einfach innerhalb einer Sekunde mit einer Haarnadel aufbekommen, Sev."

„Schön", zische ich, gehe einen Schritt nach hinten und trete gegen die alte Holztür. Sie knallt auf. Viel zu laut. Aber mein Verstand ist längst nicht mehr imstande, mich vor solch dummen Aktionen zu bewahren.

„War das jetzt mehr Actionfilm, Mobby Dick?", frage ich grinsend und deute den Weg nach innen.

„Du hast vollkommen den Verstand verloren", brummt Tim und sieht sich ängstlich um. Aber der Typ lebt Gott sei Dank ziemlich abgelegen. Ich bezweifle, dass die nächstliegenden Anwohner das hier gehört haben.

„Los jetzt!"

Tim zögert, folgt mir dann aber in das Innere des Hauses. Ich lese noch das Klingelschild und zucke zusammen.

Selim Aserdschan. Der Mann, den ich tot aus diesem Wald getragen habe. Ich habe gespürt, wie sein Atem nachgelassen hat. Habe gesehen, wie das Blut aus ihm herauspulsiert ist und sein Gesicht immer bleicher wurde. Ich habe seinen Tod so nah an meinem Herzen gespürt, dass es jetzt unruhig bebt.

Aber dieses Gefühl muss ich unterdrücken. Jules hat mir ein paar Sachen über Selim erzählt. Vor allem, dass er ein paar Jahre nach mir ebenfalls Germanistik studiert hat. Warum auch immer sie ausgerechnet das für nötig hielt.

„Das ist ordentlich", sagt Tim beinahe beeindruckt und mustert die große Eingangshalle.

„Dafür, dass er sein Germanistik-Studium abgebrochen hat."

Ich schaue skeptisch drein und deute auf mich. „Wahrscheinlich hat er genau deshalb mehr erreicht."

Tim lacht halbherzig und folgt mir dann in eine Art Büro. Die Wände sind übersät mit Regalen, in denen unzählige alte Bücher stehen.

„Seine Liebe zur Literatur hat er aber nicht verloren."

„Beruflich hat er sich dann wohl umorientiert", ergänzt Tim und deutet auf ein eingerahmtes Staatsexamen. „Anwalt also."

Ich gehe auf seinen alten Schreibtisch zu und mustere die Schubladen. Dad hat geheime Schubladen. Das weiß ich. Aber die hätte die Polizei dann wohl auch gefunden.

Tim macht hinter mir sein Handylicht an und beleuchtet die Schubladen. Die obere, die ein Schloss besitzt, ist aufgebrochen. Die Dokumente wurden unachtsam auf dem Boden verstreut. Typisch Polizei. Keinen Respekt vor den Toten. Wobei meine Aktion hier gerade auch nicht viel besser ist.

Ich knie mich auf den Boden, lege mich auf den Rücken und robbe unter den Schreibtisch.

„Vielleicht nicht der passende Moment für ein Nickerchen", quittiert Tim meine Aktion.

„Wow, Tim, der Spruch hätte von mir sein können", lache ich und betaste die Unterseite des Schreibtischs. Dads englisches Mahagoni-Prachtexemplar hat genau an der Stelle einen winzigen Hebel. Schiebt man ihn zur Seite, löst sich ein Brett und man findet tolle Dinge. Zumindest fand ich es als Kind super spannend. Dad allerdings wusste ziemlich schnell, dass ich sein Geheimversteck kenne, und hat immer total langweilige Unterlagen darin versteckt, so dass mir irgendwann die Lust verging.

Als ich den Hebel zu fassen bekomme, setzt mein Herz aus und mein Atem stoppt.

Ich drücke ihn und im nächsten Moment knallt das Holzbrett auf meine Brust.

„Fuck", knurre ich und schiebe es von mir. Dafür, dass ich genau damit gerechnet habe, eine ziemlich klägliche Abwehrreaktion. Aber der Schmerz verfliegt, als ich ein altes Buch entdecke. So schnell ich kann, löse ich das Band darum und starre auf die vollgekritzelten Seiten.

„Jackpot! Ein Tagebuch."

Als ich mich erhebe, steht Tim einfach nur da und starrt mich an. So, als könne er nicht fassen, dass Severin Klemm höchstpersönlich immer wieder so ein verdammtes Glück hat. Als ich allerdings zu dem Datum blättere, das Vera als den Tag angegeben hat, an dem sie wirklich vergewaltigt wurde, bin ich mir sicher, dass das hier kein Glück, sondern ein Stich in ein Wespennest ist.

Ein Motorgeräusch lässt mich zusammenzucken.

Ich packe Tim und ziehe ihn mit hinter den Schreibtisch.

„Das ist bestimmt nur Lydia."

„Psscht!", flüstere ich und starre unter dem Tisch zur Tür. *Das da ist auf keinen Fall Lydia.* Ich halte den Atem an, als ich die vermummte Gestalt im Flur erkenne. Ziemlich groß und ziemlich sportlich. *Also ein Mann?*

Tim beginnt neben mir laut zu atmen und sofort halte ich eine Hand auf seinen Mund, während diese Gestalt eintritt.

Warum habe ich das getan? Schon wieder? Und warum ist schon wieder jemand genau zur selben Zeit hier? Und warum habe ich erneut jemanden, der mir wichtig ist, in Gefahr gebracht?

Ich beiße die Zähne aufeinander, während die Gestalt immer näher kommt. Bedrohlich. Langsam. Wer auch immer unter der übergroßen Kapuze steckt, er weiß sicher, dass wir hier sind. Warum auch sonst sollte die Tür aufgetreten worden sein?

Ich schlucke und lasse meinen Blick hinter mich gleiten, um nach einem Ausweg zu suchen. Stattdessen hält mich ein Foto auf dem Regal hinter mir gefangen. Vier junge Männer. Und drei davon erkenne ich sofort. Die drei Opfer. Neben ihnen ein blonder Kerl, der grinsend seine Faust in die Höhe streckt. Das also ist der Vierte im Bunde.

Ein Geräusch reißt mich aus meinen Gedanken. Ich drehe mich vorsichtig um. Die Gestalt steht am Schreibtisch. Direkt vor uns. Ich erkenne kein Gesicht. Keine Augen. Und doch spüre ich den bohrenden, mörderischen Blick auf mir. Ohne nachzudenken, schiebe ich mich ganz langsam vor Tim, während diese Gestalt einfach nur dasteht. Die Hände auf den Tisch gestemmt und wartet. Worauf auch immer.

„Nein, Papa. Ja. Mir geht es wirklich gut. Doch. Ehrlich. Wie kommst du überhaupt darauf?" Mein Kopf fängt schon wieder an zu dröhnen. Ich muss dringend eine Tablette einnehmen. Aber Papa lässt nicht locker. Seine väterliche Fürsorge überschlägt sich sogar am Telefon.

„Wie, du hast mit Eric telefoniert?" Ich schüttele ungläubig den Kopf.

„Papa, ich bin doch keine 13 mehr und du musst mir auch keine Entschuldigung schreiben", brülle ich stocksauer in den Hörer. Das kann doch nicht sein, dass ich die beiden Hornochsen wieder zusammenbringe und was ist der Dank? Dass sie sich gegen mich verschwören.

„Ich habe mir einen Schnupfen geholt … Ja, wahrscheinlich, als ich in die eiskalte Brühe in der Schleuse gesprungen bin … Ja, das war echt doof. Stimmt. Hast recht." Er erinnert mich in seiner Art an Mama. Die hat auch nicht lockergelassen. Beim kleinsten Husterchen gabs Hühnersuppe und Wadenwickel.

„Ja. Natürlich war ich beim Arzt. Der hat auch gesagt: Ist nur ein Schnupfen. Drei Tage und alles passt wieder. Hörst du Papa, du musst dir keine Sorgen machen. Morgen bin ich wieder am Schreibtisch. Wir spielen doch am Samstag. Kannst du ja Eric sagen, wenn du ihn anrufst …" Der letzte Satz war schon ein bisschen patzig.

Ich knalle das Telefon auf den Küchentisch und stöbere in der Schublade nach diesen dämlichen Tabletten. Ich habe sie doch dort hineingelegt. *Oder?* Ich versuche mich zu erinnern, was ich mit dieser dämlichen Packung gemacht habe.

Da lässt das Summen meines Handys meine mühsam gesammelten Gedanken wie Seifenblasen platzen. „Heller", ballere ich unfreundlich in das Mikro und ernte dafür erstmal nur Schweigen.

Dann folgt ein fast unhörbares „Hallo. Ich bin's, Vera."

„Vera. Ich bin krank und mein Kopf brummt. Können wir ein anderes Mal …?", versuche ich das Telefonat im Keim zu ersticken. Auf Vera habe ich jetzt absolut keine Lust. Egal, was sie erzählt, es sorgt nur für noch mehr Konfusion in meinem Kopf. Und vor allem hat sie mich ausgenutzt und mir ihren Bruder auf den Hals gehetzt. Warum habe ich ihre Nummer nicht längst gesperrt?

„Ja dann. Schade …", flüstert sie sanft.

Oh Scheiße, denke ich. *Lydia, du musst härter im Nehmen werden. Vielleicht hat sie Infos*, und antworte mit einem tiefen Seufzer, statt einfach Tschüss zu sagen und aufzulegen.

„Was ist denn?"

„Ich wollte dir nur sagen, dass die Ärzte von Klaus gesagt haben, dass er keine bleibenden Schäden behalten wird. Ich glaube, das ist für deinen Freund Severin wichtig, oder?" Der Tonfall in ihrer Stimme sagt mir, dass das nicht alles war, was Vera mir sagen wollte. Gleichzeitig hüpft mein Herz. Denn in der Tat könnte Sev so mit einem blauen Auge davonkommen.

Mit einem blauen Auge davonkommen! Das passt ja wohl irgendwie ins Bild. Ich muss lachen.

„Super, Vera. Danke. Das ist wirklich eine gute Nachricht. Ja, auch für Severin. Aber vor allem für deinen Bruder. Und, Vera, ich werde ihn nicht anzeigen. Okay?" Ich habe zu viel Angst, dass dieser Klaus dann Severin drankriegen will.

„Er Severin wohl auch nicht." Dieser Satz hat fünf Wörter. Eins davon lässt meinen Puls nach oben schnellen. „Wohl? Vera. Er zeigt Sev *wohl* auch nicht an? Was heißt das?"

„Ich war gerade in der Klinik und habe ihm erzählt, dass wir uns ausgesprochen haben und … überhaupt … alles gut ist. Da ist er ziemlich ausgeflippt und hat mich angeschrien. Er hätte den Angriff auf dich nur gemacht, weil ich ihm gesagt habe, wie wichtig es wäre, die Videos anzusehen. Weil das die einzige Chance wäre, den Vergewaltiger noch dranzukriegen. Und es käme gar nicht in Frage, dass er das jetzt so mir nichts, dir nichts unter den Tisch fallen lassen würde. Wenn ich dich nicht dazu bringen würde, die Videos anzugucken, würde er Anzeige gegen den Klemm erstatten."

Ihr Wortschwall erweckt in mir eine diffuse Mischung aus Überraschung, Trauer, Wut, Ekel, Furcht, Verachtung und Panik. Einen Moment brauche ich, um die Erpressung, die hinter der netten Geschichte von Vera steckt, auseinanderzufriemeln. Als es passiert ist, brülle ich nur noch ein „Leck mich am Arsch, Vera!" und lege auf.

Diese blöde Kuh. Kann sie nicht einfach aus meinem Leben verschwinden? Und warum ich? Was habe ich ihr denn getan, dass sie so mit mir umgeht? Scheiße, nein. Ich habe gar nichts getan. Ich war nur zum falschen Zeitpunkt am falschen Ort.

Mein Telefon klingelt. Was denn noch? Die ist nicht totzukriegen. Ich reiße das Handy hoch und schreie nur „Vergiss es. Ich will nie wieder etwas von dir sehen und hören. Mach einfach, was du willst. Verpiss dich endlich aus meinem Leben. Aus. Schluss." Ich knalle das Ding auf den Küchentisch und höre plötzlich ganz leise eine irritierte Männerstimme: „Lydia? Um Gottes willen. Was habe ich denn verbrochen?"

„Ach du Scheiße", mir wird klar, dass am anderen Ende der Leitung nicht Vera ist, sondern Tim.

„Entschuldige. Du hast gar nichts verbrochen. Ich dachte, es ist jemand anderes", erkläre ich meinen Wutausbruch. „Sorry. Warum rufst du denn an?"

„Ich bin mit Sev in Ruppertshain. Der will unbedingt in dem Haus von dem Toten aus dem Wald nach was auch immer suchen. Und Lydia, ich habe alles andere als ein gutes Gefühl dabei."

Tims Stimme hört sich sehr zittrig an. Offenbar ist ihm gar nicht wohl bei dem Gedanken.

„Und warum erzählst du mir das?"

„Weil ich denke, du bist die Einzige, die ihm das noch ausreden kann. Oder zumindest dafür sorgt, dass wir mit heiler Haut da rauskommen."

„Ausgerechnet ich? Wäre es nicht besser, du würdest Jules informieren?"

„Wahrscheinlich, aber das wäre es dann wohl mit meiner Freundschaft zu Sev. Der würde mich umbringen. Also Lydia: Kommst du?"

Ich zögere. Zu oft habe ich in den letzten Tagen kopflos gehandelt und mich damit in unmögliche Situationen gebracht. Das ging beim Bayern-Spiel los. Was um alles in der Welt hat mich geritten, über diese Klowand zu klettern, statt den Sicherheitsdienst zu alarmieren?

„Okay, Tim. Schick mir die Adresse rüber. Von hier aus brauche ich über Königstein keine 20 Minuten. Und versuche, Sev so lange zurückzuhalten. Bitte", sage ich bestimmt.

Der hat in Sachen Strafregister schon genug an der Backe, wenn sich Veras Bruder nicht von einer Anzeige abhalten lässt, kommt mir das Telefonat mit Vera in den Sinn.

Wenig später lenke ich meinen Wagen in Ruppertshain dorthin, wo es mir das Navi vorgibt. Die Gegend ist mir unbekannt.

Allein oben im Zauberberg bei Bandi war ich mit Jens und seinen Eltern einige Male essen. Indisch. *Lecker.*

„Sie haben Ihr Ziel erreicht", sagt mir die nette Navi-Stimme. Allerdings habe ich gar keine Hausnummer, sondern nur die Straße *Im Schmidtstück* eingegeben. Direkt vor die Haustür zu fahren, erscheint mir nicht wirklich clever. Ich fahre vorbei, sehe Sevs Protzkarre direkt vor der Einfahrt stehen, parke meinen Kleinen aber erst Hundert Meter dahinter. Sicher ist sicher.

Außer ein paar Straßenlaternen beleuchtet nichts das Haus. *Klaro. Der ist ja auch tot. Also warum sollte bei ihm Licht sein*, schießt es mir durch den Kopf. Severin und Tim werden ja nicht so blöd sein, ein Polizeisiegel aufzubrechen und für Festbeleuchtung zu sorgen. *Oder?* Einen Moment lang bin ich mir nicht sicher.

Die Haustür steht einen Spalt weit offen. Im Hausflur ist es stockfinster. Gleich rechts geht eine Treppe nach oben. Ich kann das Geländer ertasten und meine Augen gewöhnen sich mehr und mehr an das Schwarz um mich herum. „Lydia, du bist mutterseelenallein im Wald an der Startbahn West herumgeirrt und auf einen Halbtoten getroffen. Du wirst dir jetzt nicht in die Hose machen", mache ich mir Mut. Mit mäßigem Erfolg.

Ich kann längst mein Herz klopfen hören. Hören und fühlen.

Oben oder unten? Ich muss mich entscheiden. Aber ohne zu wissen, was Sev eigentlich genau hier sucht, fällt das schwer. Ich gehe mal davon aus, unten sind Küche und Wohnzimmer, oben Bad, Schlafzimmer und vielleicht ein Gästezimmer oder Büro. Minutenlang versuche ich, irgendein Geräusch von den beiden wahrzunehmen. Aber nichts. Also entscheide ich mich für oben und gehe leise die Treppenstufen hinauf. Nach der fünften oder sechsten Stufe höre ich ein leises Knarren von unten. Ich erstarre und sehe vielleicht zwei Meter unter mir einen Schatten. Dann quietscht eine der Türen. *Severin? Kann das Severin gewesen sein?* Wer sonst? Nur er ist ja hier. Wahrscheinlich hat er Tim befohlen, im Auto zu warten.

Ich warte einen Moment und lausche. Dann taste ich mich die Treppenstufen wieder hinunter. Blicke zur Tür, hinter der das Geräusch ertönt ist. Sie ist leicht geöffnet. Ich mache einen großen Schritt darauf zu, reiße die Tür auf und rufe: „Polizei. Sie sind verhaftet!"

Die Gestalt vor dem Schreibtisch greift zu dem übergroßen Kapuzenpullover, reißt die Kapuze so weit nach unten, dass ich sein Gesicht nicht mehr sehen kann. Dann geht alles schnell. Mit zwei großen Schritten hat er mich erreicht. Unsanft stößt er mich zur Seite und rennt panisch nach draußen.

„Severin!", rufe ich ihm nach und muss lachen. „Ich bin's doch nur. War ein Scherz. Sorry. Komm zurück."

Da höre ich ein Geräusch unter dem Schreibtisch und als ich meine Handyleuchte anmache, krabbeln zwei Gestalten umständlich aus der Ecke. „Sev?, Tim?", frage ich überrascht.

„Aber wer war dann diese Gestalt?" Dann dämmert mir plötzlich, dass ich vielleicht gerade einen Mörder verscheucht habe.

„Das wüsste ich auch gerne", kriegt sich Sev als Erster ein und rennt dem Kapuzenmann nach. Tim und ich folgen ihm vor die Tür. Sehen ihn am Straßenrand nach rechts und links schauen und kopfschüttelnd zu uns zurückkehren.

„Wie kann der sich nur so schnell in Luft aufgelöst haben?", fragt er uns und Tim und ich wissen sehr wohl, dass er keine Antwort darauf hören möchte.

In seiner Hand schwenkt er ein Buch. „Vielleicht gibt uns das Auskunft darüber, was dieser Typ wollte", raunt er verschwörerisch.

„Was ist das?", will ich wissen. „Das Tagebuch des Toten", lächelt Severin triumphierend. „Und ich habe ein Bild gesehen, auf dem vier Männer abgelichtet waren. Drei davon kennen wir schon, den vierten nicht." Er wendet sich ab, um noch einmal in das Haus zu gehen.

„Keine gute Idee", gifte ich und stelle mich ihm in den Weg. „Lass uns mal davon ausgehen, dass irgendein Nachbar längst die Polizei gerufen hat. Wir sollten uns schnellstmöglich aus dem Staub machen."

Sev willigt mit einer Grimasse ein, Tim scheint sehr zufrieden. Sein Gesicht spricht Bände.

„Aber wir können ja noch ein bisschen Detektiv spielen und in dem Tagebuch stöbern. Da oben kenne ich eine nette Lokalität", deute ich zum Zauberberg hoch, der sich mit seinen Hunderten von Fenstern vor dem pechschwarzen Himmel abzeichnet.

KAPITEL 23

SEVERIN

Lydia Heller!", ruft der Wirt, als wir eintreten, kommt auf uns zu und schließt Lydia in die Arme. „Wie schön, dich wiederzusehen."

„Bandi", sagt sie mit einem Strahlen und deutet auf die kleine Nische neben dem Eingang, die abgeschirmt von den anderen Gästen auch vertrauliche Gespräche erlaubt. „Ist mein Platz frei?"

„Für dich immer", gibt er zurück und begrüßt mich und Tim ebenfalls mit Handschlag.

Wir bestellen etwas zu trinken und sehen uns alle um wie Schwerverbrecher, bevor ich das Tagebuch auspacke und die Seite aufschlage, die den 21. Februar 2015 dokumentiert.

„Deine Vera scheint die Wahrheit gesagt zu haben", raune ich und deute auf die Passage.

„Es lebe die Nachspielzeit. Scheiß auf die Mainzer. Wir haben die Jungs gerächt. Die Macht ist unser. Manni hat den

Anfang gemacht. Wir haben uns fett zugedröhnt und alles lief nach Plan", liest Lydia leise vor.

„Kann ja nur schmutzig sein, wenn er nicht einmal *Liebes Tagebuch* schreibt", wende ich lachend ein. Lydia sieht mich fassungslos an.

„Denkst du, das ist ein Spiel, Sev? Sie haben sich zum Vergewaltigen verabredet", zischt sie so leise es ihre Wut zulässt, und schüttelt den Kopf. „Sie …" Sie blättert weiter und schlägt sich die Hand vor den Mund, während ihre Augen über das Papier fliegen.

„28. November 2015. Heute war endlich der große Tag. Haben lange genug darauf warten müssen." Lydias Stimme klingt sehr zerbrechlich, als sie an einer anderen Seite weiterliest.

„Ich sitze hier, mitten in der Nacht und rieche noch ihren Duft. Das Blut habe ich noch nicht abgewaschen. Es erinnert mich daran, dass ich ein Menschenleben in diesen Händen gehalten habe. Es zeigt mir, dass ich Gott sein kann. Jeder von uns, wenn er sich nur nimmt, was er verdient."

„Ich muss kotzen", sagt Tim und blinzelt immer wieder, als könne er nicht verstehen, wie ein Mensch so etwas denken kann.

„Ich habe sie zurückgelassen. Ich habe sie dem Wasser überlassen, wie es ein mächtiger Gott auch tun würde. Sie entscheidet, ob sie lebt oder nicht. Ihr Wille entscheidet das", liest Lydia weiter. Tränen bilden sich in ihren Augen und lassen sie unruhig glitzern. Dann trifft mich ihr Blick. Hilfesuchend. Oder vielleicht auf der Suche nach dem Warum. Aber das kann ich ihr nicht geben.

Ich greife über den Tisch und lege meine Finger auf ihre Hand. Streiche sanft darüber und ziehe ihr dann das Buch weg.

„Das ist genug, Lydia."

„Ist es nicht", stößt sie mit bebender Stimme hervor. „Lies es!"

Ich beiße hart meine Zähne zusammen und lasse meinen Kiefer knacken, dann sehe ich hinab auf die nächsten Zeilen.

„Laut!", verlangt Lyd. Ich räuspere mich.

„Sie hat sich gewehrt", beginne ich und schlucke gegen die Trockenheit in meinem Mund und meiner Brust an. „Sie war wie ein wildes Tier, das ich zähmen musste. Es war das beste Gefühl auf der Welt, als ich ihr die Hose zerriss und in sie stieß. Ein-, zwei-, dreimal. Bis sie irgendwann aufgehört hat, sich zu wehren. Bis sie irgendwann genossen hat, was ich tue. Bis sie mich und meine Macht in sich gespürt hat." Ich unterbreche mich selbst, während Lydia eine Träne über die Wange läuft.

„Lydia …", raune ich behutsam. Immer noch liegt meine Hand auf ihrer. „Dieser Mann ist eine Bestie. Und er ist tot."

„Lies weiter!", knurrt sie beinahe. Wieder schlucke ich. Aber es ändert nichts.

„13. Mai 2017. Mehr als ein Jahr ist seit unserer letzten Nachspielzeit vergangen. Ich sah sie nach dem 0:2 zu Hause gegen die Schweine aus Mainz. Die anderen wollten, dass ich für meine Nachspielzeit eine besoffene Tussi aussuche. Aber ich hatte bereits ein Auge auf eine ganz andere Frau geworfen. Etwas stimmte mit der Technik nicht, deshalb war sie da. Ein strahlender Engel. Auf ihrem Namensschild fünf Buchstaben, die ich ihr später immer wieder ins Ohr raunte. Sarah."

Tim keucht auf, steht dann auf und rennt zur Toilette, während Lydia die Seite umblättert und auf einen Eintrag drei Wochen später zeigt.

„Heute habe ich erfahren, dass sie meine Sarah gerettet haben. Die Natur wollte es so. Nur wollte die Natur auch, dass die Wildschweine an ihrer Wunde herumnagen." Ich starre auf den letzten Satz und lese ihn wieder und wieder, bis ich meine Stimme zurückbekomme. „Ihr fehlt jetzt ein Fuß. Aber sie ist immer noch die Schönheit von damals. Ich habe sie beobachtet, als ihre Freundin sie aus dem Krankenhaus geholt hat. Diese kleine Schlampe hat mich gesehen und angestarrt. Mich mit ihren Augen ausgezogen wie eine notgeile Hure. Sie wollte mich. Und ich will sie." Ich schüttle den Kopf und schlage das Buch zu.

„Das reicht jetzt, Lydia."

„Weißt du, was reicht?", fragt sie zittrig, sieht mich aber verdammt fest an. „Meine Dummheit. Die reicht. Jetzt!"

„Was …?", frage ich verwirrt, doch da packt sie erneut das Buch und schlägt eine Seite auf.

„Harald hat sich eine Chirurgin ausgesucht. Er hat schon immer mehr von sich gehalten", lese ich die Zeile und sehe sie dann fragend an. „Und weiter?"

„Sev. Das da sind die Freundinnen von Vera, verdammt."

Ich erstarre. „Was?", ist alles, was ich herausbekomme, während sich jeder Muskel meines Körpers anspannt.

„Wer ist der vierte Typ?", fragt sie dann hektisch und durchblättert das Buch, bis sie an einem Namen hängenbleibt. „Leon Müller", liest sie dann vor. „Unser Führer … Diese kleinen …"

„Warte", unterbreche ich sie und erhebe mich. „Das bedeutet, dass …"

„… es nicht vorbei ist", vervollständigt Lydia resigniert. In ihren Augen tobt ein Krieg und ich muss nicht einmal fragen, welcher. Denn ich spüre es auch. Einen mächtigen Zwiespalt. Hier und jetzt haben wir einen Vorteil. Wir wissen von dem Opfer, bevor das Rätsel da ist. Wir können es aufspüren und schützen. Wir können sein Leben retten. Aber ist sein Leben es wert, gerettet zu werden?

Lydia sieht mich an, als würde sie mich lesen, und nickt mir dann kaum merklich zu. „Wir müssen es deiner Jules sagen."

„Ja", entgegne ich knapp und drücke auf meiner Stirn herum. „Ich meine. Es gibt Gesetze. Wir beide sind Gegner der Todesstrafe, Lyd. Wir haben damals, wie so viele, die Petition unterschrieben, damit die Todesstrafe auch endlich aus dem hessischen Gesetz verschwindet. Auch wenn sie natürlich nur noch darin stand und niemals mehr angewandt wurde. Wir können nicht …"

„Können wir nicht", bestätigt sie. „Wir entscheiden nicht über Leben und Tod."

„Aber wird er dieses Mal bestraft?", frage ich sie beinahe hysterisch. In mir verkrampft sich alles und gleichzeitig fühle ich mich taub und machtlos. Machtlos meiner eigenen Gefühle und Gedanken gegenüber. Denn tief in mir spüre ich nur das eine. Höre nur diesen einen Satz. Dieses Monster hat es verdient zu sterben.

„Wie lange würde er in den Bau gehen? Geht er überhaupt?"

Lydia sieht mich nachdenklich an. Vor ihr habe ich mich noch nie so verhalten. Und vielleicht nicht einmal vor mir selbst. *Ja, vielleicht ist das hier genau der Abgrund, den ich so lange mit Sarkasmus überspielt habe.*

„Du bist nicht Gott. Mit diesem Tagebuch gibt es Beweise und …"

„Und was?", fahre ich sie an, weil mir der Gott-Vergleich, nach dem was wir gelesen haben, einen ordentlichen Schlag in den Magen verpasst.

„Dann wird er bestraft."

„Sie wird viel mehr bestraft", sage ich und lache wie ein Irrer.

„Sie hat ja auch jemanden umgebracht, Sev!" Lydias Augen werden glasig.

„Sie ..." Sie hat recht. Und doch verschwindet das Gefühl in mir nicht. Wahrscheinlich erhält sie lebenslänglich und er ein beschissenes Jahr. *Wie kann das gerecht sein?* Hat sie nicht genau dasselbe getan, wie er damals? Nur ohne die Vergewaltigung? Auch er hat sie mit Drogen vollgepumpt und irgendwo abgesetzt.

„Severin. Wir können das Gesetz nicht neu schreiben", flüstert Lyd und wirft dann einen Blick auf Tim, der gerade mit bleichem Gesicht zurückkommt.

„Ich brauche deine Hilfe", sagt sie ernst und zieht ihn mit sich, während sie Bandi ein „Schreib's bitte auf" zuruft.

„Und du, Severin, fährst gleich morgen früh zu Jules und zeigst ihr das Buch und den Namen. Du kannst den Mann identifizieren. Du hast schließlich das Bild gesehen."

„Ich ..." Meine Stimme bricht. Machtlos zu sein fühlt sich verdammt beschissen an. Selbst für mich, hier und jetzt. Wie muss es sich für eine Frau anfühlen, deren Seele gebrochen wird, ohne dass sie etwas dagegen tun kann?

KAPITEL 24

SEVERIN

Als ich am Morgen bei Jules im Präsidium ankomme, zieht sich alles in mir zusammen. Vielleicht habe ich ihr zu vieles verheimlicht. Ja, wahrscheinlich hätte ich früher mit ihr sprechen sollen, statt selbst zu ermitteln.

„Jules", sage ich beinahe reumütig, als ich in ihr Büro trete. Sie wirft mir einen verwunderten Blick zu, widmet sich dann aber wieder der Akte auf ihrem Schreibtisch.

„Ich bin in das Haus von diesem Selim eingestiegen."

Ihre Brauen schießen in die Höhe, aber sie wendet ihren Blick nicht ab. „Und es war nicht das letzte Rätsel."

„Hast du inzwischen noch eins bekommen?", fragt sie entrüstet und sieht nun endlich auf.

„Nein. Aber ich bin mir sicher, dass es vier sind."

„Aha und warum?" Sie ist sauer. Das ist kaum zu übersehen.

„Mein Informant sprach von vier und ich habe im Haus ein Bild gesehen."

„Und?", hakt sie nach, weil sie zu merken scheint, dass das immer noch nicht alles war.

„Ich habe sein Tagebuch."

Sie leckt sich zornig über ihre Zähne, steht dann auf und nimmt mir das Buch aus der Hand.

„Leon Müller heißt er."

„Weißt du, wie viele Leon Müllers es gibt?", schnauft sie und setzt sich zusammen mit dem Tagebuch an den Tisch. Sie liest es um einiges gelassener als Lydia. *Berufskrankheit.*

„Was soll ich deiner Meinung nach jetzt tun, Sherlock?"

„Wir müssen zu ihm und ihn …"

„Warnen?", fragt sie und mustert mich. Beobachtet jede kleinste Regung. Natürlich missfällt es mir, einem Vergewaltiger zu helfen. Vor allem, nachdem ich dieses Tagebuch gelesen habe. Aber es ist nicht die Aufgabe dieser Frauen, sie zur Strecke zu bringen und zu bestrafen. Und auch nicht meine.

„Da ist noch etwas, Jules. Lydia ist sich sicher, dass die Frauen die Mörderinnen sind."

„Welche Frauen?"

„Vera und Sarah, wahrscheinlich eine Gesa und eine Grey. Die ist Chirurgin."

„Dann muss ich jetzt also eine Fahndung einleiten. Und diesen Leon Müller suchen?"

„Und ich muss mitkommen", sage ich fast zu euphorisch. Das alles hat nichts mehr mit kleinen Witzen und Sarkasmus zu tun. Also zügle ich mich. „Ich kann ihn identifizieren. Nur ich weiß, wie er aussieht."

Jules berührt nachdenklich ihre Schläfe und sieht mich dann ernst an.

„Bist du dir sicher, Sev?"

„Ja", beteuere ich. Lydia ist sich sicher und ich vertraue ihr.

„Gut. Ich werde jetzt …" Sie sieht sich um. „Zuerst einmal gehst du. Setz dich in einen der Verhörräume und bring das alles zu Protokoll. Ich schick dir einen Kollegen. Und danach wartest du auf mich. Verstanden?"

Ich nicke nur und gehe ohne ein weiteres Wort. Jules hingegen setzt sämtliche Hebel in Bewegung und verschwindet schon ein paar Sekunden später aus dem Präsidium.

LYDIA

„Und wozu brauchst du mich?" Tim schaut mich mit großen Augen an. Das *brauchst* hat er so stark betont, dass ich fast schon ein schlechtes Gewissen bekomme. Stimmt. Ja, ich habe ihn in letzter Zeit nicht mehr so eingebunden. Aber das lag hauptsächlich daran, dass er ganz offenkundig zu Severins bestem Freund geworden ist und ich sicher war, dass Sev einen guten Freund gerade jetzt gut gebrauchen kann.

„Weil du der Einzige bist, der mir helfen kann."

„Dann ist es wohl mal wieder etwas Illegales, was wir jetzt vorhaben?!"

Ich bin ihm dankbar, dass er *uns* gesagt hat. „Klasse", sage ich und erkenne, dass er nicht so recht weiß, was ich damit meine. „Klasse, dass du dabei bist. Danke!"

„Bei was?"

„Seit dem Vorfall nach dem Bayern-Spiel liegt mir diese Vera in den Ohren, dass ich mir die Videos der Überwachungskameras ansehen soll. Ich habe nicht verstanden, warum. Schließlich hat sie ja zugegeben, dass es gar keinen Überfall auf sie oder Ähnliches gab. Aber jetzt weiß ich, dass da mehr ist."

„Aha. Und jetzt fahren wir ins Stadion, um die Aufnahmen anzusehen?" Er hat die Augen weit aufgerissen. „Lydia, ist dir klar, was du da vorhast?"

„Na ja, nicht so wirklich. Der Technik-Freak bist ja du. Also muss *dir* klar sein, was wir vorhaben." Ich zögere einen Moment. „Und ob das überhaupt geht?"

Tim hält sich mit der rechten Hand die Augen zu. So, als wolle er nicht sehen, wie viel kriminelle Energie er in den nächsten Stunden aufbringen muss. „Ich kann dir nicht einmal sagen, ob es überhaupt Aufnahmen gibt, und wenn ja, ob die noch da sind. Schon mal was von Datenschutz gehört?", jault er auf.

„Lass es uns einfach probieren. Wir werden schon sehen, was geht und was nicht", versuche ich ihn zu beruhigen. Wobei: Auch mir ist natürlich nicht wohl bei der Sache.

„Das kann uns beide den Job kosten, Lydia. Ist es das wert?", will Tim wissen. Seine Stimme klingt sehr gequält.

„Ich glaube, ja. Also, ich hoffe es. Ach Tim, ich hab doch auch keine Ahnung. Aber ein Gefühl sagt mir: Dort finden wir den Schlüssel zu allem. Und Vera wollte die ganze Zeit nichts anderes von mir!"

Den Rest der Strecke bis zum Stadion sagen wir kein Wort mehr. Erst, als wir in Tims Büro sitzen und er seine Gerätschaft hochgefahren hat, bricht er das Schweigen.

„Letzte Chance, Frau Heller. Vielleicht sollten wir besser die Finger davon lassen", hält er seine Hand mit einem ausgestreckten Zeigefinger über die Tastatur.

Ich schüttele den Kopf und wispere: „Nein, Tim. Keine Chance. Ich würde mir das nie verzeihen, wenn auf den Bändern der entscheidende Hinweis ist und ich habe die Augen davor geschlossen."

„Na ja, nun werd mal nicht allzu theatralisch. Außerdem: Augen schließen? Schön wär's. Was wir hier machen, ist deutlich mehr." Damit lässt er seinen Finger auf die Enter-Taste sausen. Der Bildschirm flackert kurz auf, dann erscheint das Bild von der VIP-Lounge.

„Das ist die Kamera, die die Klotür da an der Seite draufhat", erklärt Tim mit strahlenden Augen: „Besser geht es nicht." Seine Angst ist wie weggeblasen. Er ist in seinem Element und schiebt am unteren Rand des Bildschirms einen roten Punkt nach rechts. „Es ist jetzt 14.30 Uhr", deutet er auf den Timecode. „Lass uns mal drei Stunden weiter reinschauen."

Die Bilder sausen in einem Affenzahn vorbei. Der Timer rast und bleibt bei 17.25 Uhr stehen. „Zehn Minuten nach Spielende. Da müsste es ja dann langsam losgehen, oder?", sieht Tim zu mir. Ich nicke. „Eher noch ein bisschen später, aber sicher ist sicher", antworte ich und versuche auf dem Bildschirm etwas zu erkennen. Besser: *Jemanden.* Dabei weiß ich gar nicht, wen wir suchen.

Eine Viertelstunde lang huschen immer wieder Frauen auf die Toilette und andere Menschen tummeln sich vergnügt auf dem Gang. Klopfen sich mit aufgeregten Gesichtern auf die Schulter oder fallen sich sogar in die Arme.

„Da!" Mein Arm schießt nach vorne, als ich Vera entdecke. „Da ist sie!"

Tim lässt die folgenden Sequenzen in leicht verlangsamter Geschwindigkeit weiterlaufen. „So entgeht uns nichts", jubelt er triumphierend.

Vera geht zielstrebig auf die Damentoilette zu. Sie ist allein und schließt rasch die Tür hinter sich. Der Timer zeigt 17.42 Uhr.

„Jetzt muss doch irgendwas passieren. Es ist schon 17.42 Uhr. Spätestens in fünf Minuten werde ich dort auftauchen", kündige ich Tim schon mal meinen Auftritt an.

Eine Frau im Rollstuhl wird ins Bild geschoben. Ihre Begleitung öffnet die Tür und beide verschwinden in dem Raum.

„Sie war nicht allein dort", murmele ich vor mich hin. „Zwei weitere Frauen waren bei ihr …", ich kaue wie besessen auf meiner Unterlippe herum. Dann sehe ich sie. Die große schlanke Ärztin vom Frauen-Fanclub. „Grey!", entfährt es mir. Offenbar so spitz, dass Tim die Stopptaste drückt.

Sie hat sich zur Kamera herumgedreht. Offenbar, um sich zu vergewissern, dass niemand sonst jetzt auf die Toilette will. Die Kamera hat sie nicht wahrgenommen. Ich signalisiere Tim, dass er weiterlaufen lassen soll. Da deutet er auf den Bildschirm und fragt aufgeregt: „Hast du das gesehen. Die klopft. Wer bitteschön klopft an einer Klotür?"

„Die sind verabredet, Tim. Ich sag's dir, das ist kein Zufall. Diese vier Frauen sind dort verabredet. Und ich schwöre dir, die Frau im Rollstuhl ist das Opfer im Wald, die einen Fuß verloren hat."

„Glaubst du wirklich?", will Tim wissen. Ganz überzeugt scheint er nicht.

„Ich bin mir sicher. Die zuletzt reingegangen ist, kenne ich aus der Clique von Vera. Die ist ziemlich hart drauf. So von wegen Sexismus im Stadion und so. Ich könnte mir vorstellen, sie ist das zweite Opfer dieser Typen."

„Und die vierte Frau?"

„Na ja. Dreimal darfst du raten!"

„Ja, aber was machen die vier da. Morde planen. Auf dem Damenklo?" Tim fehlt gerade die Vorstellung, dass es tatsächlich genau so ist.

„Ja, aber warum dann die ganze Show von Vera? Dann hätte ich an ihrer Stelle doch lieber meinen Mund gehalten?"

„Stimmt, Tim. Es sei denn, sie wollte, dass ich die Aufnahmen ansehe und über dieses konspirative Treffen auf dem Klo stol ..."

„Da! Schau. Die Tür geht auf", unterbricht mich Tim und fingert an seiner Maus herum. „Diese Ärztin, die im Rollstuhl und ihre Begleitung verlassen den Raum. Man kann sie deutlich erkennen."

Nur Vera bleibt. *Was ist da passiert? Haben die anderen sie verletzt?* Ich bin mir alles andere als sicher, ob meine Vermutung stimmt. Könnte auch sein, Vera hat es selbst getan. Der Blutfleck an der Wand würde eher für diese Version sprechen.

„Wir werden sie fragen müssen", sage ich laut und ernte Tims verständnislosen Blick. „Was werden wir sie fragen müssen?"

„Ganz einfach, Tim. Was hinter der verschlossenen Tür geschehen ist."

Tim schaut wieder zum Bildschirm und lacht schrill auf.

„Da bist du!"

„Ja", denke ich und wünsche mir mehr als alles andere auf der Welt, ich wäre an diesem Samstag vor drei Wochen nicht auf die Idee gekommen, meinen Lippenstift nachzubessern. Dann wende ich mich Tim zu.

„Tim, alles klar. Ich glaube, wir haben, was wir brauchen. Packst du zusammen? Ich rufe Sev an."

„Und was machen wir dann?", will er wissen.

„Wir gehen zu dir, legen uns zwei Stunden aufs Ohr, nehmen eine Dusche und fahren dann wieder zurück ins Stadion. Wir haben schließlich heute ein Spiel. Schon vergessen? Außerdem ist Sev doch bei der Polizei und regelt schon alles."

KAPITEL 25

SEVERIN

Sev", flüstert Lyd am Telefon. Fast so, als würde *sie* in einem Verhörraum sitzen und nicht ich. Seit Stunden. Jules ist immer noch verschwunden.

„Grey und die anderen waren im Stadion. Da war kein Mann, der Vera auf die Toilette gefolgt ist. Sie waren es."

„Und weiter?", frage ich unverfänglich, weil mich der dämliche Polizist mir gegenüber interessiert mustert.

„Sie haben Vera verletzt. Ich bin mir sicher. Warum sonst hätte sie gewollt, dass ich die Videos anschaue. Ich glaube, sie wollte das alles verhindern."

„Etwas spät", sage ich kühl und atme schwer. Plötzlich brummt mein Handy an meinem Ohr. Ich zucke kurz zusammen, halte das Display vor mich und lese die Nachricht von Jules.

`Bleib, wo du bist!!!` Mit drei Ausrufezeichen.

„Fuck", fluche ich und setze noch ein „Ich muss was erledigen" dran, bevor ich auflege und Jules Nummer wähle.

„Sie können hier nicht telefonieren, wie sie wollen", meckert der Polizist.

„Ehm doch, kann ich", entgegne ich kopfschüttelnd. „Ich bin kein Verdächtiger und freiwillig hier."

„Lacker!" Jules Stimme spricht Bände. Sie ist nicht erfreut über meinen Anruf.

„Wir müssen diesen Leon Müller finden. Ich werde nicht hier bleiben."

„Wir versuchen gerade Vera zu finden, damit sie uns sagt, wer die anderen Frauen sind, Severin. Und rate mal. Ohne Erfolg. Sie ist wie vom Erdboden verschwunden."

„Noch ein Grund mehr."

Jules schweigt, und auch in mir breitet sich eine unangenehme Stille aus. Ich werfe einen Blick auf die Uhr an der Wand. Es ist kurz nach halb elf.

„Das Spiel", sage ich mehr zu mir selbst. *Was wäre ein besserer Abschluss für all das, als das Spiel gegen Wolfsburg heute im Stadion?*

„Wir müssen ihn finden."

„Meine Kollegen haben bereits einen Leon Müller aufgetrieben, der in Verbindung zu den anderen Opfern steht", sagt sie und flucht irgendetwas.

„Ich muss ihn sehen. Ich kann ihn identifizieren."

„Wenn sie ihn aus Mainz zu uns gebracht haben, sorge ich dafür, dass ihr euch auf dem Flur begegnet, Herr Chef", sagt sie zornig und hängt auf.

Das kann doch alles nicht ihr Ernst sein. Meinetwegen ist sie sauer. Aber das hier beweist, warum ich lieber allein arbeiten wollte. Sie stellt sich mir in den Weg.

„Ich muss weg."

„Hauptkommissarin Lacker sagt aber …"

„Mir ist egal, was sie gesagt hat", gebe ich zurück und stehe auf. „Sie dürfen mich hier nicht festhalten."

Als ich aus der Tür in den Gang stürze, versuche ich mich noch einmal zu sammeln. *Wo soll ich hin?* Ich habe nicht einmal eine Ahnung, wo sich dieser Leon Müller gerade befindet. Ich weiß rein gar nichts. Also ist es völliger Blödsinn, hier auszuflippen. Im Gegenteil. Wenn ich ihm begegnen will, muss ich hier bleiben. Hier in diesem verdammten Loch, wie jeder andere, der wartet, bis die Polizei endlich ihren Arsch bewegt hat.

`Ich brauche ein Bild,` tippe ich in mein Handy ein und gehe unruhig den Gang auf und ab.

`Er ist in einer halben Stunde im Präsidium. Hältst du das aus?`

Ich habe offensichtlich keine andere Wahl. Also setze ich mich und warte. Warte und warte, bis Jules endlich den Gang entlang kommt. Es ist mittlerweile halb zwei. *So viel zum Thema eine halbe Stunde.*

„Er kommt", flüstert sie mir zu und macht mir die Sicht auf einen Mann frei, der von zwei Polizisten hineingeführt wird.

„Das ist er", rufe ich förmlich. Seine Augen treffen mich. Am liebsten würde ich auf ihn losgehen. Er hat es vielleicht nicht verdient zu sterben. Aber gerettet zu werden: Das verdient er auch nicht.

„Er behauptet, wir suchen nach seinem Bruder."

„Habt ihr seine Personalien geprüft?"

„Ja, aber …" Jules schüttelt den Kopf. „Ich bin dir keine Rechenschaft über meine Arbeit schuldig, Severin Klemm."

„Ist gut." *Was ist eigentlich los mit mir?* Warum benehme ich mich, als würde es hier wieder um Lydias Leben gehen? Es ist, als würde irgendjemand immer die Fäden in der Hand halten und ich blind daneben stehen.

Aber dieses Mal nicht. *Dieses eine Mal habe ich sie in der Hand.*

Ich sehe wieder zu diesem kleinen Wichser. Sein Lächeln macht mich krank.

Dann vibriert mein Handy.

Bereit für die Nachspielzeit?

Nachspielzeit. Das Wort hallt in meinen Ohren nach. *Nachspielzeit. Das war es!* So nannten die Männer ihre Vergewaltigungen. Ihre persönliche Nachspielzeit. Ich sehe wieder zu Leon Müller. Wieder auf die Nachricht. *Was …?*

Jules wirft einen Blick auf mein Handy und zuckt mit den Schultern. „Die sind wohl nicht auf dem neuesten Stand."

„Das würde mich überraschen", gebe ich knapp zurück. Diese Mörderinnen sind bestens organisiert. Alles war zu gut durchgeplant. *Warum also steht Leon Müller vor mir, während diese SMS …* Ich sehe mich um. *Schlagen sie hier zu?*

Nein. Das hier kann unmöglich der Ort sein. Als Lydia mit Vera sprach, verriet sie ihr, dass sie nur ein paar Meter neben der Stelle, an der der Blonde getötet wurde, überfallen worden war.

„Was ist mit dieser Sarah passiert?"

Jules sieht mich irritiert an.

„Das, was ich in ihrer Akte gelesen habe, ist nur, dass sie damals in einem Wald gefunden wurde und ihr Fuß abgenommen werden musste, weil er sich entzündet hat."

„Oh fuck." Eine Sicherung knallt durch. Ich renne auf diesen schmierigen Bastard zu und packe ihn an seinem Jackett.

„Wo hast du sie vergewaltigt, du Schwein?"

„Was?", entgegnet er entsetzt. So, als wüsste er nicht, wovon ich da rede.

„Severin!", zischt Jules hinter mir.

„Nochmal für Dumme. Wo. Hast. Du. Sie. Vergewaltigt?" Er schüttelt den Kopf.

„Ich weiß nicht, wovon Sie reden."

„War es hier?" Er lacht. „Was?"

„War es im Stadion?"

Kurz zucken seine Lider. Das muss es sein.

„Das Stadion also?" Ich lache grausam auf. „Weißt du eigentlich, was ihr diesen Frauen angetan habt? Du und deine kleine Gang? Ihr seid Monster!"

„Ich …"

„Halt dein Maul", fahre ich ihm dazwischen und schüttle den Kopf. „Dein verdammter Name taucht in Selims Tagebuch auf."

Wieder zucken seine Lider.

„Wir haben nichts gemacht!", platzt es dann plötzlich aus ihm heraus. „Selim ist krank. Wir haben nur diese App gespielt."

„Ach und irgendwann war euch die App zu langweilig?" Wieder lache ich auf. Die App ist tödlich genug. Und doch hat es den kleinen Bastarden nicht gereicht?

„Die App ist illegal", sagt er gespielt fromm und wirft den Polizisten verstohlene Blicke zu. „Deshalb haben wir sie nicht weiter gespielt. Und den Frauen haben wir nichts getan. Das hat die Polizei festgestellt. Man darf ja wohl mal gucken und flirten."

„Dabei ist es mit Sicherheit nicht geblieben", knurre ich und entferne mich von ihm. Ansonsten würde ich zuschlagen. Dass er sich wirklich erdreistet, jetzt noch zu lügen und eine Vergewaltigung herunterzuspielen, macht mich krank.

„Jules", sage ich und drehe mich ihr zu. „Wir müssen ins Stadion!"

„Warum?" Sie wirkt, als könne sie mir nicht mehr folgen.

„Vertrau mir."

„Wie? Wie soll das gehen?" Ihr Blick wandert umher. Ihre Kollegen sehen uns dabei zu, wie wir streiten. Das hier wird Konsequenzen haben. Aber jetzt muss sie mir vertrauen. Wir müssen ins Stadion.

„Jules. Ich bin mir sicher, dass ihr den Richtigen habt. Aber die haben seinen Bruder. Sonst würde Leon Müller hier nicht gerade bei uns stehen, während sie die Nachspielzeit eröffnet haben. Verstehst du?"

Sie presst die Lippen aufeinander und zieht mich ein wenig von den anderen weg.

„Wie kommst du darauf?"

„Ich …" Ich versuche meine eigenen Gedanken zu ordnen. Hier läuft etwas verdammt schief. Und ein Teil in mir weiß, dass ein Unschuldiger sterben wird. Für die Verbrechen eines anderen.

„Ich weiß es, weil ich es weiß, Jules. Weil diese SMS eindeutig ist. Und dieses Mal habe ich einen Vorteil, weil ich nicht erst auf das Rätsel warten muss. Ich kenne den Ort."

„Woher?"

„Er hat gezuckt."

„Mann, Sev", brummt sie und fährt sich durch ihr Haar, während ich Probleme habe, mein Adrenalin zu bändigen.

„Bitte."

„Ich soll jetzt also was tun? Mit dir ins Stadion fahren und ..."

„Ich verspreche dir, dass sie da sein werden. Diese Rätsel, die Bezeichnungen. Das alles hat nur mit der Eintracht zu tun. Sie werden es dort zu Ende bringen. Und am übernächsten Spieltag kicken wir wieder in Mainz. Das heißt, sie wollen es vorher zu Ende bringen. Sie müssen."

Jules atmet schwer, nickt dann aber.

KAPITEL 26

SEVERIN

Mein Blick landet kurz auf einer Nachricht von Lydia.

Bist du schon auf dem Weg ins Stadion. Gibt es was Neues?

Ich beiße die Zähne zusammen und bete, dass diese Frauen nicht plötzlich all die Menschen im Stadion töten wollen.

Treffen uns im Business-Bereich.

So schnell ich kann, treibe ich Jules zu ihrem Auto.
„Bist du dir wirklich sicher?"
„Ja", knurre ich, als wir endlich losgefahren sind.
„Solltest du nicht deine Kollegen benachrichtigen?"

„Da sind reichlich Einsatzkräfte vor Ort. Ich denke, dass die Mordkommission da aktuell nicht viel ausrichten kann, Sev."

Sie ist sauer. Aber das ist mir egal. Auch wenn ich diese Frauen nicht kenne. Ich verstehe sie. Kann hinter diese Rätsel sehen. Und jetzt endlich auch hinter die Zettel, die bei den Opfern gefunden wurden. Sie wollen Rache. Sie wollen Gerechtigkeit. Vielleicht wollen sie die durch Selbstjustiz erreichen. Aber ich denke, dass sie damit nur aufmerksam machen wollen. Etwas hart. Aber wer weiß schon, wie tief ihre Seelen verletzt wurden? Und sie haben ihnen … *mir* eine Chance gelassen. Wenn ich nur schneller gewesen wäre, hätte ich auch die beiden anderen Arschlöcher retten können.

Wir kommen problemlos durch das Tor, nachdem Jules ihren Ausweis gezeigt hat. Vor der Schranke springe ich aus dem Auto. Hier ist keine Menschenseele mehr. Die zweite Halbzeit hat gerade begonnen. Ich renne an der Waldbühne und am Museum vorbei Richtung Eingang Haupttribüne und spüre Jules Blick in meinem Rücken, als sie das Auto einfach stehen lässt und mir folgt.

Die Damen am Empfang versuchen erst gar nicht, sich mir in den Weg zu stellen. „Frau Heller erwartet mich", rufe ich und mein Ton lässt offenbar keinen Zweifel zu. Als Jules wenige Meter hinter mir ihren Ausweis zückt und das Pistolenhalfter unter der Jacke kurz aufblitzen lässt, zeigt eine der Damen sogar hinauf zum Business-Bereich.

Als ich oben endlich Lydia und Tim erkenne, komme ich abrupt vor ihnen zum Stehen.

„Was ist los?", will Lydia mit zusammengezogenen Brauen wissen. Ich keuche und stemme meine Hände auf den Beinen ab.

„Ich denke, dass der nächste Mord hier passieren soll."

„Was?!", stößt sie pikiert hervor und sieht zu Jules.

„Müssen wir das Stadion räumen?", fragt Lyd verzweifelt. Dieser Fehler soll ihr wohl kein zweites Mal passieren.

„Keine Ahnung", knurre ich und sehe zu Jules. Sie reißt ihre Augen auf.

„Es gibt nicht einmal eine Drohung, Sev!"

Das Stadion tobt und schreit. Sofort renne ich vor und starre auf das Spielfeld. Panik ergreift Besitz von mir, bis ich begreife, dass es nur ein Tor ist.

„0:2 und das, obwohl die nur zu zehnt spielen!", beschwert sich ein Mann im Anzug neben mir.

Wie in Trance sehe ich dabei zu, wie die Spieler unter dem Flutlicht herumhüpfen. Ich sehe hinauf zum Würfel. Gerade einmal zehn vor fünf und schon ist es dunkel. *Scheiß November.* Dunkelheit bedeutet nichts Gutes. Alle Morde oder versuchten Morde in diesem Fall wurden im Schutz der Finsternis begangen.

„Fuck", fluche ich und fahre mir durch die Haare. Einfach nur, weil ich keine Ahnung habe, was ich jetzt tun soll. Ich bin mir sicher, dass sie hier sind. Oder war ich mir zu sicher?

„Können wir nach ihnen suchen?"

„Nach wem?", entgegnen Lydia und Jules aus einem Munde.

„Nach diesen Frauen." Ich deute auf die Kameras.

„Hier?", fragt Jules argwöhnisch. *Warum benehmen sich alle, als wäre ich hier der Verrückte?*

„Dann … Kontrollen. Beim Rausgehen."

„Siehst du das da?", fragt Lydia fast schon zornig und deutet auf den Videowürfel. „Die ziehen uns gerade im eigenen Stadion zu zehnt ab. Meinst du wirklich, die Stimmung passt aktuell, um Personenkontrollen durchzuführen? Das ist der Zündfunke, den jetzt absolut niemand braucht, Sev."

Ich drücke auf meiner Stirn herum und nehme dann wieder mein Handy heraus. Gehe auf die Nachrichten und schreie innerlich, dass endlich dieses dumme Rätsel kommen soll.

Nachspielzeit. Die SMS brennt sich in mein Herz. *Sie werden in der Nachspielzeit zuschlagen. Verdammt.* Meine Augen wandern zur Anzeigetafel. *70. Minute. Also bleiben mir noch 20 Minuten um … ja, um was zu tun? Wild durch die Gegend zu rennen und nach einem Opfer oder diesen Frauen zu suchen?*

„Ich muss hier weg", raune ich und laufe zur Treppe. *Aber wohin? Wohin soll ich?*

„Sev!", ruft Tim und kommt zu mir gerannt. „Warum denkst du, dass sie hier sind?"

„Weil das hier ihre persönliche Nachspielzeit ist und … irgendetwas muss hier passiert sein. Vielleicht eine der Vergewaltigungen."

„Die von dieser Vera schon mal nicht", gibt Tim zurück, während das Stadion hinter uns wieder vor Zorn bebt. Gelbe Karte für Hinti. *Na, super.* Die Stimmung wird also nicht besser.

Und dann reißt mich ein ganz anderes Geräusch aus meinen Gedanken. Ein melodisches, lautes, schockiertes Aufschreien aus unzähligen Kehlen.

„Was ist da los?", zische ich, während ich an Tim vorbei auf die Terrasse laufe. Doch bevor ich wirklich erkennen kann, was all diese Menschen so erschreckt hat, vibriert mein Handy und alles in mir gefriert zu Eis.

Meine Augen wandern noch einmal zu den Tribünen und dann erkenne ich, wohin die Menschen so gebannt blicken. Oben am Videowürfel erscheinen Worte. Sätze. *Das Rätsel.*

Ich blinzle. Immer und immer wieder, weil ich nicht fassen kann, was da passiert. Sofort wird das Spiel unterbrochen und die Spieler werden in die Katakomben gebracht, während die

Zuschauer sich beschweren und buhen. Aber einige von ihnen lesen die Sätze. Schreien Zahlen.

Was, wenn es doch nicht hier stattfindet? Was, wenn sie mich genau hier haben wollten, damit ich weit weg vom Tatort bin?

„Wir müssen das lösen!", richte ich mich an Lyd, Jules und Tim und ziehe mein Handy aus der Tasche.

„Lyd, ruf deinen Museumsdirektor an. Vielleicht brauchen wir ihn wieder, und er wird ja wohl hier irgendwo sein."

```
Stets vorn dabei war Steppis Truppe,
dann spuckte Berg uns in die Suppe.
Kein Elfer gegeben,
gegen Kamera getreten.
Die Punkte warn am Ende schnuppe.
```

„Welche Saison war das?", frage ich an Tim gerichtet. Er sieht mich nur panisch an. Und dann höre ich erst ganz leise eine Melodie, die mir bekannt vorkommt.

Wer feiert Feste und wer lacht am beste? Der, der zuletzt lacht – EINTRACHT

Wer feiert Feste und wer lacht am beste? Der, der zuletzt lacht – EINTRACHT

1, 2 hau ihn rein

3, 4 wollen wir …

Fast das gesamte Stadion trällert immer wieder *1, 2 hau ihn rein … 3, 4 wollen wir …*

Ich schließe meine Augen und denke nach.

„Jetzt geht es rund, die fangen jetzt ein Pfund und der Stepi der feuert sie an.

Und das Team kämpft hart wie ein Mann und zeigt denen,

was es so kann... ", singe ich leise weiter. *Stepi. Das war … 91.* Ich kenne dieses Lied. Sogar die CD, auf der ich die 1991 gesehen habe.

Die Saison 91/92 also. „Wie viele Punkte hatten wir am Ende?"

Tim sucht sofort in seinem Handy, doch bevor er antworten kann, höre ich die Menschen um uns herum die Zahl 50 schreien. Im gleichen Moment erscheint am Würfel bereits das nächste Rätsel.

```
Waren alle bereit bei dieser Hatz
die Schale zu holen, den größten Schatz.
Immer den richtigen Drive,
immer in der Top Five,
aber nur einmal auf welchem Platz?
```

„Oh Gott", stöhne ich und sehe mich um. Jules redet bereits aufgeregt mit ihren Kollegen und dem Sicherheitsdienst und Lydia hat offenbar den Museumstypen am Telefon. „Es war der vierte Platz", schreit sie plötzlich. „Die Eintracht war in dieser Saison nur einmal auf Platz vier." Der nächste Abschnitt erscheint.

```
Drei ältere Kicker waren dabei
und das war nicht einerlei.
Die Lösung ist leicht,
ein bisschen Mathe vielleicht.
Addiere die Geburtsjahreszahlen der drei.
```

Es dauert nicht lange, bis aus dem Fanblock ein „Uli" geschrien wird und die Menge mit „Stein" antwortet. Ich starre einfach nur hinunter, als sie bereits „Heinz Gründel" schreien. *Was?* Diese Fans sind wirklich gut. Echte Fans. Und zu guter Letzt ertönt ein donnerndes „Uwe Bein".

Tim hat schon bei Uli Stein begonnen die Jahreszahlen zu googeln. „1954, 1957 und 1960", brüllt er und sieht mich nur einen winzigen Moment nachdenklich an. „5.871!" Ich hebe meine Brauen.

„Lyd. Gib das in dein Navi ein!", befehle ich, weil sie wie angewurzelt dasteht.

„Nächstes."

„Für einen galt es, Abschied zu nehmen
nach 602 Spielen, da flossen Tränen.

Nicht weil beim Abschiedsspiel
ein Tor nach dem anderen fiel,

wie viel es waren, dafür musste sich keiner schämen", lese ich vor.

„4:4", antwortet Lydia leise, denn das Rätsel ist längst auf der Anzeigetafel erschienen. „Papa hat oft davon erzählt."

Sie gibt die Acht ein, während Tim nach dem nächsten Absatz, oben für alle sichtbar, googelt.

```
Die Runde war ausnahmsweise recht lang,
wobei stets Einigkeit mitschwang.
König Fußball bitte sehr,
bot in diesem Jahr 10 Prozent mehr.
Wie viele Spiele standen auf dem Programm?
```

Ich lese die letzte Frage.

Ein paar Märker extra hätte es gegeben,
am End der Runde für jeden.
Im Vergleich zu heut',
nur Peanuts, ihr Leut'.
Wie viel Prämie hätt's für den Titel gegeben?

„38", ruft Tim: „Nach der Wiedervereinigung waren 20 Mannschaften dabei."

„Okay. Aber woher sollen wir wissen, wie viel Prämie es damals gegeben hätte?"

„40.000 Mark!" Thomas Tamathi ist hinter mich getreten und löst das letzte Rätsel mit geradezu stoischer Ruhe. „Danke", sage ich und rufe Lydia die Zahl zu. Sie gibt sie ein und schaut wie gebannt auf das Display.

„Wo ist es?", dränge ich, doch sie starrt nur auf ihr Handy. Ich stürme auf sie zu, reiße ihr das Ding aus der Hand und sehe den Punkt. Nicht nur auf dem Handy. Ich kann ihn deutlich vor mir erkennen. *Es ist hier. Hier im Stadion.*

„Oh, nein", presse ich zwischen zusammengebissenen Zähnen hervor und sehe wieder hinauf zur Anzeigetafel. Noch zehn Sekunden, bis die 90 Minuten abgelaufen sind. Innerlich versuche ich mich zu wappnen. Aber wie soll das gehen? Was, wenn sie das gesamte Stadion in die Luft jagen? *Nein. Das ist unmöglich.* Sie können hier nicht viel anrichten. Die Sicherheitskontrollen sind zu scharf ... *oder?*

Ein dumpfer Knall und Dunkelheit umgibt uns. Vollkommene Dunkelheit. Fast jedes einzelne Licht im Stadion ist erloschen. Nur die kleinen Kästchen, die die Fluchtwege anzeigen, leuchten matt grün. Es dauert ein paar Sekunden, dann hallen die ersten Schreie durch das Stadion. Ängstliche Schreie.

Mein Herz pocht laut und unruhig. Jede Faser meines Körpers ist angespannt.

„Wie zum Teufel konnte das passieren?", fragt Lyd neben mir fassungslos.

„Das … das muss über Monate geplant sein und …" Tim macht eine nachdenkliche Pause. „Ich kann mir nur vorstellen, dass jemand einen Virus auf dem Server platziert hat und jetzt auf die komplette Technik Zugriff hat. Das ist wie in *Olympus has fallen,* aber ich dachte das ist pures Kino."

„Sarah", flüstert Lydia und keucht, als würde ihr die Erkenntnis echte Schmerzen bereiten. „Sie war hier wegen des neuen Würfels, der im Sommer installiert werden soll, und hatte wohl überall Zugang. Die Mädels haben mir davon erzählt." Ihre Stimme zittert.

Plötzlich erscheint das Gesicht einer Frau auf dem Würfel. Sie sieht mich direkt an. Sie sieht jedem hier im Stadion direkt in die Augen. Lyd krallt ihre Nägel in meinen Arm.

„Mein Name ist Hannelore Grauer. Ich bin 36 Jahre alt und war eine der besten Chirurginnen Deutschlands. Ich bin ein Eintracht-Frankfurt-Fan."

Lyd packt noch heftiger zu. „Oh mein Gott, Sev. Das ist Grey", sagt sie tonlos und hält sich die andere Hand vor den Mund.

Ich starre auf das Gesicht. Schwarz-weiß. Kaum eine Regung. Als würde hier gerade ein Roboter zu uns sprechen.

„Am 28. November 2015 wurde ich nach einem Spiel in Mainz von einem Mann vergewaltigt, mit Alkohol vollgepumpt und am Mainufer zurückgelassen, wo ich beinahe ertrunken wäre."

Die Zuschauer, die noch nicht weggerannt sind, stöhnen auf.

„Er nannte es seine persönliche Nachspielzeit, weil die Eintracht gegen die Mainzer verloren hatte. Immer, wenn die Eintracht gegen Mainz verloren hat, haben sie sich ihre Nachspielzeit genommen.“

Die Frau zeigt immer noch kaum eine Regung. Ihr strenges Gesicht wirkt eher, als hätte sie gar keine Emotionen. Lydias Griff wird fester.

Ordner und Polizisten rennen überall wild umher. Sicherheitsleute schreien irgendwelche Codes in ihre Walkie Talkies.

„Sein Name war Harald Steuber. Sein Name ist Harald Steuber. Denn er hat überlebt.“

Etwas wie Schuld brennt sich in meine Brust. Ich verscheuche das Gefühl sofort. *Ich habe richtig gehandelt. Ich musste ihn retten.*

„Er hat überlebt und keine Schäden davongetragen“, sagt sie monoton und hebt ihre Hand. Es dauert einen Moment, bis mir das leichte Zittern auffällt.

„Durch die Unterversorgung meines Gehirns mit Sauerstoff habe ich einen Tremor beibehalten. Das ist auch der Grund, warum ich keine Chirurgin mehr bin.“

Mitleid. Ja, ich spüre Mitleid und sogar eine Wut auf diesen Mann. Wer von den beiden ist der oder die Böse? Wahrscheinlich beide.

„Das, was Sie hier gerade sehen, ist nur *ein* bleibender Schaden von vielen. Ich habe Gedächtnisprobleme und Zwänge, die ich bis jetzt nicht loswerden konnte.“

Sie sieht kurz hinab. Die einzige unsichere Geste, die ich bisher wahrnehme. Aber sie zeigt mir auch, dass das da nicht aufgezeichnet ist. Diese Frau ist zu perfekt. *Hätte sie das nicht rausgeschnitten? Oder ist es absichtlich dringeblieben?* Ich sehe mich um. Mustere den Betonhintergrund in ihrem Video. *Kann es sein, dass die Frauen alle hier im Stadion sind?*

„Ich habe Anzeige erstattet. Es ist nichts geschehen. Harald Steuber wurde in der Schleuse im Main angebunden und befreit. Dennoch ist die Strafe, die diejenigen bekommen werden, die das getan haben, eine viel höhere. Er wurde nicht misshandelt. Er wurde nicht vergewaltigt. Er wurde schnell genug gerettet. Weil ihm eine Chance geboten wurde, die uns nie gegeben wurde."

Das Bild wechselt und eine andere Frau erscheint. Ein Gesicht, das ich kenne.

„Mein Name ist Vera …"

Ich sehe mich unruhig um, während Vera ihre Geschichte erzählt. Die wahre Geschichte.

Warum passiert nichts? Warum hat die Polizei das nicht längst unter Kontrolle? Und warum outen sie sich?

„Mindestens jede siebte Frau wird in ihrem Erwachsenenleben Opfer einer sexuellen Gewalttat. Es gibt kaum Strafen für die Täter", sagt Vera und plötzlich gehen die Werbebanner unten am Rasen an. Statistiken und Bilder von Frauen laufen fortwährend über die Tafeln. Mein Mund wird trocken. Galle wandert meine Kehle hinauf.

„Manuel hieß mein Vergewaltiger. Er gab mir Drogen und K.o.-Tropfen, weshalb ich mich kaum noch erinnere. Aber der Schmerz, als ich Stunden später in einer Februarnacht 2015 halbnackt und allein nahe der 661 gefunden wurde, werde ich nie vergessen. Er hat mich und meine Ehe zerstört."

Das Bild oben wechselt erneut und eine weitere Frau erscheint.

„Mein Name ist Sarah. Auch ich war Opfer einer Nachspielzeit in Mainz. Die fand am 13. Mai 2017 statt. Nach der 2:4-Niederlage lauerte er mir auf. Selim war sein Name. Ich kenne ihn, weil er mich immer wieder zwang, ihn zu sagen. Nein. Das hat ihm nicht gereicht. Ich sollte ihn stöhnen."

Wieder ergreift mich dieses schreckliche Gefühl, weil ich ein solches Schwein aus dem Wald getragen habe. Auch wenn er gestorben ist. Er war ein Monster. Das weiß ich, seit ich dieses Tagebuch gelesen habe.

„Er ließ mich im Wald bei Mörfelden allein und blutend zurück. Erst am Morgen fanden sie mich. Meinen Fuß konnten sie nicht mehr retten."

Sie schwenkt mit der Kamera an ihrem Körper hinab und zeigt der Welt, dass sie ohne Fuß in einem Rollstuhl sitzt. „Selim erhielt seine Strafe. Er schaffte es nicht. Obwohl er genau wie ich blutend im Wald zurückgelassen wurde. So ein Pech."

Ihr Bild verschwindet und Stille tritt ein. Finstere Stille. Und dann begreife ich etwas. Begreife, dass das hinter Vera keine Betonwände, sondern Fliesen waren. Ich trete einen Schritt zurück und starre den Gang entlang, während die vierte Frau erscheint. Sie sagt kaum etwas. Nur, dass ihr Name Gesa ist und ihre Vergewaltigung hier im Stadion stattgefunden hat. Vor ein paar Monaten. Am 12. Mai 2019. Direkt vor den Augen so vieler Zuschauer. Aber keiner hat etwas bemerkt. Dann erscheint wieder Grey und zieht ihre Aufmerksamkeit auf mich.

„Dies hier ist unsere Nachspielzeit. Aber wir wollen ja fair bleiben und jedem eine echte Chance geben, zu überleben. So wie diese Schweine uns eine Chance hätten geben müssen." Sie reckt kurz ihren Nacken und wirft dann einen Blick nach unten. Wahrscheinlich auf ihre Armbanduhr. „Die längste Nachspielzeit, die es je gab, betrug 28 Minuten. Zwei habt ihr bereits durch die Nachspielzeit der ersten Halbzeit verloren. Bleiben euch noch 26 Minuten."

Ihr Bild verschwindet und die Menge schreit auf, als ein gefesselter Mann auf den Bildschirmen unterm Stadiondach erscheint. Die Zeit bleibt stehen. *Was …?*

„Wo ist das?", schreie ich Lydia an, doch die schüttelt nur fassungslos den Kopf.

„Ich … ich habe keine Ahnung", flüstert sie und sieht sich um. „Weißt du, wie viele Räume es hier gibt?"

Ich presse meine Lippen aufeinander und sehe dann wieder zurück in den Gang zur Toilette.

„Ich denke, dass Vera da drin ist", sage ich leise und ziehe Lydia mit mir. „Sie wird mit dir reden."

„Was?"

Sie hat keine Zeit das zu verarbeiten, denn ich stoße bereits die Tür auf und gehe hinein. Eine der Kabinen ist verschlossen.

„Vera?!" Ein Wimmern.

Ich werfe Lyd einen auffordernden Blick zu.

„Vera, mach die Tür auf!", sagt sie wenig überzeugend.

„Sag uns, wo er ist!", füge ich forscher hinzu. „Das hier ist kein dummes Spiel mehr!" Sie weint weiter. *Verdammt.*

„Ich trete die beschissene Tür ein, wenn du nicht …"

Ein Klicken und das verheulte Gesicht von Vera erscheint. Lydia starrt sie fassungslos an, dann holt sie aus und schlägt ihr mit der flachen Hand ins Gesicht.

„Wo ist er?!", schreit sie sie an, während Vera nur weiter weint.

„Du hast gewollt, dass ich dieses Video sehe. Du wolltest …"

„Ich wollte, dass du es verhinderst. Ich wollte doch nur …"

„Was? Was wolltest du, Vera? Woher hätte ich wissen sollen, was ihr plant?", zischt Lyd.

„Dafür ist jetzt keine Zeit", dränge ich sie mit einem Blick auf meine Uhr. *Noch 24 Minuten.*

„Ihr habt den Falschen!", knurre ich und packe sie. Vera und Lyd keuchen beide auf. Aber mir ist es egal.

„Leon Müller sitzt auf dem Revier in Sicherheit. Der Mann da unten ist unschuldig!"

„Was …?", wispert Vera und krampft unter meinen Berührungen.

„Wo ist er?!"

„Ich wollte doch nur … ich habe sie sogar davon überzeugt, dich mit hineinzuziehen, nachdem ich erfahren habe, dass du diese App kennst und …"

„Wo ist er?", wiederhole ich zornig. *Deshalb bin ich also zu ihrem Spielball geworden.*

„Er ist unten in den Katakomben. In einem der Kellerräume."

Ich lasse sie los und renne los. Renne, ohne noch nach Lydia zu schauen, bis mir Tim begegnet und ich ihn unsanft aufhalte.

„Wie komme ich in die Katakomben des Stadions?"

„Was?"

„Tim!", fluche ich und spüre wieder diese Unruhe in mir. „Ich muss in den Keller. Die Heizungsanlage."

„Entschuldigen Sie", wendet sich ein Mann mit einer fetten Taschenlampe an mich.

„Was?", fahre ich ihn an und kneife meine Augen zusammen.

„Ich bin von der Mainova. War hier, um das Spiel zu schauen. Aber ich kenne mich bestens aus. Sie müssen in unsere Anlage?"

„Ja!", brülle ich und gehe weiter auf ihn zu. „Bringen Sie mich hin!" Ich sehe noch einmal zu Tim. „Und du, informier die Feuerwehr!"

Er nickt, soweit ich in dem spärlichen Licht sehen kann, und geht dann vor, die Treppe hinunter. Ich sehe durch die riesigen Glasfronten nach draußen. Unzählige Menschen strömen hinaus, während die Polizei ihnen mit den Lichtern der Streifenwagen den Weg beleuchtet.

Wir kommen im Foyer an, wo der Mann zielstrebig in einen Raum geht. Der Raum ist unbesetzt, also geht er selbst zum Schlüsselschrank und sucht nach den passenden Schlüsseln. Mein Blick fällt auf die Monitore, die ebenfalls allesamt ausgefallen sind.

„Gibt es hier keinen Notstrom?"

„Doch. Eigentlich schon", sagt mein Begleiter und kommt dann mit drei verschiedenen Schlüsseln wieder. Erneut wandert mein Blick auf die Uhr. *Noch 20 Minuten.*

Wir gehen zurück zur Treppe und als wir bei der Tiefgarage ankommen, sehe ich ihn auffordernd an.

„Geradeaus Tiefgarage, links geht es zum Wasser, rechts Heizung und Kühlung", antwortet er knapp.

Motorengeräusche und quietschende Reifen benebeln meine Sinne. Die Oberschicht macht sich also aus dem Staub.

Ich presse die Lippen aufeinander und sehe zwischen den beiden Optionen hin und her.

„Wasser", sage ich dann und biege mit ihm nach links ab. Wir rennen, bis wir endlich vor einer Tür ankommen und der Mann den Schlüssel sicher in das Schloss manövriert.

„80.000 Liter mindestens haben wir da drin", sagt er, als wäre das hier eine Führung.

„Wunderbar", gebe ich knapp zurück und folge ihm, bis wir ankommen und ich ihm die Taschenlampe abnehme. Metall, wo man nur hinsieht. Rohre und Kanäle und ein Riesentank hinter dicken Mauern. Ich durchsuche jede Ecke, bis ich begreife, dass wir falsch sind.

„Wir müssen zurück", sage ich hektisch und renne los. „Abschließen können wir später!"

Der Mann sieht nicht gerade begeistert aus, nickt dann aber und rennt zusammen mit mir zurück zu einer Tür, die in einen schmalen Gang führt.

„Heizung", entscheide ich mich, ohne wirklich zu wissen warum. Als wir endlich in dem Raum mit den fünf Heizkesseln ankommen und ich die Taschenlampe umherwandern lasse, entdecke ich ihn. Angekettet am Rohrsystem über einem der mächtigen Kessel.

Wie in Trance gehe ich zu ihm und versuche die Ketten zu lösen, aber das hier würde nicht einmal eine Axt durchbekommen. *Fuck.*

„Was kann hier passieren?", wende ich mich an meinen Begleiter und leuchte ihm ins Gesicht.

„Hier kann so einiges passieren, junger Mann. Das Gas könnte austreten. Die Kessel überhitzen. Aber dafür gibt es Sicherheitsprogramme."

„Wo?"

„Oben bei der Technik. Aber hier ..." Er geht auf einen Kasten zu und deutet auf die digitale Anzeige. „Hier kann man es kontrollieren." Oben bei der Technik? Wenn das, was Tim gesagt hat, stimmt, dann kontrolliert gerade jemand ganz anderes die komplette Technik. Die Mörderinnen.

„Warum funktioniert das überhaupt?", frage ich heiser und rau. „Woher zieht das Ding Strom?"

„Notstrom."

„Nein", raune ich und fahre mir durchs Gesicht. „Das ist Absicht. Sonst würde hier alles über Notstrom laufen. Die wollen es genau so haben."

Ich zögere kurz, dann gehe ich zu dem angeketteten Mann, nehme ihm den Knebel aus dem Mund und versuche ihn zu wecken.

Als er mich entdeckt, weitet er seine Augen und beginnt panisch zu schreien.

„Ich werde dir helfen", sage ich vorsichtig und gehe dann zurück zu dem Mainova-Typen.

„Stimmen die Daten alle?"

„Ja", sagt er nachdenklich, stockt dann aber. „Moment. Die Barzahl ist zu hoch. Und sie steigt weiter."

„Und das bedeutet?"

„Nichts Wildes. Das System ist so konzipiert, dass es zwei Stellen gibt, an denen das geregelt wird."

„Und wenn die ebenfalls manipuliert sind?", frage ich hektisch und starre auf die Anzeige, die mittlerweile auf vier hochgeklettert ist.

„Sobald der Druck zu hoch wird, wird die Sicherheitskette dafür sorgen, dass …" Er stoppt, als der Druck weiter steigt und nichts passiert.

„Moment", brummt er dann, nimmt mir die Taschenlampe ab und klettert hinter den Kessel.

„Das Ventil wurde zugelötet." Seine Stimme klingt besorgt. Dann wendet er sich vier kleinen Uhren zu und mustert sie nachdenklich. „Hier stimmt auch etwas nicht." Sein Mund öffnet sich und dann sieht er mich an. „Mein Junge, wir müssen hier weg. Wenn jemand das System manipuliert hat, wird das Ding in die Luft gehen. Und nach ihm alle anderen Kessel. Und das Gas und … und oh scheiße, das darf doch nicht wahr sein!"

„Bei wie viel Bar passiert das?", frage ich ganz ruhig. Obwohl ich mich nicht ruhig fühle. So gar nicht. Das hier können diese Frauen doch nicht wollen. Durch so eine Explosion würde nicht nur Leon Müller sterben. Und der ist nicht einmal hier. Nur sein Zwillingsbruder.

„Wenn ich das so genau wüsste. Es ist ja noch nicht vorgekommen. Ich denke mal bei 12, 13, 14 …"

„Wie viel hat er jetzt?"

„Was passiert hier?", fragt plötzlich dieser angekettete Kerl, der zwischendurch wohl wieder bewusstlos war.

„Jemand hat sie verwechselt", sage ich hektisch. „Wir haben keine Zeit."

„Verwechselt?", jault er. Ich ignoriere ihn und seine Schreie und sehe zu dem Techniker, der wieder an den Bildschirm geht.

„Acht Bar." Die Panik in seinen Augen ist nicht einmal in der Dunkelheit zu übersehen. „Können Sie das von hier aus steuern?"

Er schüttelt den Kopf. „Nicht, wenn das Ventil zugelötet ist und sich irgendjemand in den Rechner gehackt hat."

„Dann verschwinden Sie von hier. Hauen Sie ab!"

„Kommt nicht in Frage. Ich lasse Sie hier nicht allein." Ein ehrbarer Ausdruck macht sich in seinem Gesicht breit und er strafft seine Haltung.

„Gehen Sie! Von da draußen können Sie mir vielleicht besser helfen!", sage ich hart. Es reicht, dass ich hier unten bin. „Versuchen Sie mit den Technikern einen Weg zu finden, die Kontrolle über die Anlage wiederzugewinnen."

Er zögert immer noch. Geht dann aber mit einem „Ich komme wieder".

„Warum passiert mir das?", fragt der Angekettete und sieht mich flehend an. Fast so, als wäre ich der Täter.

„Weil du deinem Scheiß-Bruder zum Verwechseln ähnlich siehst, und er dich locker über die Klinge springen lässt", knurre ich zornig. Ich muss mich beruhigen. Einen klaren Kopf bekommen. *Ich muss ...* Ohne darüber nachzudenken, renne ich zu dem kleinen Tisch, packe mir den Stuhl und ramme ihn mit all meiner Kraft gegen die Ketten. *Nichts.* Was zum Teufel haben diese Frauen hier angerichtet?

„Geht das Ding in die Luft?", wispert er und sieht mich mit großen verweinten Augen an.

„Nicht, wenn ich es verhindern kann."

Er nickt, als würde er resignieren. „Sie müssen meiner Frau sagen ..."

„Nein!", unterbreche ich ihn harsch. „Das sagen Sie ihr schön selbst!"

Es muss einfach so sein. Panisch suche ich nach einem Schloss oder irgendetwas, was ich aufbekommen kann. Aber auch die Ketten sind verschweißt. Wie konnte das passieren? Wie konnten sie hier eindringen?

Mein Herz pulsiert. *Was jetzt?*

„Severin?" Lydias Stimme zerreißt mich.

„Geh weg!", schreie ich und starre in eine Taschenlampe.

„Was tust du hier?", schreit sie und kommt auf mich zu. Hinter ihr erscheint Tim.

„Bitte verschwindet!", flehe ich. „Das Ding geht jede Minute in die Luft."

Tim keucht und Lydia starrt mich einfach nur an. „Dann musst du hier auch verschwinden."

„Das geht nicht!", schreie ich und sinke auf meine Waden. Ihr Blick fällt auf den Angeketteten, der irgendwelche Worte vor sich hin brabbelt.

„Geht. Bitte, Lyd. Jetzt!"

„Was kann ich tun?", fragt Lydia stattdessen.

Ich fluche. Deute aber auf den winzigen Bildschirm. „Sagt mir die Barzahl. Und wenn sie bei 15 steht. Dann verschwindet ihr." Ich atme schwer. „Und Tim. Hilf mir diese Ketten aufzubrechen!"

„Neun Bar", ruft Lyd, als sie am Bildschirm angekommen ist und leuchtet mit ihrer Taschenlampe in unsere Richtung. Tim sucht nach etwas im Schreibtisch und kommt dann mit einer Art Zange wieder. Ich greife sie und versuche die Ringe der Kette aufzustemmen. Ohne Erfolg.

„Was tun wir jetzt?", fragt Tim und wirft Lyd einen Blick zu.

„9,8", sagt sie mit zittriger Stimme.

„Wo ist die verdammte Polizei und die Feuerwehr?!", schreie ich so zornig, dass ich spucke.

„Die ticken alle aus. Die Polizei versucht eine Massenpanik zu verhindern und die Feuerwehr war auf der anderen Seite und kommt nicht durch."

„Diese Panik ist aber berechtigt!", brülle ich und spüre, wie mein Verstand immer mehr von Angst und Wut kontrolliert wird.

Bleib ruhig, Severin. Denk nach.

Ich klettere hinauf und versuche, das Ventil zu bewegen. *Keine Chance.*

„Der Druck muss da raus!", sage ich an Tim gerichtet. In der Hoffnung, dass er mehr Ahnung hat.

„Das wird nicht von hier aus geregelt", gibt der nachdenklich zurück, kurz bevor er die Lage wieder begreift und sich nackte Angst in seinen Augen widerspiegelt.

„Bitte geh", flüstere ich, nehme den Stuhl und schlage wieder und wieder auf die Ketten ein. Aber sie sind zu stark. Stärker als ich es je sein könnte.

„Elf Bar."

„Ihr geht!", fordere ich zwischen meinen Schlägen.

„Und wer sagt dir dann, wann es so weit ist?"

Ich starre Lydia fassungslos an. „Keiner, denn das werde ich sicher mitbekommen. Der Kessel wird auseinanderbersten und dann fliegt alles in die Luft, verdammt! Holt jemanden. Zur Not soll einer von der Feuerwehr nur mit einem Bolzenschneider hier anrücken."

„Ich werde nicht gehen", sagt Lyd fest. Angst klettert meine Kehle hinauf.

„Tim macht das", bestimmt sie dann. Tim sieht mich an. So, als würde er sich verabschieden. Dann legt er seine Hand auf meine Schulter und nickt. „Ich komme mit einem Werkzeug wieder, versprochen."

Ich nicke und zwinge mich, zumindest einen Mundwinkel zu heben. Für einen Bolzenschneider wird es zu spät sein.

„Zwölf", sagt Lydia leise. Ihre Worte hallen von den Wänden wider und übertönen sogar den Lärm des überhitzten Kessels. Der Schweiß rinnt über meine Stirn und meinen Rücken.

„Verschwinden Sie beide", sagt der Mann plötzlich ernst und sieht mich nachdrücklich an.

„Ich lasse Sie hier nicht sterben."

„Und stattdessen sterben Sie mit mir?", er lacht freudlos.

„14 Bar, Sev!", ruft Lyd verzweifelt. Ängstlich.

„Bitte geh!" Meine Stimme bricht. Und etwas in meiner Brust bricht mit ihr.

„Ich gehe nicht ohne dich."

„Gut", sage ich, werfe dem Mann noch einen letzten Blick zu und ziehe Lyd mit mir aus dem Raum.

„Es tut mir leid", rufe ich nach hinten. Und als Lydia sich mit tränenden Augen zu mir umdreht, schließe ich die Tür.

„Severin!", schreit sie von der anderen Seite und hämmert dagegen. „Mach auf!"

Ich schüttle den Kopf, während ich mir Tränen von den Lippen lecke und auf die Anzeige zugehe. 15 Bar.

„Sie wollen wirklich mit mir sterben?"

Stille. Unbarmherzige Stille tritt ein. Nicht nur hier, sondern auch in meiner Seele.

„Heute wird niemand sterben", knurre ich dann und packe den eisernen Stuhl. Und als er gerade den Kopf wegzieht, weil er denkt, ich wollte bis zum bitteren Ende auf die Ketten einschlagen, kracht der Stuhl mit Macht gegen das Ventil. Ein ganz leises Zischen ertönt. Ich öffne fassungslos meinen Mund und schlage noch einmal zu. Meine Brust flattert, als es weiter zischt. Und dann knallt das Ventil mit einem lauten Schlag ab und heißer Dampf und Wasser pressen sich den Weg frei. Der Mann beginnt bestialisch zu schreien. Kurz spüre ich Schmerz.

Nein! Ich sehe mich um. Hektisch suche ich nach … *Wasser.* Ich renne zur Sprinkleranlage und schlage dagegen, bis es Wasser regnet. *Kühles Wasser.*

Mein Herz trommelt, als ich durch den Regen den Mann erkenne. Seine linke Gesichtshälfte ist übersät mit Brandblasen. Aber er schreit nicht mehr. Starrt mich nur an, als wären seine Verletzungen so schlimm, dass er nicht einmal mehr Schmerz empfinden kann.

Ich schleppe mich zur Anzeige. Die Barzahl sinkt. Ich lache auf. Hysterisch und irre. Aber es ist mir egal.

Mit meiner letzten Kraft schleppe ich mich zurück zu dem Kerl und setze mich neben seine Beine auf den Boden. Lehne mich gegen den Kessel und sehe erst da, dass meine Arme verbrannt sind.

Es dauert eine halbe Ewigkeit, bis endlich die Tür aufgestoßen wird und Lydia gefolgt von der Feuerwehr und Polizei hineinkommt.

„Sev", wispert sie, kniet sich vor mich und mustert meine Arme. Ihre Augen sind nass. Und dann trifft mich ihr Blick. Für den Bruchteil einer Sekunde ist es, als hätte nie etwas zwischen uns gestanden. Nicht Jens. Nicht Jules. Nicht Lyds Wut auf mich und ihre Eifersucht.

Aber der Moment ist vorbei, als Jules auf mich zustürmt. Sanft fährt sie mir mit der Hand über meine Wange, und auch ihre Augen sind feucht.

„Wir haben sie. Wir haben sie alle. Vera und Grey leben, die beiden anderen haben sich umgebracht. Wahrscheinlich wollten alle vier das tun. Wobei diese Lichtenthaler wohl der Schwachpunkt der mörderischen Gruppe war. Mit ihrer Aktion im Stadion nach dem Bayern-Spiel wollte sie scheinbar dafür sorgen, dass wir ihren Vergewaltiger in U-Haft bringen und seine Mörderinnen nicht an ihn herankommen. Sie hatte zu viel Angst vor dieser Grey, um zu uns zu kommen. Getötet haben den Typ Gesa und diese Sarah. Leon Müller hat gestanden und auch Harald belastet."

Ich hebe einen Mundwinkel, nehme mein Handy heraus und gehe auf den Chat von Unbekannt.

2:2, tippe ich ein und lasse es zusammen mit meiner schwachen Hand sinken. Mir ist egal, dass diese Nachricht nie ankommen wird. Sie haben nicht gewonnen. Sie haben falsch gespielt. Sie haben das Richtige gewollt, aber es falsch durchgesetzt.

Sie haben sich zu Tätern gemacht, weil sie Opfer waren. Und vielleicht gibt es diesen winzigen Funken in mir, der sie versteht. Der sieht, dass das System schuld ist. Aber da gibt es einen viel größeren Teil in mir, der genau weiß, dass das Leben eben nicht funktioniert, indem man Gleiches mit Gleichem vergilt.

EPILOG

LYDIA

12 MONATE SPÄTER

Eric rutscht nun doch unruhig auf seinem Hintern herum. Staudinger neben ihm dreht nervös am Schwanenhals seines Mikros. „Ähem", nuschelt er. „Würden Sie bitte Platz nehmen. Wir wollen beginnen."

Selten habe ich Staudi so fahrig gesehen. Irgendwie gar nicht er selbst. Dabei würde es in den nächsten 20 bis 30 Minuten, je nach Erics Lust und Laune könnte es auch länger dauern, gar nicht um ihn gehen. Eigentlich muss er doch nur *Hallo* sagen und fertig.

Ich lehne mich zufrieden in meinen Stuhl zurück. „Wir werden Geschichte schreiben", hat Eric mir eben auf dem Flur noch schnell zugeraunt und ein *gutes Mädchen* nachgeschoben. *Unverbesserlicher Macho.* Ich musste lachen.

Im riesigen PK-Raum haben jetzt alle ein Plätzchen gefunden. Die meisten dort, wo sie immer sitzen. Wobei diesmal einige Kollegen vom Sport gar nicht gekommen sind. Dafür ein gutes Dutzend, die ich dem Boulevard zuordnen würde. Die Kollegen vom Funk haben ihre Mikros aufgereiht, die Kameras sind bereit. Auftritt Staudinger. Der Pressechef ist jetzt wieder die Ruhe selbst. „Meine Damen und Herren, wir wollen heute nicht über die abgelaufene Saison, Corona oder das bevorstehende Spiel sprechen", plaudert er charmant drauflos. „Das haben Sie ja meiner, äh unserer Einladung schon entnommen. Deshalb ist auch niemand vom Vorstand oder von den Spielern bei dieser besonderen Donnerstags-PK anwesend. Ich denke aber trotzdem, dass das, was Eric Presfeth, der Präsident von Eintracht Frankfurt e. V., Ihnen mitzuteilen hat, für die Schlagzeilen von morgen sorgen wird."

Habe ich mich verhört? „Dieser Blödmann. Bereitet er jetzt den Abgang des Präsidenten vor, oder was. Viel zu theatralisch die ganze Nummer", flüstere ich Tim zu, der sich neben mich und Severin gesetzt hat und wie ein Honigkuchenpferd grinst. Er hat wohl gesehen, dass Sev ganz nah an mich herangerückt ist und seine Hand wie zufällig mein Bein berührt. Ich haue Tim meinen Ellenbogen freundschaftlich in die Seite. „Sag nichts."

„Liebe Freunde", setzt Eric an. Die meisten kennt er seit 20 Jahren. So lange ist er schon Präsident der Eintracht. „Auch wenn die einleitenden Worte von Peter Staudinger jetzt vermuten lassen, ich wollte meinen Rücktritt erklären, so muss ich den einen oder anderen enttäuschen. Ich wurde für vier Jahre gewählt und habe nicht vor, meine Amtszeit vorzeitig zu beenden. Aber ich habe vor, etwas bei der Eintracht Frankfurt nachhaltig zu verändern." Ein Blitzlichtgewitter bekleidet seine letzten Worte. Und er legt ganz bewusst eine Pause für die Fotografen ein. Fotos mit beim Reden halb geöffnetem oder schiefem Mund kann er nun mal nicht leiden.

„Eintracht Frankfurt wurde am 8. März 1899 gegründet. 22 Jahre später, 1921, wurde festgelegt, den Weltfrauentag am 8. März eines jeden Jahres zu begehen. Wenn das kein Zeichen ist. Für die Eintracht ist es seit jeher ein wichtiges gesellschaftliches Anliegen, für die Gleichberechtigung einzutreten. Nicht umsonst wurde am 8. März dieses Jahres der Verein *Lotto Specht* mit dem Ziel, Frauen im Fußball sichtbarer zu machen, ins Leben gerufen. Die sieben Gründungsmitglieder haben es sich auf die Fahnen geschrieben, den Mädchen- und Frauenfußball zu fördern, und rennen damit, nicht erst seitdem die Eintracht die Geschichte des 1. FFC Frankfurt fortschreiben will, offene Türen ein. Sie wollen Diskussionen zum Thema Frauen und Fußball anregen, die Interessen der weiblichen Fußballfans vertreten und sich aktiv gegen Sexismus, Rassisimus, Antisemitismus und Homophobie einsetzen. Da haben sie mich auf ihrer Seite. Benannt ist der Verein nach der Frankfurterin Lotte Specht, die 1930 den ersten Deutschen Damenfußballclub gegründet hat. Gegen zahlreiche Anfeindungen, wie wir alle wissen.

Und eines ist sicher: Diese Frau aus dem Gallus würde sich heute mächtig aufregen, wenn sie wüsste, dass 90 Jahre nach der Gründung des DDFC Fußball in allen Organisationsstrukturen mit ganz wenigen Ausnahmen immer noch durchgängig männlich besetzt ist. Britta Stegemann als Managerin der SG Wattenscheid in den 1990er Jahren und Katja Kraus als Vorstandsfrau beim HSV zehn Jahre später sind bisher Ausnahmen geblieben.

Auch bei der Eintracht. Präsidium, Vorstand, Aufsichtsrat – alles Männersache. Allein in den achtköpfigen Verwaltungsrat hat sich eine Frau verirrt, und die Frauen in sämtlichen Gremien lassen sich an einer Hand abzählen. Damit muss endlich Schluss sein.

Eintracht Frankfurt geht auf die magische Zahl von 100.000 Mitgliedern zu. 25.000 davon sind Frauen. Selbstbewusste Frauen, da bin ich sicher. Frauen, die ihren Mund aufmachen, wenn es darauf ankommt. Ja. Aber es sind eben auch 25.000 Frauen, die keine Stimme in den obersten Entscheidungsgremien haben. Und es wird Zeit, das zu ändern. Deshalb habe ich mit den Gremien gesprochen, und wir werden eine Satzungsänderung vorbereiten. Für eine außerordentliche Mitgliederversammlung, die am 8. März 2021 stattfinden wird und nur zwei Tagesordnungspunkte hat."

Er hat wirklich ein extrem gutes Gespür für den Moment, denke ich kopfschüttelnd.

„Erstens, in der Satzung wird aufgenommen, dass dem Präsidium mindestens eine Frau angehören muss. Zweitens: Bis zur nächsten Wahl 2022 wird Lydia Heller als sechstes Mitglied in das Präsidium berufen."

In dem Moment, als mein Name fällt, fliegen die Köpfe der Journalisten zu mir herum. Manche deuten auf mich. Viele tuscheln. Vorne links sitzt wie immer Helena Klager. „Hat sich der Vorstand mal wieder ein kleines Mädchen angeheuert? Zum Kaffeekochen?", hat sie mich in meinen ersten Wochen gerne aufgezogen. Jetzt steht die Fernsehfrau ganz langsam auf, richtet ihren Blick zu mir, nickt und schlägt dabei die Hände ineinander. Erst fast unhörbar, langsam, sehr leise. Dann immer schneller und lauter.

„Yes", jubelt Tim neben mir. „Yes!"

NETZWERK F_IN „FRAUEN IM FUSSBALL"

F_in steht für die Verbindung von Frauen und Fußball: dafür, dass Fußball auch Frauensache ist – auf den Rängen, auf dem Platz, in der Gesellschaft. F_in ist ein internationaler Zusammenschluss von weiblichen Fans, Fanprojekt-Mitarbeiterinnen, Wissenschaftlerinnen und Journalistinnen und steht allen interessierten Frauen offen. Gegründet wurde das Netzwerk 2004 im Rahmen der von der Koordinationsstelle Fanprojekte (KOS) veranstalteten Tagung „Abseitsfalle!?".

Kontakt: stella.schrey@fanprojekt-dortmund.de

NETZWERK GEGEN SEXISMUS UND SEXUALISIERTE GEWALT

Das Netzwerk hat sich Anfang 2019 gegründet. Teilnehmer*innen sind ehrenamtliche und hauptamtliche Vertreter*innen von Unsere Kurve (UK), der Bundesarbeitsgemeinschaft der Fanprojekte (BAG), dem Netzwerk Frauen im Fußball (F_in), der Koordinationsstelle Fanprojekte (KOS) und KickIn! (Beratungsstelle Inklusion im Fußball)

Kontakt: kontakt@fussball-gegen-sexismus.de

HANDLUNGSKONZEPT GEGEN SEXUALISIERTE GEWALT IM ZUSCHAUER*INNENSPORT FUSSBALL

Verfasst von: Antje Hagel, Sophia Gerschel, Antje Grabenhorst, Helen Breit, Stella Schrey, Daniela Wurbs, Paula Scholz, Ramona Steding und Susanne Rudolph
Herausgegeben vom Netzwerk gegen Sexismus und sexualisierte Gewalt mit Unterstützung von DFB und DFL

November 2019

Sexualisierte Gewalt – von Grenzverletzungen über Belästigungen bis hin zum sexuellen Missbrauch – ist ein gesamtgesellschaftliches Problem. Damit ist der Männerfußball herausgefordert, sich mit diesem Thema zu befassen und präventiv sowie situativ handlungsfähig zu sein.

Bereits seit 2010 setzen der Deutsche Olympische Sportbund (DOSB), die Deutsche Sportjugend (dsj) und der Deutsche Fußballbund (DFB) Aktivitäten zur Prävention und Intervention sexualisierter Gewalt im Aktivensport überwiegend zum Schutz von Kindern und Jugendlichen um und haben entsprechende Erklärungen und Konzepte verabschiedet.

Die in der jüngsten Vergangenheit öffentlich gewordenen Vorfälle sexueller Übergriffe in Fankurven oder auf An- und Abreisewegen, die Ergebnisse des Projekts „Kicks für Alle" und der Umfrage des F_in – Netzwerk Frauen im Fußball zum Umgang mit sexualisierter Gewalt ebenso wie Erfahrungsberichte von Betroffenen und Beobachter*innen zeigen, wie notwendig die Entwicklung entsprechender Handlungskonzepte auch für den Zuschauer*innensport und hier insbesondere zum Schutz von Erwachsenen sind.

Ein solches Konzept hat das Netzwerk gegen Sexismus und Sexualisierte Gewalt vorgelegt. Insbesondere richtet es sich an Vereine und Verbände, Fanprojekte, Fangruppen und -clubs, Sicherheits- und Ordnungsdienste sowie Polizeien.

Ziel ist es, Handlungsbedarfe und Handlungsmöglichkeiten aufzuzeigen.

Die Initiatoren verstehen dieses Konzept als dynamische Vorlage, die aufgrund von Erfahrungswerten sowohl an den einzelnen Standorten, als auch bundesweit stetig weiterentwickelt werden kann und soll. Sexualisierte Gewalt muss auch im Kontext Fußball öffentlich verhandelt werden, um Schamgrenzen sowie Ängste abzubauen und handlungsfähig zu werden. Eine offene Auseinandersetzung mit diesem Thema zeigt nicht auf, dass Vereine ein besonderes Problem haben, sondern dass sie verantwortlich und möglichst präventiv mit potenziellen Vorfällen umgehen.

Gemäß einschlägiger Fachliteratur umfasst der Begriff „sexualisierte Gewalt" Handlungen sowohl mit als auch ohne Körperkontakt und grenzverletzendes Verhalten in Bezug auf Sexualität.

Zu sexualisierter Gewalt zählen etwa verbale Übergriffe oder Gesten, zum Beispiel unerwünschte Berührungen oder körperliche Annäherungen, anzügliche Äußerungen über das Aussehen, Reduzieren auf Geschlecht und sexuelle Attraktivität, anhaltendes Anstarren oder Hinterherpfeifen, das Zeigen pornografischer Inhalte, aber auch Entblößen, versuchte oder erfolgte Penetration, bis hin zu Vergewaltigung, d.h. das Erzwingen bestimmter sexueller Praktiken.

Auch Männer sind betroffen und erfahren in der Gesellschaft wenig Unterstützungsmöglichkeiten.

Da Geschlechteridentitäten gesellschaftlich konstruiert sind, ist es wichtig, Trans- und Interpersonen jeweils mitzudenken. Auch sie sind von sexualisierter Gewalt betroffen.

Prävention umfasst die Vorbeugung sexualisierter Übergriffe durch Aufklärung, Sensibilisierung und Positionierung und die Vorbereitung auf den Umgang mit potenziellen Vorfällen. Die folgenden Punkte sind als eine Art Checkliste zu verstehen. Sie zeigen wesentliche Rahmenbedingungen und Handlungsansätze für alle im Fußballkontext agierenden Akteur*innen.

Das gesamte Handlungskonzept als pdf gibt es unter http://www.fussball-gegen-sexismus.de/wp-content/uploads/2019/12/Brosch%C3%BCre_Handlungskonzept_Auflage_3.pdf

DIE AUTOREN IM GESPRÄCH MIT STELLA SCHREY VOM F_IN - NETZWERK FRAUEN IM FUSSBALL

> Mindestens 30 Prozent der Menschen im Stadion sind Frauen. Und die unterscheiden sich gar nicht so sehr von den Männern?

Stimmt. Auch für viele Frauen ist Fußball ein wichtiger Teil ihres Lebens. Sie gründen Fanklubs, sind Ultras, schreiben für Fanzines, engagieren sich gegen Repression und Kommerzialisierung oder sind einfach „nur" Fan. Ganz genau so wie die Männer. Bis zu einer vorbehaltlosen Akzeptanz von Frauen im Stadion ist es trotzdem noch ein langer Weg.

Stella Schrey

> F_in ist ein Zusammenschluss von weiblichen Fans, Fanprojekt-Mitarbeiterinnen, Wissenschaftlerinnen und Journalistinnen und steht allen interessierten Frauen offen.

Wir sind ein Netzwerk für den deutschsprachigen internationalen Raum. Darüber hinaus gibt es natürlich Kontakte zu anderen internationalen und nationalen Fanorganisationen wie etwa FSE – Football Supporters Europe. So haben wir beispielsweise auch an der Ausstellung Fantastic Females mitgewirkt. Eine Ausstellung über Frauen aus über 20 Ländern, die in kurzen

Videoclips vorgestellt werden. Mit dem Ziel, Frauen in unterschiedlichen Positionen im Fußball sichtbar zu machen.

Ein Ziel lautet Sichtbarmachung von Frauen im Fußballkontext. Es geht Euch also nicht nur um sexuelle Übergriffigkeit?

Absolut. Wir wollen dahin kommen, dass das Thema nicht immer nur negativ besetzt ist. Viel wichtiger ist uns das, was man Empowerment nennen würde. Also sichtbar machen durch unterstützen. Aber natürlich ist auch Sexismus und sexualisierte Gewalt ein Thema. Weil sich F_in auch als eine Art Schutzraum versteht, der die Möglichkeit bietet, sich auszutauschen und über mögliche Handlungsstrategien in solchen Situationen zu sprechen.

Ihr habt gemeinsam mit der Fanorganisation Unsere Kurve und der BAG der Fanprojekte eine Umfrage zum Thema sexualisierte Gewalt im Fußball gemacht. Wie sind die Ergebnisse?

Über tatsächliche Zahlen zu sprechen ist unfassbar schwierig, weil die Dunkelziffer vermutlich sehr hoch ist. Außerdem sind beim Fußball so viele Menschen in unterschiedlichen Positionen involviert – von der Cateringkraft im Stadion, über Vereinsangestellte bis zur Verkäuferin im Bahnhofskiosk –, da ist die Zuordnung schwierig.

Wie ärgerlich ist es, zu sehen, dass alles, was sexuelle Übergriffe meint, im Jahresbericht der Behörden unter dem Punkt „Verschiedenes" abgehakt wird?

Sehr frustrierend. Wir haben bewusst in unser Konzept geschrieben, dass wir sexualisierte Gewalt vom Delikt der Körperverletzung lösen möchten, um eine stärkere Differenzierung zu erreichen.

Wobei das zweitinstanzliche Urteil, der Freispruch im Gladbacher Fall, ja wohl einer Ohrfeige gleichkommt.

Ja. Eine gewisse Ohnmacht ist spürbar geworden. Gerade weil die betroffene Frau Hilfe gesucht hat und die operative Ebene und auch die Gladbacher Fanszene bei der Aufklärung mitgezogen haben und ein Interesse hatten, den Mann zu stellen. Und es ist durchaus nicht an der Tagesordnung, dass so mit der Polizei kooperiert wird. Aber letztlich ist das Urteil sehr unzufriedenstellend. Nein heißt nein wird dann wertlos, wenn nein gesagt wird und es nicht schützt. Weil es nicht gehört wurde, oder weil es nicht eindeutig war. Da ist für uns natürlich die Frage: Muss es nicht eigentlich „Ja heißt ja" heißen? Sprich: Nur wenn ich meine Zustimmung gebe, bin ich auch bereit dafür.

Wie reagieren die Bundesligavereine auf Eure Intention?

Ich denke, das Thema wurde seit dem Vorfall im Mönchengladbacher Sonderzug sehr stark öffentlich diskutiert. Danach haben auf unterschiedlichen Ebenen Veranstaltungen stattgefunden. Fanszenen haben sich dem Thema verstärkt angenommen, die Verbände haben einen Fachtag zum Thema sexualisierte Gewalt veranstaltet, um auch die Vereine zu sensibilisieren. Man merkt, es ist etwas im Gange.

Gibt es bei den Fan-Gruppen offene Ohren für Euer Anliegen?

Ich würde sagen, es gibt Fanszenen, die sind offen und es gibt welche, die sind weniger offen für das Thema. Das liegt zumeist an den Strukturen und dem Männlichkeitsbild, das dort gelebt wird. Ich glaube aber nicht, dass das nur ein Problem von Männern ist. Es gibt auch Frauen, die gegenüber anderen Frauen ausschließend wirken und Sexismus reproduzieren.

Wie sieht es bei der Eintracht aus?

In Frankfurt kenne ich mich zu wenig aus und kann und möchte es deswegen nicht beurteilen. Aber ich weiß natürlich, dass im März der Lotte Specht e.V. gegründet wurde. Also wie an anderen Standorten bewegt sich etwas.

Auch Du hast am Handlungskonzept mitgewirkt, oder?

Ja, neben anderen Frauen. Dabei war uns wichtig, dass die Adressaten diejenigen sind, die im Männerfußball unterwegs sind. Der Fokus liegt dabei auf der Etablierung von gewissen Angeboten. Das Konzept ist folglich eher institutionell angelegt. Aber es gibt inzwischen Bestrebungen, das Handlungskonzept zu erweitern und griffiger zu machen. Um Fangruppen eben auch etwas an die Hand zu geben.

Dein Wunsch für – sagen wir – 2025?

Ganz niedrigschwellig: Eine flächendeckende Auseinandersetzung mit dem Thema. Also wirklich auf allen Ebenen. Da stapele ich sehr tief, aber das wäre meine Hoffnung. Weil dann auch automatisch Reflexionsprozesse einsetzen und sich etwas ändert.

DANKSAGUNG

E rneut hat die Familie Müller-Braun dem Autorenduo Zeit und Raum für strittige Momente, geistvolle Ausflüge und stundenlanges Tastaturgeklapper gelassen. Dafür gebührt erneut vor allem Ehefrau und Mutter Iris Dank. Aber auch dem Rest der Familie, der in Corona-Zeiten nicht einmal die Chance hatte, sich – statt abendfüllende Debatten am heimischen Grill zu führen –, unterhaltsame Treffen mit Freunden zu gönnen, sei Dank.

Dass wir bei der Recherche auf Stella Schrey vom F_in – Netzwerk Frauen im Fußball gestoßen sind, war einer der Glücksfälle, die uns im heiklen Umfeld des Themas sexualisierte Gewalt, weitergebracht haben.

Dies gilt auch für Uwe Hartmann von der Mainova Aktiengesellschaft, der uns ganz andere Einblicke der besonderen Art ermöglicht hat. Sowie für Wegbereiter Ferdinand Huhle.

Besonderen Dank schließlich an Museumsdirektor Matthias Thoma, der uns Antworten lieferte, ohne die es nicht gegangen wäre.

Ganz speziell an unsere Lektorin Julia Lübbecke und das Team um Dr. René Heinen.

Und natürlich an Magdalena Sporer-König, die mit ihrem geübten Auge immer wieder dafür sorgt, dass wir sogar Worte wie Chrysantheme oder Sisyphusarbeit fehlerfrei nutzen können.

An Vivien Summer, die sich erneut an unsere Texte gewagt hat, und an Andrea Silberstein und Daniela Schwarzkopf, die uns im Verlag bei allen Veranstaltungen betreuen und unser Lampenfieber senken.

Danke an Jörg und Leon – unseren „Fans" der ersten Stunde.

Danke an das Team des Thalia Nordwestzentrum, an Marion Schulze und ihr Team von Bücher im Bogen in Frankfurt, danke an das Team der Frankfurter Buchmesse 2019, die Litcom und den Hautzelhof in Wallau, dass wir unseren ersten Band in so einer tollen Atmosphäre bei euch vorstellen durften.

Aber auch an die Leseorte in Oberursel, im MTZ und in Frankfurt, die der Corona-Pandemie zum Opfer fielen. Es kommt auch eine Zeit danach.

Uli: Danke an meine Tochter, die diesmal damit umgehen musste, dass sie mich mit dem ersten Eintracht-Frankfurt-Krimi als Autor deutlich selbstbewusster hat werden lassen. Was beim zweiten zwangsläufig für noch mehr Gerangel gesorgt hat. Eine Erfahrung, die normalerweise Väter mit ihren Töchtern machen. Aber umgekehrt ist auch mal schön.

Dana: Danke an meinen Papa, dass er mich zur Recherche zwingt, mich zum Nachdenken anregt und mich damit zu einer besseren Autorin macht. Auch wenn dieser Weg immer etwas mit Dickköpfigkeit und Sackgassen gepflastert ist. Außerdem danke für die spannenden Lesestunden, wenn ich Lydias Kapitel lesen konnte (obwohl ich alles andere als eine Leseratte bin). Und danke, dass Lydia meinem Severin immer noch nicht den Kopf abgerissen hat.

DIE AUTOREN

Dana Müller-Braun wurde Silvester 1989 in Bad Soden am Taunus geboren. Geschichten erfunden hat sie schon immer – mit 14 Jahren fing sie schließlich an, ihre Fantasie in Worte zu fassen. Als das Schreiben immer mehr zur Leidenschaft wurde, begann sie Germanistik, Geschichte und Philosophie zu studieren und veröffentlichte schließlich 2017 ihren Debütroman, auf den weitere Bücher folgten.

Ulrich Müller-Braun, Jahrgang 1956. Nach seinem Studium volontierte er bei der Frankfurter Neuen Presse. Eine seiner Leidenschaften – den Sport – lebt er seitdem nicht nur bei mehreren Stationen als Redaktionsleiter und Sportchef aus, sondern auch in sportlichen Funktionen. Er war Presse- und Marketingleiter des Handball-Bundesligisten SG Wallau/Massenheim und Pressesprecher bei Eintracht Frankfurt e. V. 1999 machte sich der leidenschaftliche Frankfurter selbstständig und verantwortet seither unterschiedliche Projekte im Verlagswesen.

Ulrich Müller-Braun · Dana Müller-Braun
Das Auge des Adlers

19. Oktober 2018: Als Ex-Hooligan und Sportredakteur Severin kurz vor dem Spiel der Eintracht gegen Fortuna Düsseldorf einem auffälligen Ordner bis in die Tiefgarage folgt, wird er Zeuge zweier Morde und selbst schwer verletzt. Lydia, die als stellvertretende Pressesprecherin der Eintracht zum Tatort gerufen wird, findet kurz darauf einen Sprengsatz an der Fankurve. Als der Verdacht auf Severins Freund Mic fällt, bittet Severin Lydia um Hilfe und sie beginnt zu begreifen, dass mehr hinter all dem steckt, als die Polizei vermutet.

Ihre Ermittlungen ziehen sie nicht nur in einen Sog aus Intrigen, Verrat und weiteren Morden, sondern vor allem Severin wieder tiefer hinein in die Szene. Als sie selbst ins Fadenkreuz der Ermittlungen und ins Visier des Täters geraten, beginnt ein gefährlicher Wettlauf gegen die Zeit. Wer ist für all die Taten verantwortlich? Und steht Severin ihm nur im Weg, oder hat der Täter ganz andere, persönliche Motive?

384 Seiten · Broschur · ISBN 978-3-95542-348-3 · 15,- Euro

ERHÄLTLICH IM BUCHHANDEL ODE

Henni Nachtsheim · Michael Apitz
Adlerträger

Die drei sind ziemlich oft zusammen: Bonifaz Pfaff, Rentner und
Zeit seines Lebens Eintracht-Fan, seine Enkeltochter Lilli Pfaff,
neun Jahre, Viertklässlerin und linke Verteidigerin in der Jun-
genmannschaft, sowie „Adler", der eigentlich ein Papagei ist, dies
aber beharrlich verleugnet. Auch Lillis Herz schlägt für Eintracht
Frankfurt. Sie will so viel über ihren Verein wissen, dass sie ihrem
Großvater immer wieder Fragen zu allem rund um die Eintracht
stellt. Und so erfahren wir in vielen Gesprächen und auch dank
Adlers fundiertem Ergänzungswissen alles Wichtige über die Geschichte des Frankfurter Traditionsklubs.

Mit einem großen Augenzwinkern erzählt von Henni Nachtsheim und mit sagenhaften Comics von Michael Apitz! Die jüngsten Abenteuer der Adler in Berlin und in ganz Europa dürfen da
nicht fehlen!

208 Seiten · Klappenbroschur · ISBN 978-3-95542-350-6 · 16,– Euro

ERHÄLTLICH IM BUCHHANDEL ODER

HENNI NACHTSHEIM
MICHAEL APITZ

Adlerträger

LILLI PFAFF UND DIE GESCHICHTE
VON EINTRACHT FRANKFURT

Neu in der 2. Auflage:
Pokalsieger und Europa-League!

12

SOCIETATS
VERLAG

Detlef Fechtner
Tod im Bankenviertel

Seine Neugierde wird dem Wirtschaftsjournalisten Oskar Willemer zum Verhängnis. Ungewollt kommt er kriminellen Finanzprofis auf die Schliche, die einen Absturz der Aktienkurse provozieren wollen, um daran kräftig zu verdienen. Als seine Gegenspieler auf ihn aufmerksam werden, wird Oskar vom Jäger zu Gejagten. Mit Hilfe der jungen Wirtschaftsprofessorin Franziska Böhning und mit Unterstützung der Bundesbank versucht Oskar die Pläne seiner Gegner zu durchkreuzen und einen Börsencrash zu verhindern.

„Tod im Bankenviertel" zeigt die zwei Gesichter Frankfurts zwischen Eintracht und Zwietracht, zwischen Apfelweinlokal und International, zwischen Konstabler Markt und Finanzmarkt. Er spiegelt das – dem wirklichen Leben entrückte – Zusammenspiel von Händlern, Bankern und Journalisten am Finanzplatz wider. Dort, wo wenige Nachrichtenzeilen Kurse abstürzen lassen. Und dort, wo die Aussicht auf schnelle Gewinne manche dazu verführt, es mit der Einhaltung des Rechts nicht so genau zu nehmen.

256 Seiten · Broschur · ISBN 978-3-95542-381-0 · 15,– Euro

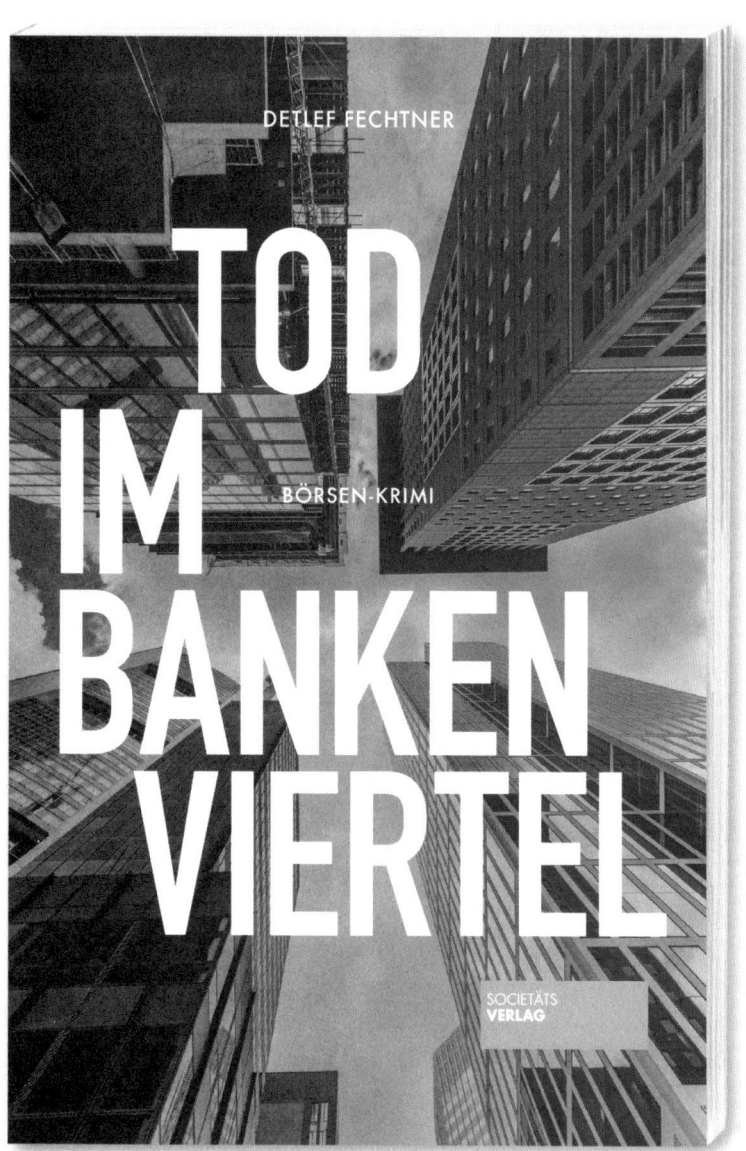

DETLEF FECHTNER

TOD IM BANKEN VIERTEL

BÖRSEN-KRIMI

SOCIETÄTS
VERLAG